THE SOLUTION TO
DISPUTES OVER REAL ESTATE FINANCING

房地产融资纠纷争议
解决之道

刘宁 编著

法律出版社 LAW PRESS
北京

图书在版编目（CIP）数据

房地产融资纠纷争议解决之道 / 刘宁编著. -- 北京：法律出版社，2025. -- ISBN 978-7-5244-0070-7

I. D922.181.5

中国国家版本馆 CIP 数据核字第 202565VC99 号

房地产融资纠纷争议解决之道 FANGDICHAN RONGZI JIUFEN ZHENGYI JIEJUE ZHI DAO	刘 宁 编著 策划编辑 李沂蔚 责任编辑 李沂蔚 装帧设计 鲍龙卉

出版发行 法律出版社　　　　　　　开本 710毫米×1000毫米 1/16
编辑统筹 法律应用出版分社　　　　印张 20.75　　字数 301千
责任校对 王　丰　李景美　张翼羽　版本 2025年8月第1版
责任印制 刘晓伟　　　　　　　　　印次 2025年8月第1次印刷
经　　销 新华书店　　　　　　　　印刷 河北晔盛亚印刷有限公司

地址：北京市丰台区莲花池西里7号（100073）
网址：www.lawpress.com.cn　　　　　　销售电话：010-83938349
投稿邮箱：info@lawpress.com.cn　　　　客服电话：010-83938350
举报盗版邮箱：jbwq@lawpress.com.cn　　咨询电话：010-63939796
版权所有·侵权必究

书号：ISBN 978-7-5244-0070-7　　　　　定价：96.00元

凡购买本社图书，如有印装错误，我社负责退换。电话：010-83938349

前　　言

近年来，房地产融资的发展呈现渠道受阻、成本上升、结构调整等特点，房地产企业在融资过程中发生的各类纠纷数量显著攀升。特别是2021年以来，随着房地产行业政策环境的显著收紧，政府对房地产泡沫的坚决遏制成为加剧行业动荡的关键因素，直接或间接触发了众多房地产企业的债务危机，甚至有不少民营房地产企业"爆雷"。民营房地产企业"爆雷"事件频发，不仅是行业内部问题的集中爆发，更是宏观经济放缓、行业热度降温以及政策调控持续加码等多重因素交织作用的必然结果。这一系列连锁反应如同多米诺骨牌般引发了房地产融资纠纷数量的激增，这些纠纷不仅对各方当事人的合法权益产生了不可忽视的影响，更对整个金融市场的稳定性构成了严峻挑战。房地产融资纠纷的解决需统筹考虑国家监管政策的调整、法律法规的变迁以及购房者利益保障等各类法律因素及非法律因素，因此，深入研究房地产融资纠纷领域的法律问题，探索高效、公正的纠纷解决机制和裁判规则，已经成为当前亟待深入探索的课题。

实践中，针对房地产融资纠纷的解决路径呈现多元化特点，包括但不限于协商谈判、专业调解、仲裁及诉讼等多种途径。每一种纠纷解决方式都承载着各方参与主体对公平正义的追求，并要求当事人具备高度的法律意识，明确自身权利与义务的边界，严格遵守法律框架下的操作规范。为了进一步有效降低纠纷解决成本、分散并化解潜在风险，我们应积极倡导并实践多元化的纠纷解决策略。这意味着在尊重法律权威的基础上，需鼓励创新性的解决思路，构建更加灵活、高效、便捷的纠纷解决机制。这不仅有助于促进房地产行业的健康稳定发展，也是维护金融市场整体安全与秩序的必要之举。

本书汇聚了作者多年来深耕房地产融资领域的宝贵实务经验，系统而深入地剖析了房地产融资纠纷案件的特点及发展趋势。以最高人民法院、上海市高级人民法院、上海金融法院审理的房地产融资纠纷案件为视角，作者发现自上海金融法院成立（2018年8月20日）以来，房地产融资纠纷案件频繁出现，这些案件不仅数量众多，而且涉及金额庞大，因此审理级别普遍较高。整体而言，房地产融资纠纷呈现以下特点。

第一，从纠纷类型来看，主要包括债权融资纠纷、银行贷款纠纷、股权融资纠纷、合作开发融资纠纷、委托贷款纠纷、信托融资纠纷、不良资产处置纠纷、资产融资纠纷、保理融资纠纷、基金融资纠纷与资管计划融资纠纷。具体而言，债权融资纠纷、银行贷款纠纷以及股权融资纠纷是三大主要类别，在数量上占据较大比例。这些纠纷通常围绕着合同的履行、违约责任的承担、担保措施的有效性等问题展开，反映了房地产行业中融资渠道的多样性和复杂性，以及房地产融资过程中各方在合同订立、履行以及风险管理等方面的博弈。

第二，从涉诉案件数量来看，2018年《资管新规》颁布后，房地产融资纠纷案件的数量呈现先上升后下降的趋势。2021年，房地产融资涉诉案件数量达到了顶峰，随后逐渐回落。这一变化反映了政策调整对房地产融资市场的影响，以及市场参与者在适应新政策、新规则方面的调整和变化。

第三，从法院审理依据来看，法院多以合同相关法律规范中关于全面履行原则、违约责任的承担、违约金的调整、返还借款及利息支付的相关规定以及担保相关法律规范中关于连带责任担保、担保范围、保证人追偿权的相关规定作为裁判依据。由此可以推断，此类纠纷多为房地产企业资金链紧张，无法按期还款引起，进而导致贷款人向房地产企业及其保证人追索债务。争议焦点通常围绕融资合同的有效性及无效的法律后果、增信措施的有效性及无效的法律后果、违约责任的调整和承担，以及保证责任的有效性、范围、方式和承担等方面展开。

第四，从诉讼结果来看，一审案件中原告的诉请基本得以支持，二审维持原判的比例也相对较高。这表明在房地产融资纠纷中，法院通常能够公正、公平地审理案件，维护当事人的合法权益。

前　言

鉴于房地产融资纠纷类型纷繁、案件数量较多、涉案标的额较大、案情通常较为复杂等特点，作者期望通过本书的精心编纂为广大读者打造一部详尽而实用的房地产融资纠纷解决指南，重点阐述房地产融资纠纷争议的基础知识、处理案件中涉及的重大法律争议焦点及纠纷解决的重大程序问题。我们依托过往丰富的实务经验，精心筛选并深入剖析了典型案例及背后的法律逻辑和观点，力求为处理房地产融资纠纷提供切实可行的解决方案和建议。希望本书对于处理房地产等融资纠纷的从业者和同人有所裨益。

缩 略 语 表

为方便阅读,本书除引用案例外,以下法律法规及规范性文件均使用简称。

简　　称	全　　称
《立法法》	《中华人民共和国立法法》
《民法典》	《中华人民共和国民法典》
《民法总则》	《中华人民共和国民法总则》(已失效)
《民法通则》	《中华人民共和国民法通则》(已失效)
《物权法》	《中华人民共和国物权法》(已失效)
《合同法》	《中华人民共和国合同法》(已失效)
《担保法》	《中华人民共和国担保法》(已失效)
新《证券法》	《中华人民共和国证券法》(2019修订)
旧《证券法》	《中华人民共和国证券法》(2014修正)
新《公司法》	《中华人民共和国公司法》(2023修订)
《公司法》	《中华人民共和国公司法》(2018修正)
《票据法》	《中华人民共和国票据法》
《基金法》	《中华人民共和国证券投资基金法》
《商业银行法》	《中华人民共和国商业银行法》
《仲裁法》	《中华人民共和国仲裁法》
《企业破产法》	《中华人民共和国企业破产法》
《法律适用法》	《中华人民共和国涉外民事关系法律适用法》
《民事诉讼法》	《中华人民共和国民事诉讼法》
《时间效力的若干规定》	《最高人民法院关于适用〈中华人民共和国民法典〉时间效力的若干规定》
《民通意见》	《最高人民法院关于贯彻执行〈中华人民共和国民法通则〉若干问题的意见(试行)》(已失效)

续表

简　称	全　称
新《民间借贷司法解释》	《最高人民法院关于审理民间借贷案件适用法律若干问题的规定》（2020 修正）
旧《民间借贷司法解释》	《最高人民法院关于审理民间借贷案件适用法律若干问题的规定》（2015）
《合同法解释一》	《最高人民法院关于适用〈中华人民共和国合同法〉若干问题的解释（一）》（已失效）
《合同法解释二》	《最高人民法院关于适用〈中华人民共和国合同法〉若干问题的解释（二）》（已失效）
《公司法解释三》	《最高人民法院关于适用〈中华人民共和国公司法〉若干问题的规定（三）》
《担保法司法解释》	《最高人民法院关于适用〈中华人民共和国担保法〉若干问题的解释》（已失效）
《民法典担保制度解释》	《最高人民法院关于适用〈中华人民共和国民法典〉有关担保制度的解释》
《破产法解释二》	《最高人民法院关于适用〈中华人民共和国企业破产法〉若干问题的规定（二）》
《财产保全规定》	《最高人民法院关于人民法院办理财产保全案件若干问题的规定》
《民诉法解释》	《最高人民法院关于适用〈中华人民共和国民事诉讼法〉的解释》
《民事证据规定》	《最高人民法院关于民事诉讼证据的若干规定》
《执行工作规定（试行）》	《最高人民法院关于人民法院执行工作若干问题的规定（试行）》
《资管新规》	《关于规范金融机构资产管理业务的指导意见》
《九民纪要》	《全国法院民商事审判工作会议纪要》
《仲裁法修订草案》	《中华人民共和国仲裁法（修订）（征求意见稿）》
《金融审判意见》	《关于进一步加强金融审判工作的若干意见》
《网络司法拍卖规定》	《最高人民法院关于人民法院网络司法拍卖若干问题的规定》
《证券虚假陈述司法解释》	《最高人民法院关于审理证券市场虚假陈述侵权民事赔偿案件的若干规定》

目录

第一章 基础篇

第一节 概述 / 003
    一、定义 / 003
    二、分类 / 006
    三、房地产融资的政策演变 / 007

第二节 裁判理念 / 013
    一、房地产融资纠纷的基本特点 / 013
    二、房地产融资纠纷的裁判理念 / 015

第三节 行政监管规则和司法裁判规则 / 022
    一、行政监管规则和司法裁判规则的关系 / 022
    二、司法权与金融监管的融合 / 024

第二章 要素篇

第一节 法律适用：《民法典》还是《合同法》 / 035
    一、关于《民法典》的溯及力问题 / 035
    二、房地产融资的法律适用 / 038
    三、担保关系的法律适用 / 042
    四、债务加入的法律适用 / 051
    五、关于增信措施的法律适用 / 053

第二节　法律主体 / 056

一、持牌主体 / 056

二、非持牌主体 / 058

三、主体性质对合同效力的影响
　　——以职业放贷人为视角 / 059

四、"伪金交所" / 061

第三节　合同效力 / 069

一、金融合同效力认定方式的转变 / 069

二、金融合同无效情形的类型化分析 / 070

第四节　明股实债 / 082

一、明股实债的概念界定 / 082

二、股权投资与债权投资的认定 / 083

三、明股实债纠纷的审理原则 / 085

第五节　以房抵债 / 089

一、定义 / 089

二、类型及理论争点 / 090

三、各类以房抵债行为的性质及效力 / 091

四、房地产企业以房抵债的注意事项 / 097

第六节　融资过程中投资方以各种名义收取的费用 / 100

一、金融机构收取的财务顾问费 / 100

二、民间借贷的融资纠纷中出借人向借款人
　　收取的其他名目的各项费用 / 103

三、信托业保障基金 / 106

第三章　增信措施篇

第一节　增信措施 / 111
一、概念 / 111
二、性质 / 112
三、种类 / 119

第二节　典型的增信措施 / 126
一、抵押 / 126
二、股权质押 / 129
三、保证 / 132

第三节　债务加入 / 136
一、发展历程、基本概念和构成要件 / 136
二、债务加入与类似民事法律制度之辨析 / 140
三、债务加入的效力 / 147
四、注意事项 / 162

第四节　远期回购 / 165
一、概述 / 165
二、监管规则 / 166
三、法律性质 / 167
四、法律效力 / 171
五、注意事项 / 173

第五节　差额补足 / 175
一、概述 / 175
二、法律性质 / 175
三、法律效力 / 177
四、注意事项 / 185

第六节 让与担保 / 188

一、定义 / 189

二、法律效力 / 193

三、让与担保实现的程序 / 197

四、股权让与担保的特殊问题 / 198

五、注意事项 / 200

第七节 上市公司的特别规定 / 202

一、法律规范之演变历程 / 202

二、法律主体 / 202

三、上市公司担保法律效力的特殊规定 / 206

四、上市公司担保无效的法律后果 / 209

第四章 程序篇

第一节 管辖 / 213

一、管辖法院确定规则 / 213

二、仲裁管辖与法院管辖的区分 / 219

三、仲裁司法审查案件的管辖 / 229

第二节 涉房地产企业财产保全操作路径 / 233

一、仲裁保全 / 233

二、债权人视角下，财产保全的实现方式 / 234

三、债务人视角下，财产保全的应对方式 / 245

第三节 涉房地产企业执行程序操作路径 / 263

一、债权人视角下，执行财产的处置要点分析 / 263

二、债务人视角下，执行财产的应对措施分析 / 285

第四节　涉外房地产融资类纠纷处理的特殊程序 / 299

一、公证认证程序 / 299

二、使用语言和翻译的要求 / 301

三、确定应当适用的法律 / 303

四、中国法背景下涉外诉讼程序期限的特殊性 / 307

五、涉外案件执行的特殊要求 / 308

六、对境外当事人送达文书的特殊规定 / 315

后　记 / 318

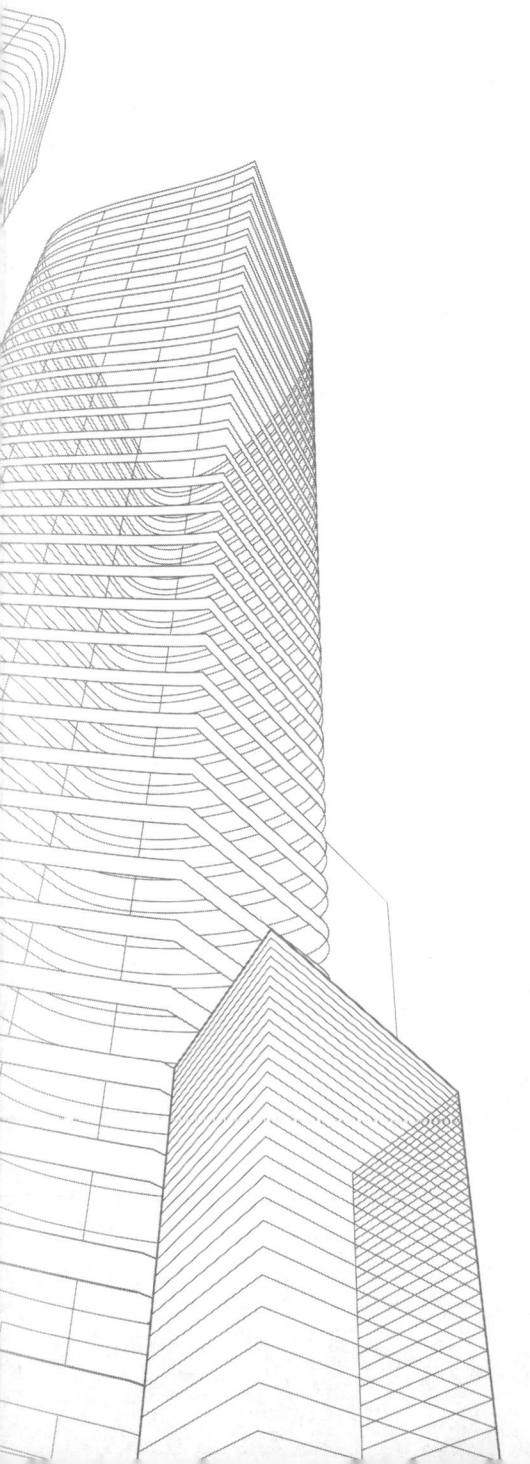

第一章

基础篇

房地产金融是指在房地产开发、流通和消费过程中,通过货币流通和信用渠道所进行的筹资、融资和相关金融服务的一系列金融活动的总称。对于房地产金融纠纷产生的基本原理、司法机关形成的日渐稳定的裁判理念以及行政监管和司法裁判相互作用的理解,是争议主体妥善解决纠纷的前提。本章将围绕宏观产业背景、法规政策依据以及司法裁判态度等基础性问题,剖析房地产金融纠纷的产生与化解的底层逻辑和症结所在,通过分析其背后的机制,探寻有效的应对之策。

第一节 概述

一、定义

房地产具有天然的资金密集属性,房地产融资对于房地产企业的发展具有至关重要的作用。从广义上讲,房地产融资是指在房地产开发、流通及消费过程中,通过货币流通和信用渠道进行的资金筹集、运用和清算等金融活动的总称,包括但不限于房地产企业融资、商品房消费者融资、房地产各经营环节融资;从狭义上讲,房地产融资是房地产企业直接和间接融资的总和,包括股权融资与债权融资。本书在没有特殊注明的情况下,"房地产融资"一词,皆指狭义的房地产融资定义,即房地产企业的融资。房地产融资不同于其他行业融资,具有特殊性,具体分述如下。

(一) 资产负债率高

房地产具有重资产属性,重资产是指企业所持有的诸如厂房、原材料等有形的资产。房地产企业的重资产属性与资金运行特点决定了其对金融支持的高度依赖。与其他一般产业相比,房地产业具有产业关联度强、产业链条延伸长、生产投资量大、资金回收期长等特征,这使得房地产企业的融资要求远高于一般的商品生产和流通行业的其他企业。[1] 房地产企业需要大量资金购置土地、开发建设，其经营高度依赖负债。根据笔者的从业经验，房地产企业资产负债率非常高，有的达到70%~80%，甚至更高。在传统的重资产运营模式下，由于在操盘的全过程中均需得到源源不断的资金支持，商业地产开发运营商为了满足庞大的资金需求，通常会向银行等金融机构大额举借外债来维持运营，企业整体的负债率常年居高不下，相应地，这些资金的使用成本也十分高昂。近年来，政府为了控制楼市泡沫，颁布了一轮又一轮的宏观调控政策，房地产行业已经风光不再，大众的购房意愿显著下降，这使房企大量的存量房产无法销售变现，从而回笼资金，借款本息的偿还无法得到保障，诸多房地产公司面临资金链断裂的财务困境。

（二）资金周转周期长

房地产开发建设需经过取得土地并进行开发，完成"三通一平"或"七通一平"，再进行建筑施工、装修、竣工验收等一系列复杂且耗时长的过程。相对于一般商品的生产周期来说，房地产开发所需时间更长，短则一两年，长则好几年。在流通领域，建成后的房屋因其价值大，购买者往往无力一次性付清房款，常采用分期付款方式购房；若采用房屋租赁方式收回投入资金，则资金回收周期更长。因此，房地产的资金从投入到产出，快则几年，慢则十几年，甚至几十年才能全部收回。

房地产资金的融通大多数是中长期融资，从资金投入到收回期限一般较长，在这个投入产出的过程中，如果产生房地产金融风险，如政策风险、决策风险、自然风险、财务风险等，融出的资金可能难以收回。例如，政策的改变可能导致房地产市场和金融市场产生不同于投资决策时所预料的情况，或者由于投资决策原本就存在错误，而无法实现预期的投资收益，从而导致房地产融通的资金无法完全收回；又如，各种突发性的自然灾害（地震、洪水、火灾等）导致房地产项

---

[1] 参见刘大志：《房地产企业融资：业务匹配、金融支持与策略调整》，中山大学出版社2012年版，第62页。

目遭到严重破坏甚至不复存在,从而难以收回融出的房地产资金;再如,在房地产金融活动中,由于种种原因,致使债务人不能偿还贷款本息,或者证券发行者到期不能偿付本息,从而引发房地产金融财务风险。

(三) 增信措施多样性

同其他行业不同的是,房地产融资往往以项目融资为主。一般而言,为应对交易中的风险,保障资金及项目的安全,融资机构会要求房地产企业提供相应的增信措施。随着房地产开发的深度发展,房地产企业的融资需求旺盛,各种增信措施和担保工具被广泛应用。实践中,房地产融资交易中的常见增信措施包括:项目土地使用权、在建工程和其他项目的房屋所有权抵押,项目公司股权质押,房地产企业实际控制人及其配偶和/或集团公司(包括区域公司)提供连带责任保证担保或差额补足、远期回购,第三方提供资金支持,以及上市公司股票担保、应收账款质押等其他担保方式。一般来说,融资机构在交易中会根据项目的实际情况、交易利率等因素要求房地产公司同时提供多项增信措施,以便对融资债务提供足额的担保,保障交易安全。

(四) 交易结构复杂化

房地产行业属于重监管领域,监管机构对房地产融资、开发、建设、销售各环节都进行强监管,希望将资金引入实体经济。在强监管的背景下,为符合防止资金过度流入房地产行业的监管要求,融资机构和房地产企业往往会设计出复杂的交易结构以逃避监管,如多层嵌套、通道业务、明股实债等。

房地产融资交易结构的复杂化主要体现在交易结构类型多样性、增信措施多样性、融资渠道多元化以及海外融资引入等多个方面。以房地产资产证券化为例,房地产 ABS 产品交易结构包括直接转让的交易结构、类 REITs 结构、信托模式结构(类 CMBS 结构)等多种,这些不同的交易结构对应不同类型的房地产项目和资产。不同交易结构的 ABS 产品的增信措施也有所不同,抵押型 REITs 通常可不设置额外的增信措施,但部分产品会设置如第三方流动性支持、差额补足等额外增信措施;

收益权证券化 REITs 通常会设置多重增信，如不动产抵押、项目公司股权或现金流质押、准备金/保证金账户、第三方流动性支持、保证担保、差额补足等，这必然导致收益权证券化 REITs 具有较为复杂、形式多样的交易结构，在这种交易结构下，一旦资金链断裂致使违约情形出现，就会引发复杂且周期冗长的争议。

二、分类

根据房地产融资的实践做法，按照融资方式，房地产融资大致可以分为股权融资和债权融资，具体见图 1-1。

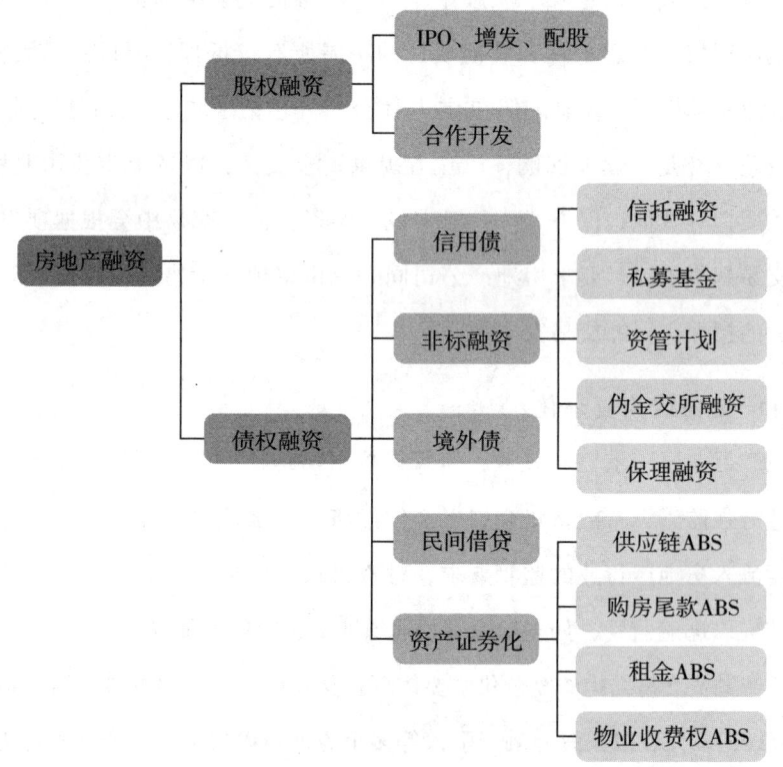

图 1-1 房地产融资类型

股权融资，即企业的股东愿意让出部分企业所有权，通过企业增资的方式引进新股东的融资方式。股权融资的特点包括：一是长期性，即股权融资筹措的资金具有永久性，无到期日，不需归还。二是不可逆性，即企业采用股权融资无须还本，投资人欲收回本金，需借助于股票流通市场。三是无负担性，即股权融资没有固定的股利负担，股利的支付与否和支付多少视公司的经营需要而定。股权融资按融资渠道来划分，主要有以下两大类：第一，公开市场发售。所谓公开市场发售，就是通过股票市场向公众投资者发行企业的股票来募集资金，包括常说的 IPO、上市企业的增发和配股都是利用公开市场进行股权融资的具体形式。第二，合作开发。房地产合作开发，通常指企业通过引入投资人以增资扩股或股权合作等方式共同开发项目的模式。因大多数中小房地产企业较难达到上市发行股票的门槛，故合作开发成为其股权融资的主要方式。

债权融资，即企业通过举债的方式有偿使用企业外部资金进行融资。对于债权融资所获得的资金，企业一方面要承担资金的利息，另一方面在借款到期后要向债权人偿还资金的本金。债权融资包括银行贷款、担保贷款、典当、小额贷款、融资租赁、保理等形式，就特点而言，一是债权融资获得的只是资金的使用权而不是所有权，负债资金的使用是有成本的，企业必须支付利息，并且债务到期后须归还本金；二是债权融资能够提高企业所有权资金回报率，具有财务杠杆作用；三是与股权融资相比，债权融资除在一些特定的情况下可能引发债权人对企业的控制和干预问题外，一般不会对企业的控制权产生影响。从债权融资的方式细化分类，其又包括信用债、非标融资、境外债、民间借贷、资产证券化等形式。其中，非标融资又包括多种形式，如信托融资、私募基金、资管计划、伪金交所融资、保理融资等；资产证券化又包括供应链 ABS、购房尾款 ABS、租金 ABS、物业收费权 ABS 等。

三、房地产融资的政策演变

房地产行业受行业政策（包括土地、信贷、税收、购房条件等政策）影响较大，因此，对房地产行业政策调控周期进行总结有利于研判未来政策走向。本书总结了近年来房地产融资政策，大致梳理如下。

2008年11月，国务院常务会议提出"扩大内需促进经济增长的十项措施"，旨在抵御国际经济危机、加快国家建设、提高国民收入、促进经济平稳快速发展。该措施总规模约4万亿元人民币，约合5860亿美元，其中内容包括加大金融对经济增长的支持力度，取消对商业银行的信贷规模限制，合理扩大信贷规模，加大对重点工程、"三农"、中小企业和技术改造、兼并重组的信贷支持，有针对性地培育和巩固消费信贷增长点等。

2008年12月20日，国务院办公厅印发《关于促进房地产市场健康发展的若干意见》（又称"国十三条"）。国十三条对加大保障性住房建设力度、进一步鼓励普通商品住房消费、支持房地产开发企业积极应对市场变化、强化地方人民政府稳定房地产市场的职责、加强房地产市场监测、积极营造良好的舆论氛围六个方面作出规定，旨在促进房地产市场健康发展。

2015年，中国人民银行连续降准降息，大力改善房地产企业的融资环境。同时，2015年还被称为"中国地方债务管理改革元年"，[2] 一直以来，地方债得到各地政府的特别"青睐"。以前，地方政府主要依赖融资平台公司等渠道举借债务，这种方式在弥补地方财力不足、应对危机和抗击自然灾害、改善民生和生态环境保护、推动地方经济社会持续发展等方面发挥了积极作用。但与此同时，地方政府举债缺乏规模控制、融资成本高企、债务收支未纳入预算、风险防控机制不健全等问题亦日益显现，地方债已经成为我国经济运行中的"隐忧"，党中央、全国人大、国务院对此高度重视。2015年，在国务院的统一部署下，以《预算法》修正案为法律依据，以《国务院关于加强地方政府性债务管理的意见》为操作指导，中国地方债务管理的深入改革大幕全面拉开。2014年9月，国务院印发《关于加强地方政府性债务管理的意见》（国发〔2014〕43号，即"43号文"），进一步明确了地方政府债务管理的整体制度安排：一是赋予地方政府依法适度举债融资权限，省级政府在国务院批准的规模内可以适度举债，市县级政府确需举

---

[2]《2015：中国地方债务管理改革元年》，载《中国财经报》2016年2月6日，http://finance.ce.cn/rolling/201602/06/t20160206_8796752.shtml，2024年7月12日最后访问。

债的由省级代为举借；二是规范地方政府的举债行为，地方政府举债采取发行政府债券方式，剥离融资平台公司政府融资职能，同时，积极推广运用政府和社会资本合作模式，吸引社会资本参与公益性事业投资和运营；三是规范地方政府债务的举借程序和资金用途，地方政府举债必须报本级人大或其常委会批准，债务资金必须用于公益性资本支出和适度归还存量债务；四是控制和化解地方政府性债务风险，对地方政府债务规模实行限额管理，将地方政府债务分类纳入预算管理，建立地方政府债务风险评估和预警机制、应急处置机制以及责任追究制度。这些政策措施从法律和制度上解决了地方政府债务"怎么借、怎么管、怎么还"的问题，构建了中国地方债新政的整体框架。

2018年至今，主要有《资管新规》、"三条红线"、贷款集中度监管和预售资金监管几个方面的政策影响着房地产融资。2018年4月27日《资管新规》正式出台，它的实施对银行理财产品、信托公司产品、公募基金、私募基金、证券公司资产管理计划、基金及基金子公司资产管理计划将造成一定影响，主要包括：(1) 打破刚性兑付，明确要求不得给出预期收益率，实行净值管理，客户承担投资风险；(2) 明确禁止资金池业务，实行单独建账和单独核算；(3) 去通道、压缩嵌套和强化杠杆约束。《资管新规》实施后，在所有的金融机构中，只有商业银行的短期储蓄和保险公司的长期储蓄可以作为保本保息的金融产品，由商业银行和保险公司承担投资风险，其他金融机构的产品则应向投资者传递"卖者尽责、买者自负"的理念，打破刚性兑付，由客户承担投资风险。2018年9月，《商业银行理财业务监督管理办法》落地，其在过渡期安排方面与《资管新规》保持一致，并要求银行结合自身实际情况，按照自主有序方式制订本行理财业务整改计划，经董事会审议通过并经董事长签批后，报监管部门认可。过渡期结束后，对于由于特殊原因难以回表的存量非标准化债权类资产，以及未到期的存量股权类资产，经报监管部门同意，商业银行可以作出适当安排妥善处理。《资管新规》中"打破刚兑、禁止资金池、去通道、非标不能期限错配、向净值化转型"的五大核心要点并未松动。

所谓的"三条红线",指的是人民银行和住建部将限制开发商融资的政策,自 2021 年 1 月 1 日起在全行业推行。"三条红线"的具体内容为:(1)剔除预收款后的资产负债率不超过 70%;(2)净资负债率不超过 100%;(3)现金短债比不小于 1。根据触线情况,房企被分为"红、橙、黄、绿"四档,并对满足不同标准的房企有息债务增长作出限制:三条红线全部触碰,有息负债不得增加;触碰二条红线,有息负债规模年增速不得超过 5%;触碰一条红线,有息负债规模年增速不超过 10%;全部达标,有息负债规模年增速不超过 15%。

2020 年 12 月 28 日,中国人民银行、原银保监会发布《关于建立银行业金融机构房地产贷款集中度管理制度的通知》,根据银行业金融机构的资产规模、机构类型等因素,分档设定房地产贷款集中度管理要求,自 2021 年 1 月 1 日起实施。银行业房地产贷款集中度主要包括以下 4 点:(1)对房地产贷款余额占比和个人住房贷款余额占比设置上限;(2)对不同类型银行分档分类,各地因地制宜设置管理要求;(3)对超出管理规定的银行设置过渡期;(4)租赁类贷款、《资管新规》过渡期内回表贷款不纳入管理范围。此次房地产贷款集中度政策设置,大中型银行在房地产贷款集中度政策方面设置的容忍度较高。根据不同银行规模和性质分档设置不同的集中度要求,对于超出限制的银行,根据超出比例幅度,给予 2 年或 4 年的宽限期,但住房租赁类贷款不纳入房地产集中度考核。从 2020 年上半年主要上市银行房地产贷款集中度情况来看,大部分银行能满足房地产贷款集中度监管要求。监管部门出台的银行业房地产贷款集中度管理要求是国家"房住不炒"在银行业层面管控政策的一个延续,与之前发布的限制地产债、地产信托融资和房地产企业"三条红线"相呼应。

预售资金对开发商、政府、银行均具有重要意义,对预售资金的监管主要针对款项存入和支取两大方面。2022 年 1 月 11 日,最高人民法院、住房和城乡建设部、中国人民银行发布的《关于规范人民法院保全执行措施 确保商品房预售资金用于项目建设的通知》(法〔2022〕12 号)要求:(1)法院冻结预售资金监管账户时,应及时通知住房和城乡建设局;(2)坚持比例原则;(3)法院不得采取扣划措施，除因项目建设工程进度款、材料款、设备款等债权案件外，在首次登记前不得扣划等。

2022年11月11日，中国人民银行、原银保监会公布《关于做好当前金融支持房地产市场平稳健康发展工作的通知》，推出16条金融举措促进房地产市场平稳健康发展。通知明确，坚持房子是用来住的、不是用来炒的定位，全面落实房地产长效机制，因城施策支持刚性和改善性住房需求，保持房地产融资合理适度，维护住房消费者合法权益，促进房地产市场平稳健康发展。为保持房地产融资平稳有序，通知提出，稳定房地产开发贷款投放，支持个人住房贷款合理需求，稳定建筑企业信贷投放，支持开发贷款、信托贷款等存量融资合理展期，保持债券融资基本稳定，保持信托等资管产品融资稳定。在"保交楼"金融服务方面，通知提出，支持国家开发银行、农业发展银行按照有关政策安排和要求，依法合规、高效有序地向经复核备案的借款主体发放"保交楼"专项借款，封闭运行、专款专用，支持已售逾期难交付住宅项目加快建设交付。同时，鼓励金融机构提供配套融资支持，推动化解未交楼个人住房贷款风险。为配合做好受困房地产企业风险处置，通知还提出做好房地产项目并购金融支持，鼓励商业银行稳妥有序开展房地产项目并购贷款业务，重点支持优质房地产企业兼并收购受困房地产企业项目。[3]

2024年以来，支持房地产企业融资政策密集落地。2024年1月4~5日，中国人民银行工作会议在北京召开。会议强调，要稳妥推进重点领域金融风险防范化解，因城施策精准实施好差别化住房信贷政策，满足各类房地产企业合理融资需求，抓好"金融16条"及金融支持保障性住房建设、"平急两用"公共基础设施建设、城中村改造等各项政策落实。2024年1月5日，为落实中央金融工作会议作出的一视同仁满足不同所有制房地产企业合理融资需求、促进金融与房地产良性循环相关部署，住房城乡建设部、金融监管总局联合印发《关于建立城市房地

---

[3]《两部门推16条金融举措促进房地产市场平稳健康发展》，载新华网2022年11月23日，https://www.gov.cn/xinwen/2022-11/23/content_5728466.htm，2024年6月17日最后访问。

产融资协调机制的通知》，更加精准支持房地产项目合理融资需求，促进房地产市场平稳健康发展。通知要求，金融机构要按照市场化、法治化原则做好评估，对正常开发建设、抵押物充足、资产负债合理、还款来源有保障的项目，建立授信绿色通道，优化审批流程、缩短审批时限，积极满足合理融资需求。对开发建设暂时遇到困难但资金基本能够平衡的项目，不盲目抽贷、断贷、压贷，通过存量贷款展期、调整还款安排、新增贷款等方式予以支持。随后，各地纷纷出台各项措施，通过缓缴城市基础设施配套费、对商品房预售资金实行差异化管理、引导金融机构对房地产企业存量融资展期、推动房地产开发企业和金融机构精准对接、提出可以给予融资支持的房地产项目白名单等多种手段，缓解房地产企业的资金压力。但是从政策落地后的实施效果来看并不十分理想。现实中，房地产企业特别是民营房地产企业很难从金融市场融资到位。

第二节 / 裁判理念

在广阔且复杂的社会经济背景下,房地产裁判理念的形成,既是对法律精神的深刻领悟,也是对社会现实的敏锐把握。裁判者通常在尊重法律原则的基础上,充分考虑案件的具体情况和社会环境因素,平衡各方利益,实现法律效果与社会效果的有机统一。因此,在探讨房地产融资纠纷的裁判理念之前,有必要了解房地产融资纠纷本身的独特性质,以及房地产行业赖以生存与发展的社会环境。

一、房地产融资纠纷的基本特点

结合实务经验,我们观察总结,房地产融资纠纷一般具有以下特点。

(一)涉案标的额大

在房地产融资时,投资人一般会着眼于所投资公司的某个房地产项目,投资资金一般用于项目建设,投资收益也一般来自项目收益。房地产金融本身具有重资产属性,加之土地使用权价格飞涨,房地产开发建设所需资金非常庞大,而国内开发商在开发建设过程中往往依赖于外部融资,杠杆率高,故房地产融资数额非常大。房地产融资退出方式,往往采取先息后本、到期一次性还本的方式,房地产融资违约纠纷发生时,涉案标的往往较其他行业大。

(二)法律关系复杂

房地产融资纠纷中,由于各个主体均为成熟的商事主体,因此,签约主体、签约日期、履约过程等事实情况一般较为清晰，复杂的主要是各方之间的法律关系的认定。金融市场本就变幻莫测，而房地产金融市场又往往需要关注不断变化的政策风向，因此，新型交易结构、交易模式会在实践中不断涌现，房地产金融领域的新型纠纷往往较多，新出现的问题一般会引发较大争论。一方面，多样的增信措施使法律关系复杂化。房地产融资交易通常设有多样复杂的增信措施，这主要是为了防范房地产金融交易中不可预料的风险，保障投资人在交易中的利益尤其是资金安全。因此发生纠纷时，融资机构往往会要求提供增信措施的所有主体承担相应法律责任，那么法院或仲裁机构需着重审查增信协议的性质、增信措施是否有效和承担责任的形式等法律问题。另一方面，房地产融资往往会出现"阴阳合同""抽屉协议"等法律问题，在进行审理时，就需要裁判人员查明真实的法律关系，从实质出发进行法律判断和价值判断。

（三）事关国计民生

房产的本质属性是具有居住、租赁或经营等功能的消费品，其金融功能不过是衍生属性，这是房地产金融区别于其他金融活动的显著特征之一。房地产金融实际上与国计民生息息相关，地产项目危机通常会迅速扩散并影响其他领域，甚至进一步引发系统性社会风险，如部分房企资金链断裂导致的"烂尾楼"问题引发的购房者集体维权纠纷。一旦涉事房企资金链断裂，金融机构或民间资本往往会在第一时间对其提起诉讼或仲裁并查封其所有可查封的财产，成为压死项目公司的"最后一根稻草"。商品房可能刚好因短缺了部分资金而难以交付，随后相关司法案件的审理、执行因处理周期冗长，导致"烂尾楼"难以被盘活，继而又会出现购房者集体诉讼或信访的社会问题。此外，房地产"爆雷"还会累及广大的就业者，引发就业危机。房企债务问题引发的巨额借贷等投融资纠纷，不仅涉及房企自身的存续、发展和经营，往往还涉及银行、信托、资产管理公司等多方主体，且在"借新还旧""借短还长""联保互保"的常见融资模式下，单个债务纠纷的产生及处置将影响其他关联投融资交易的履行，容易引发连锁反应，导致局部风险集中爆发。[4] 在处理房地产融资纠纷时，需要考虑保交楼、商品房消费者的权益和农民工的权益等社会因素。

二、房地产融资纠纷的裁判理念

基于房地产行业的上述特点以及特定的社会背景，在司法与仲裁实践中，为了促进房地产市场的平稳发展，平衡各方利益，有关房地产融资纠纷的裁判理念大致遵循以下几项原则。

（一）契约原则

1. 法院审理中的契约原则

从法律角度分析，商业交往的内在逻辑很大程度上表现为契约原则，包括契约自由、契约正义与契约严守三大元素。

首先，关于契约自由，如最高人民法院原院长周强在第八次全国法院民事商事审判工作会议上所强调的，要尊重民事商事审判工作规律，切实坚持"六个原则"。"改革开放以来，特别是1999年新合同法生效后，我国已建立起以'严格合同主义'为特征的合同法律体系。只要当事人在平等自愿基础上订立合同，不损害国家利益、公共利益和第三人合法权益，就应当受到充分的尊重和保护。党的十八届四中全会明确提出倡导契约精神，很重要的一个方面就是要切实尊重契约自由。"契约自由的核心是法无禁止即可为。在金融领域，为增强中小微企业的融资能力、缓解中小企业融资难的问题，基于契约自由与物权法定的理念，《金融审判意见》第3条就提出，要"依法认定新类型担保的法律效力，拓宽中小微企业的融资担保方式。丰富和拓展中小微企业的融资担保方式，除符合合同法第五十二条规定的合同无效情形外，应当依法认定新类型担保合同有效；符合物权法有关担保物权的规定的，还应当依法认定其物权效力"。

---

[4] 参见赵显龙、陶章启：《中国房地产争议解决年度观察（2021）》，载http://www.bjac.org.cn/news/view?id=4055，2024年7月10日最后访问。

其次，契约正义矫正契约自由。司法裁判中还需要贯彻契约正义，警惕契约自由的失灵与滥用现象。周强在第八次全国法院民事商事审判工作会议上强调：应当正确处理契约自由与契约正义的关系。契约自由是基础，通过尊重契约自由，充分发挥市场主体的能动性，促进提升市场经济活力、增加社会财富。契约正义是克服契约自由弊端的矫正器，应当通过法律和司法解释来实现其目的。人民法院应当严格按照法律和司法解释规定认定合同性质、合同无效、可撤销、可解除等情形，努力实现契约正义。即契约自由有边界，其并不意味着合同可以违反法律规定、损害社会公共利益，如威胁国家金融安全，《金融审判意见》第2条强调，"依法否定民间借贷纠纷案件中预扣本金或者利息、变相高息等规避民间借贷利率司法保护上限的合同条款效力"；第7条强调，"网络借贷信息中介机构与出借人以居间费用形式规避民间借贷利率司法保护上限规定的，应当认定无效"。上述都是在降低中小企业融资成本的同时防范金融风险、贯彻合同正义的体现。

最后，弘扬契约严守的裁判理念，降低维权成本和守约成本，提高失信成本。司法实践中，债权人相比债务人往往处于弱势地位。如债权人不通过司法途径实现债权，则债权一般难以实现。即使通过司法途径解决，也常常因为债务人资不抵债而难以通过保全和执行程序实现债权。为依法保护金融债权，提升金融债权实现效率，《金融审判意见》第14条提出，"依法打击逃废金融债权的行为，明确责任主体和责任范围，切实保护金融债权。根据具体金融借款合同纠纷案件的特点，分别适用普通程序、简易程序、特别程序、督促程序等不同程序，提高审判效率。有效发挥具有强制执行效力的公证书的作用，降低金融债权实现成本。"

房地产融资纠纷审判要在裁判标准及价值判断上实现政策逻辑、商业逻辑与法律逻辑的统一。"首先，遵循法律逻辑是裁判的基础和前提，但是与此同时也要看到房地产行业正处于特殊发展阶段。其次，在本轮房地产调控中，出台政策之间具有明确的内在逻辑，各项政策定位清晰，相互配合，共同服务于条款目标。其中，有的政策本身是为立法做储备，不能简单理解为'红头文件'。要求法律逻辑和政策逻辑的一致。最后，裁判也要考虑商业逻辑。国家调控具有强行政干预的特性，这在一定程度上打破了原有的商业逻辑，当然这种情况在长效机制、基础性制度落地后会改变，但在未改变之前，应当注意使裁判结果符合基本商业逻辑。"[5]

2. 商事仲裁中的契约原则

尊重意思自治是商事仲裁的核心价值之一，在商事仲裁程序中，契约原则的体现更为明显。一方面，当事人通过协议约定将案件提交给仲裁机构处理，即体现了商事仲裁是一种基于契约自由的纠纷解决方式。2021年7月30日，司法部发布了《仲裁法修订草案》公开征求意见的通知，对现行《仲裁法》进行了多项修改，这其中多项制度都表明尊重当事人的意思自治是仲裁制度的核心原则，应当严格贯彻。如《仲裁法修订草案》第21条明确了仲裁协议效力的核心是当事人请求仲裁的意思表示，[6]延续了《仲裁法》的精神，只有当事人达成一致意见才能启动仲裁程序。另一方面，仲裁制度的设计以尊重当事人的意思自治为首要原则，对于仲裁程序的安排，法律的适用等都可由当事人根据需要选择最佳的方案。我国《仲裁法》规定了当事人可以协议选择管辖的仲裁机构、可以由当事人自行选定仲裁员，这都是尊重当事人意思自治的表现。当前，仲裁机构"去行政化"改革的开展，根本目的也是保障仲裁活动自治本质的实现。

总而言之，具体到房地产融资纠纷的裁判之中，无论是法院还是仲裁机构，均对此类纠纷的契约自治予以充分尊重，如对于新类型的差额补足协议，并不轻易否定合同效力，也不简单将之等同于保证担保，而是结合具体协议内容及法律规定探求当事人真意；又如，对于明股实债类融资，也并不轻易认定合同无效，而是穿透审查当事人真实的意思表示，以确定双方的法律关系，稳定各方的合理

---

[5] 参见康俊亮：《"房住不炒"新时代房地产仲裁面临的机遇与挑战》，载《人民法治》2018年第5期。

[6] 《仲裁法修订草案》第21条规定，仲裁协议包括合同中订立的仲裁条款和以其他书面方式在纠纷发生前或者纠纷发生后达成的具有请求仲裁的意思表示的协议。一方当事人在仲裁中主张有仲裁协议，其他当事人不予否认的，视为当事人之间存在仲裁协议。

预期，保障房地产融资交易的稳定性和安全性。

（二）安全与效率平衡原则

所有金融活动都应遵循安全与效率平衡的原则，房地产金融当然也不例外。金融效率很大程度上依赖于金融创新，金融活动在发展过程中不断创新出新的产品、组织形式和制度，不断提高金融效率。从金融发展历程来讲，整个金融发展史就是一部金融创新史，金融领域的每一次重大变革都离不开金融创新。但是，金融创新蕴含着天然的风险。首先，市场经济和金融业迅速发展，为了推出与复杂经济活动相匹配的经济产品，金融产品设计上更为复杂，使投资者难以了解底层资金的使用情况，金融创新存在风险隐蔽性。其次，金融创新具有更强的风险传导性和集中性。金融创新只是分散了风险，并没有将风险消除，市场主体之间不断转让金融创新产品只是把风险进行重组配置。[7] 金融交易的本质虽然是合同行为，但是金融市场主体的关联程度远超其他类型合同的当事人，这就加大了引发系统性动荡的风险。随着全球金融网络化程度的不断加强，金融系统内部各个要素之间的连接日益加深，局部的动荡可能引发"蝴蝶效应"，迅速在整个市场传递和演化，最终造成经济危机和社会动荡。

金融业发展的实践表明，金融创新提高了资金运用效率，但也带来了更大的风险和挑战，对此需要通过科学有效的监管在金融安全和金融效率之间寻求平衡，以保证金融业健康发展。从美国次贷危机就可以看出，监管失效会导致金融创新的无序发展，带来金融体系的动荡甚至引发金融危机。因此，金融活动要时刻牢记底线思维，维护金融安全。在我国，金融风险的底线往往体现在政策逻辑中，且近年来金融领域中逐渐显现出司法审判和监管规则一致性的趋势。在此背景下，对房地产领域出台的调控政策应当给予足够重视。以"三条红线"政策为例，目前其暂未以行政规章的形式对外公布，属于政策性文件，但2021年1月26日，在

---

[7] 参见张铁伟：《效率与安全：金融创新与监管的协调发展》，载《现代商业》2011年第20期。

工作会议上原银保监会表示未来将会严格落实"三条红线"政策，其中，房地产贷款集中度管理制度由中国人民银行、原银保监会于2020年12月28日发布并于2021年1月1日施行。因此我们推测，随着"三条红线"政策的扩大适用，未来该政策大概率会以行政规范性文件的形式予以发布。

总体看来，随着金融司法审判监管化的趋势发展，在"三条红线"成为规章以上的规范性文件后，房地产企业违反该政策订立的融资合同极有可能依据《民法典》第153条被认定为无效；而在"三条红线"成为规章以上的规范性文件之前，房地产企业违反该政策订立的融资合同的效力存在不确定性，《九民纪要》出台后，此类合同被判定无效的概率进一步上升。

《金融审判意见》第18条提出，要依法保障房地产市场平稳健康发展，防范房地产市场的金融风险传导；高度重视房地产市场波动对金融债权的影响，依法妥善审理相关案件，有效防范房地产市场潜在风险对金融稳定和金融安全的传导与冲击；统一借名买房等规避国家房产限购政策的合同效力的裁判标准，引导房产交易回归居住属性。

（三）谦抑性原则

谦抑性原则一般指的是刑法的谦抑性，即只有在没有可以代替刑罚的其他适当方法的条件下，才能将某种违反法律秩序的行为设定成犯罪行为，国家刑罚权的运用要注意克制。在金融司法审判中，金融司法也需要遵循谦抑性原则，即对于某些尚未有定论的问题需要审慎裁判，防止司法的示范性作用起到相反效果。

近年来，法律适用的统一性逐渐得到重视。2020年9月14日，最高人民法院举办新闻发布会，发布《最高人民法院关于完善统一法律适用标准工作机制的意见》（法发〔2020〕35号，以下简称《统一法律适用意见》）。《统一法律适用意见》分为10个部分，全面归纳了人民法院实现法律适用标准统一的10个路径与方法，提出了统一法律适用标准的21条具体措施。2021年11月13日，《最高人民法院统一法律适用工作实施办法》（法〔2021〕289号）第1条规定，本办法所称统一法律适用工作，包括起草制定司法解释或其他规范性文件、发布案例、落实类案检索制度、召开专业法官会议讨论案件等推进法律统一正确实施的各项工作。因此，个案裁判不仅会对案涉主体产生作用，还会起到司法示范作用，产生相应的社会效果。尤其是在不断创新的金融领域，新的金融工具、组织形式、交易结构的法律性质和法律效力等问题都需要司法机关予以回应。考虑到司法的示范性作用，在金融审判中就需要贯彻谦抑性原则，审慎裁判，尊重市场规律，不过度干预金融的创新价值。一般情况下，只要不具有法定无效事由，无碍社会经济秩序，法院审判的趋向是在现行法律框架内尽可能尊重交易主体的商业安排，不轻易认定合同无效。

（四）投资者保护原则

2020年3月1日起施行的新《证券法》相对于2014年起施行的旧《证券法》在资本市场投资者法律保护方面有了较大的发展，第六章设立的"投资者保护"专章，亮点内容大致有以下几点：第一，增加了投资者适当性义务，让投资者的财产状况、金融资产状况、投资经验与专业能力等需要与所购买的证券和服务相匹配。这能够在一定程度上使财力相对不太雄厚、投资知识和经验相对不丰富的个人投资者避开高波动性的市场，以免遭受损失。第二，规定了先行赔付制度，并进一步规定了追偿机制，即赔付主体在赔付后可以依法向发行人及其他连带责任人追偿。快速高效获得赔付对于提振中小投资者投资信心、维护中小投资者权益至关重要，长期来看有助于维护市场稳定，保持市场活力。第三，规定了纠纷强制调解制度。新《证券法》第89条将投资者区分为普通投资者和专业投资者，第94条第1款规定，普通投资者与证券公司发生证券业务纠纷的，如果普通投资者向投资者保护机构提出调解请求的，证券公司不得拒绝。至此，专门用于保护普通投资者的证券纠纷强制调解制度正式写入《证券法》，投资者在传统的诉讼之外，增加了非诉争议解决的途径。[8] 第四，新《证券法》引入了特别代表人诉讼制度，允许由50名以上权利人特别授权的投资者保护机构作为诉讼代表人启动诉

---

〔8〕 参见李文：《论资本市场投资者保护法律制度的新发展》，载《经济研究导刊》2021年第29期。

讼，赋予其代表相关权利人行使诉讼权利的资格，形成了具有中国特色的集体诉讼制度。

  房地产金融领域司法实践中，法院或仲裁机构在裁判中也体现出倾斜保护金融消费者和中小投资者理念的特点。在投融资合同效力认定中，法院倾向于将广大非特定投资人利益保障作为"社会公共利益"的判断标准。如果投融资合同损害广大非特定投资者的合法权益，必然也会损害资本市场基本交易秩序与基本交易安全，损害金融安全与社会稳定，继而损害社会公共利益，最终导致投融资合同无效。

第三节

行政监管规则和司法裁判规则

司法裁判是面对已经发生的争端,针对真与假、是与非、曲与直等问题,根据特定的事实与既定的法律,通过一定的程序进行认识的活动。不同的裁判理念会影响同案或者类案的裁判结果。上文提到,在当前经济社会环境背景下,行政监管规则和司法裁判规则的指向具有普遍一致性,在行政监管机构出台某项政策或指令后,司法裁判的结果也倾向于与此保持一致。但若超脱当前环境从广义来看,行政监管规则和司法裁判规则实际上存在区别,并不总是保持一致。

一、行政监管规则和司法裁判规则的关系

司法权与行政权在发挥金融监管作用时均具有保证金融安全、防止金融风险的目的,但两者的属性及主体差异导致了法院的司法裁判行为与金融行政监管机构的监管行为对金融市场的发展产生了不同效果。司法权与行政权在金融监管领域的关系主要表现为以下三类情况。

(一)司法裁判规则与金融行政监管规则各司其职

既然金融市场的治理格局呈现金融司法与金融行政监管分立式治理的特征,有时金融司法与行政监管往往无法形成合力。行政监管部门颁布的规章、规范性

文件因达不到"法律法规"的效力层级，往往得不到法院民事司法的肯定性确认。[9] 司法权对金融领域合同效力的法律评价最为典型，《民法典》及废止的《合同法》均以是否违反"法律、行政法规的强制性规定"作为评判合同效力的依据，这一规则蕴含了立法权对民事行为进行价值判断和指引的深刻含义，体现了权力制约的制度安排。在立法尚未修正的情况下，如果在金融司法过程中直接援引行政监管政策，将背离司法权的法治本质，导致司法逻辑无法自洽。如成都市高新技术产业开发区人民法院在有关信用卡利率的案件中，法官通过对法律旨意的解读直接否定中国人民银行有关滞纳金明文规定的适用。[10] 此时，司法裁判实际上与行政规章在实践中的适用出现了一定的背离。换言之，司法以审慎保守的做法漠视行政规章等"弱效力"规范性文件，体现出我国金融市场发展初期的特征。

（二）司法裁判规则与金融行政监管规则相互融合

司法机关在某种情况下会将一些原本属于司法权范围内的事项主动交由行政监管部门处理，证券市场虚假陈述案件行政前置程序的规定即为典型。《最高人民法院关于受理证券市场因虚假陈述引发的民事侵权纠纷案件有关问题的通知》（已失效）第2条规定："人民法院受理的虚假陈述民事赔偿案件，其虚假陈述行为，须经中国证券监督管理委员会及其派出机构调查并作出生效处罚决定。当事人依据查处结果作为提起民事诉讼事实依据的，人民法院方予依法受理。"这说明，司法机关主动放弃了事实认定的权力。当然，行政前置的目的可能是分摊责任缓解法院办案压力的需要，但在客观上也产生了侵害当事人诉权的嫌疑。证券市场虚假陈述案件行政前置程序的规定在一定程度上促进了"证券虚假陈述"事实行政认定与司法认定保持一致，使金融司法监管与行政监管由割裂走向融合。

（三）司法裁判规则与金融行政监管规则衔接协调

金融司法与金融行政监管的关系协调属于跨系统的协调衔接。由于司法机关

---

[9] 参见鲁篱：《论金融司法与金融监管协同治理机制》，载《中国法学》2021年第2期。
[10] 具体参见成都市高新技术产业开发区人民法院（2015）高新民初6730号民事判决书。

与行政机关之间不是纵向的领导与被领导关系，也不存在横向、直接的相互协作与配合的刚性要求。司法裁判有时会有效促进监管规则的更新和完善。司法机关对个案或类案审判中涉及金融监管待改进事项等问题，有权通过司法建议方式提出对策建议，但实践中有时得不到有效反馈。如在个案中，司法机关发现存在可能发生金融风险的情形，然后向有关行政机关发出司法建议，然而在尚未出现行政监管案件或公众事件前，即使法院将某一类金融交易行为判断为高危事件，也可能无法引起重视。从问责机制来看，即使事后发生金融风险事件，也不太可能从行政机关当初未接受司法建议这个角度去问责。

实践中有时会发生司法机关通过司法政策直接干预金融监管规则的情况。例如，2003 年《中国人民银行关于人民币贷款利率有关问题的通知》（银发〔2003〕251 号）针对金融借贷利率及罚息作出专门规定，利率由借贷双方协商确定，罚息在贷款本金利息的基础上加收 30%~50%。《金融审判意见》明确了"两档三区"的利率规则，其中第 2 条将正规金融年化利率法律保护的最高标准定为 24%，意味着贷款人的利息、复利、罚息、违约金和其他费用之和不得超过年利率 24%。司法裁判规则对行政监管规则进行了调试和限缩，但由于二者均为现行有效的规范，实际造成了行政立法与司法态度之间不衔接、不协调的问题。

二、司法权与金融监管的融合

司法与金融行政监管的权力边界需要合理划定。对市场化金融体系下的监管，基本上应当贯彻以下规则：一方面，"司法的归于司法"，司法监管基于商事个体的请求对具体商事行为行使裁判权。裁判权既要有法可依，又要尊重市场规律，对不属于司法裁判的监管内容向当事人说明。另一方面，"政策的归于政策"，行政权力具有管理属性，应在充分研究市场规律的基础上，针对金融事件可能引发的社会问题建立相应的行政配套措施，同时尊重并维护司法裁判的权威性。在此基础上，司法权和行政监管在各自的领域内发挥不同的调控作用，使市场行为得到合理的规制。那么，司法权和金融行政监管的具体边界究竟在哪里，可以从以下几个方面深入探析。

（一）司法权的金融监管边界

法律适用是对案件事实的权利义务分析和判断的过程。司法权与行政权二者在金融监管领域形成动态发展关系。金融司法本质上是个案思维，以争诉案件的发生为前提。行政监管体现了行政监管机关在特定时期对某一区域金融监管的意志，如上海行政监管部门在特定时期内对自贸区内的货币汇兑推行特殊政策并提出监管要求，体现了行政监管的区域性和时效性。尽管司法权和行政权存在本质内容和职能分工的区别，但是现代社会在强调差异性之余，也要求二者建立良好的沟通机制。在保障"金融安全"的大背景下，厘清司法机关的权力边界，发挥司法机关的专业优势，更好地实现司法权和行政权的调和与互补是题中应有之义。

1. "穿透式审查"及其作用机制

金融领域司法权与行政权的关系问题，很大程度上体现为金融监管政策在金融审判领域的协调与适用问题。2016年国务院办公厅《互联网金融风险专项整治工作实施方案》首次正式提出"穿透式监管"概念。2018年中国人民银行等联合发布的《关于规范金融机构资产管理业务的指导意见》（银发〔2018〕106号）进一步要求，对资产管理业务"实行穿透式监管，对于多层嵌套资产管理产品，向上识别产品的最终投资者，向下识别产品的底层资产（公募证券投资基金除外）"。随后，这一概念延伸到了司法裁判领域，《九民纪要》要求各级法院"注意处理好民商事审判和行政监管的关系，通过穿透式审判思维，查明当事人的真实意思"。也就是说，在金融领域，要求通过"穿透式审判"深入条文字面含义、交易的表层特征，消除"机械司法"的弊端，避免法律适用的教条主义、形式主义倾向，准确把握真实法律关系，以实现个案裁判中的实质正义。

首先，穿透式审查的立足点依然是探求当事人的真实意思表示。穿透式审查不是将穿透式监管内容作为审查依据，而是通过交易背景以及书面和口头行为确定各方主体的真实法律关系。其次，穿透式审查的应用要求处理好同外观主义立法的关系。在对交易当事人内部关系的认定中，要以双方的真实意思表示、财产实质归属和权利的实际属性为基准，此时可以在一定程度上"穿透"双方交易行为的外在表现形式，积极对各方当事人的法律关系进行重新认定，特别是在多主体、多法律关系的情形下，对法律关系的主体以及性质的认定，应注重财产或权益的实质归属。如对转让及回购协议的审判不能只看"转让行为"而忽略"回购行为"，不能仅以合同名称或文义表述作为判断案件法律关系的实质因素，而应穿透合同表面内容审查当事人交易行为背后的真实目的。但是，当交易行为涉及第三人时，穿透式审查则应当保持谦抑。如果权利外观表现已造成第三人的合理信赖，应优先保护该善意第三人。

应当注意的是，要警惕"穿透式审查思维"的滥用。例如，虽然融资行为的本质是资本的跨期配置，但不应将融资关系直接简单地认定为借贷关系。司法实践中，有的法院将一切融资行为均穿透认为属于借贷关系，有案例将私募基金纠纷等同于还本付息的借贷行为，并根据借贷行为的处理路径判决基金管理人还本付息，也有的法院将收益权转让协议理解为借贷，还有的法院把售后回租认定为借贷，以上这些观点显然是对"穿透式审查思维"的误解与滥用，对金融交易行为的看法过于片面，缺乏对不同金融交易模式的深刻认识和理解。

2. 尊重金融市场规律，适度干预交易行为

市场经济的特征之一是自由竞争、优胜劣汰，金融交易的发展也遵循这一准则。金融市场发展呈现波动性特点，市场过热和金融危机具有周期性，这就要求行政监管行为和政策应当具备灵活性和高效性，对市场行为及时做出反应。如前文所述，司法活动是一种判断权，追求"同案同判"的稳定性、一致性。在"金融安全"的立法目的尚未沉淀为法律规则前，金融司法可能因不同法官群体的认知差异，而存在标准不统一的问题。但基于司法权的统一性与灵活性（主要表现为法官的自由裁量权及法律解释权），追求"同案同判"的司法一致性才能实现参与治理规范金融交易行为的功能。个案或类案的参考和指导作用对威慑金融市场不法行为、疏导金融参与人行为具有重要意义。

司法实践中，在融资租赁、房地产信托、资管产品等融资纠纷中，常对与此

类业务相关的服务费、手续费、咨询费的性质存在争议。司法对此也经历了一个变化历程，较早一段时期内认为此类费用均系商事主体的合理商业安排，不应予以干涉。随着经济形势下行，较多企业出现融资难、融资成本高的问题，为了降低企业的融资成本，司法倾向于认为应当考虑这些费用是否存在真实服务内容，是否"质价相符"，并将之作为融资成本综合予以考虑，如果融资成本过高，则会作出相应调整。可见，司法裁判一方面尽力尊重金融市场规律，不轻易否定商业运作和安排；另一方面在宏观经济形势发生变化或权利义务失衡时，适度干预交易行为，维护合理的市场秩序，以免金融机构利用优势地位过分侵害相对人权益。

3. 成文法缺失下的"审慎原则"

行政监管理念和政策在宽严、松紧间不断变化调整。作为具有更强的个案主义特征、"就事论事"的金融司法，似乎很难承担起通过个案裁判、回应金融监管被动性变化的职能。以ST新梅违规增持案为例，2013年7～11月，王某忠通过其实际控制的上海开南投资控股集团有限公司等7个公司及8个自然人证券账户在二级市场购买新梅公司的股票。该账户组在2013年10月23日合计持有新梅公司股票首次超过5%以及2013年11月1日合计持有新梅公司股票达10.02%时，均未按《证券法》第86条的相关规定履行信息披露义务，宁波证监局对此出具行政处罚决定书。原告上海兴盛实业发展（集团）有限公司原持有新梅公司11.9%的股权，其向法院提出确认被告购买新梅公司股票的交易行为无效；依法强制各被告抛售违规持有的新梅公司已发行股票（超出5%的部分），所得收益应赔偿给新梅公司等诉讼请求，一审法院全部驳回。尽管旧《证券法》第120条设置了"按照依法制定的交易规则进行的交易，不得改变其交易结果。对交易中违规交易者应负的民事责任不得免除；在违规交易中所获利益，依照有关规定处理"的准用型规则，但是新《证券法》等法律法规并未对违规交易者违规增持后所应承担的民事责任作出规定。法院对交易行为的效力判断主要依据宁波证监会的行政处罚决定书，对于原告提出的限制表决权或强制出售的"行为禁令"也并未支持。考虑到我国并非判例法国家，法官不能在判决中创设规则，对于缺乏立法明确规定的问题，法院一些创新性做法可能会招致批评。因而，金融司法裁判中，一方面，法院尊重行政监管部门专业判断的立场，通过引用行政监管部门的观点增强说理的正当性和权威性。另一方面，对于法律未明确规定的事项，法院采取保守、审慎的态度，坚持立法先行，司法随后，尽可能避免通过判决直接干预金融市场监管已有规则。

（二）裁判规则与监管规则间的相互影响

司法裁判规则会影响监管规则的适用和解释，监管规则反过来也会影响司法裁判规则的适用和力度。

1. 裁判规则对监管规则的影响

裁判规则通过对监管规则的解释、适用、补充和限制等方式干预金融市场，既保障了法律适用的统一性，又通过判例引导着后续金融行为。其一，裁判规则可以影响监管规则的解释和适用方式。法官在裁判中可能会根据案情和裁判规则的原则解释监管规则，从而对特定案件产生影响。中国虽然不是判例法国家，但上级法院的生效判决也会被下级法院用作参考案例。当一个生效判决涉及监管规则的解释或适用时，它可以为其他类似案件的裁判提供指导，进而影响监管规则在司法实践中的应用。例如，最近几年法院审理的证券虚假陈述责任纠纷中涉及券商、会计师事务所、律师事务所、评估机构等中介机构责任的民事案件逐渐增多，判决中介机构承担责任的案件也逐渐增多。相应地，投资者提起民事证券欺诈诉讼时追加中介机构为共同被告的情形也大大增加，对中介机构而言，金融监管趋严、司法追责严厉的现状，使为上市公司提供中介服务成为一种新的执业挑战。

其二，司法裁判过程是对规则的解释过程，通过解释方法的运用对监管规则进行补充或限制。成文法的生命力依靠法律解释活动，法律解释活动越发达、科学性越强，成文法的生命力就越长久。金融监管规则虽然数量众多，但毕竟具有有限性，与社会发展的快速性之间存在天然的紧张关系，无法涵摄和预判金融市场的各类风险，而既有的司法裁判方法和规则正可以弥补监管漏洞。通过司法裁判中的解释活动填补空白，满足金融监管的现实需要。

2. 监管规则对裁判规则的影响

通过观察金融审判实践可以看出，在证券虚假陈述、内幕交易等投资者索赔案件中，在监管机构对上市公司等主体进行处罚以后，投资者等提起民事诉讼索赔的，司法机关也倾向于听取监管机构的意见，并在民事案件裁判中判决上市公司、中介机构等承担民事赔偿责任。金融行政监管规则对裁判规则的影响又可细化为三种模式：套用模式、前提模式和判断模式。

套用模式是直接将广义的国家政策作为裁判依据，在1999年《合同法》颁布前较常见，在此期间我国缺乏专门的金融法律法规。

前提模式是司法将原本属于自身裁量权的事项交由监管机构处理，如2002年出台的《最高人民法院关于受理证券市场因虚假陈述引发的民事侵权纠纷案件有关问题的通知》（已失效）规定了证券虚假陈述责任纠纷的民事赔偿行政前置程序，根据该通知，法院受理虚假陈述的案件前提是该案件已经被中国证监会行政处罚并生效，但这导致司法权威颇受质疑。经过近二十年的实践探索，2022年《证券虚假陈述司法解释》取消了行政前置程序。

判断模式是指金融司法对金融行政监管的态度由分立转为靠近，根据规章目的、内容和影响之不同，决定是否及如何作为合同效力的判断标准。具体而言，可以分为两类，一是利用授权立法的扩张解释将行政规章引入合同效力的认定，二是将行政规章的违反视为损害社会公共利益/公序良俗进而认定合同无效。《九民纪要》对此进行了制度性的确立，其第31条"但书"规定，规章的内容涉及金融安全、市场秩序、国家宏观政策等公序良俗的，应认定合同无效，为金融规章通过公序良俗条款的转介提供了正当性和规范性的背书。如在上海金融法院审理的杉某立身与龚某股权转让纠纷案件中，该院就以该协议违背公序良俗为由，认定该股权协议无效。上海金融法院认为，证券发行人应当如实披露股份权属情况，禁止发行人股份存在隐名代持情形，系《证券法》和《首次公开发行股票并上市管理办法》（已失效）的明确规定，关系到以信息披露为基础的证券市场整体法治秩序和广大投资者合法权益,在实体和程序两个层面均符合公共秩序的构成要件,因此属于证券市场中应当遵守、不得违反的公共秩序。隐名代持证券发行人股权的协议因违反公共秩序而无效。[11]

金融司法监管化的核心逻辑是在司法审判时援引监管文件解决金融合同纠纷。由此可见,监管规则对金融司法的影响体现在多个方面。首先,在某些金融合同效力的认定中,当下适用的监管规则对认定结果有着不可忽视的影响。其次,监管规则及政策取向在司法审判中对法律关系的认定产生显著影响,从而指导了判决的方向。监管政策的导向也在很大程度上塑造了司法裁判的说理方式和认定路径。监管政策的取向影响了法官在判案时的思路和侧重点,存在影响判决结果的可能。监管规则不仅作为独立的规范存在,而且还在某种程度上成为相关法律认定的构成要素,进一步影响了法律的适用和解释。再次,监管规则也对民事权利的享有范围和行使形成了限制。这意味着在某些情况下,监管规则可能会对合同当事人的权利行使方式产生影响,从而限制其在合同中的自由度。最后,金融司法监管化导向某种程度上可以激活金融监管规则的适用。金融监管规则的制定主体主要为中国人民银行、国家金融监督管理总局等监管部门,效力层级较低,存在被架空的风险。司法裁判通过对公序良俗、公共秩序等概念的解释能够在司法适用中有效传递国家金融监管的政策导向,避免监管规则被空置。

值得注意的是,目前裁判规则附和监管规则的现象日趋明显。在《民法典担保制度解释》颁布之前,中国证监会及证券交易所等机构在日常监管中已对上市公司及其控股子公司对外担保行为设置相应规则,如中国证监会上市部《关于执行证监发〔2015〕120号文有关问题的说明》规定,"上市公司控股子公司的对外担保,应经过上市公司控股子公司董事会或股东大会(股东会)审议,并经上市公司董事会或股东大会审议"。《深圳证券交易所股票上市规则》(2020修订)第6.3.12条规定,"上市公司控股子公司为前款规定主体以外的其他主体提供担保

---

[11] 参见杉某立身诉龚某股权转让纠纷案,上海金融法院(2018)沪74民初585号民事判决书。

的，视同上市公司提供担保。"根据上述监管规定，上市公司控股子公司对外担保需经上市公司控股子公司及上市公司"双重决议程序"，并由上市公司履行信息披露义务。但从法律渊源的角度看，证监会、交易所对上市控股子公司对外担保行为相关监管规则的效力层级较低，在当时的司法实践中仅因上市控股子公司违反相关监管规则而直接否定其行为效力的情况较为少见，造成上市控股子公司未经审议对外提供担保情形下中小投资者的维权困境。随着上市公司大股东或实际控制人任意对外提供担保侵犯中小投资者利益的现象越来越多，中国证监会及证券交易所对于此类现象呼吁将相关监管理念吸纳到司法解释中。鉴于此，在慎重考虑中国证监会及证券交易所等各方人士意见后，《民法典担保制度解释》第9条明确规定："相对人根据上市公司公开披露的关于担保事项已经董事会或者股东大会决议通过的信息，与上市公司订立担保合同，相对人主张担保合同对上市公司发生效力，并由上市公司承担担保责任的，人民法院应予支持。相对人未根据上市公司公开披露的关于担保事项已经董事会或者股东大会决议通过的信息，与上市公司订立担保合同，上市公司主张担保合同对其不发生效力，且不承担担保责任或者赔偿责任的，人民法院应予支持。相对人与上市公司已公开披露的控股子公司订立的担保合同，或者相对人与股票在国务院批准的其他全国性证券交易场所交易的公司订立的担保合同，适用前两款规定。"该规定明确了上市公司及其公开披露的控股子公司对外担保时需遵循公开披露和符合公司章程的决议两个程序，否则对上市公司不发生法律效力且上市公司不承担任何赔偿责任。第9条确定的规则对于上市公司及其公开披露的控股子公司对外提供担保的行为，如中国证监会等监管部门所期望的那样对上市公司大股东或实际控制人施加更多的约束和限制，由此可见，金融立法和司法领域呈现出更为明晰的监管化趋势。

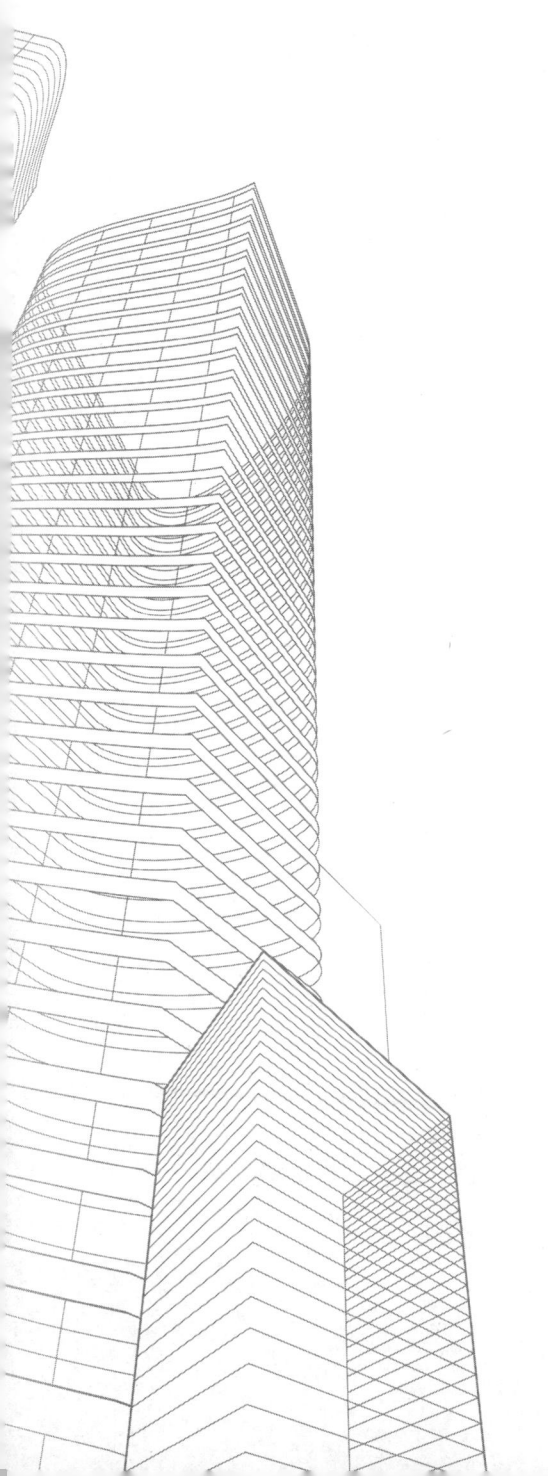

第二章

要素篇

争议焦点是办案过程中,当事人之间就具体的案件事实、法律、证据、程序所产生的争执进行总结和归纳,归纳争议焦点是法律工作者适用法律的基础和前提。由于房地产金融交易结构往往较为复杂,而且随着融资实践的发展会产生新的交易模式,因此,在常规的融资纠纷争议焦点下会产生新情况、新问题。考虑到增信措施是房地产融资的核心问题,内容繁多且较为复杂,相关法律问题将在第三章专门阐述,本章主要围绕房地产融资纠纷解决中除增信措施外的其他争议焦点进行重点讨论。本章关于房地产金融纠纷核心争议焦点的研究融合了法学理论与金融实务经验,具有典型意义。这些方法和技巧,作为处理房地产融资纠纷案件时的常规路径,为相关领域提供了有价值的参考依据,具有一定的实践指导意义。

第一节

法律适用：《民法典》还是《合同法》

资金是房地产项目运作的血液，房企融资连接着包括商业银行、证券公司、信托公司、基金公司等不同金融机构和其他商事主体在内的各类投资人，交易结构较为复杂多样，也增加了法律适用的复杂性。自2021年1月1日起，《民法典》正式实施，《时间效力的若干规定》等相关配套司法解释亦同步施行，根据《民法典》第1260条的规定，《民法典》施行后，当时施行的《民法通则》《合同法》《物权法》《民法总则》等9部法律同时废止。《民法典》及相关司法解释对房地产金融交易规则、金融市场主体之间法律关系的认定也带来新的变化，本节结合新旧法律以及司法解释的衔接，对房地产融资领域的法律适用进行初步探讨。

一、关于《民法典》的溯及力问题

（一）"法不溯及既往"的原则

新旧法的衔接及其适用，主要涉及《民法典》的溯及力问题。根据《立法法》第104条的规定，法律、行政法规、地方性法规、自治条例和单行条例、规章不溯及既往，但为了更好地保护公民、法人和其他组织的权利和利益而作的特别规定除外。该条规定为《民法典》颁布实施后的新旧法衔接问题提供了基本准则，即原则上不溯及既往，除非有利于当事人的特别规定。该原则不区分公私法，既适用于公法领域，也适用于私法领域，《民法典》作为私权保护的基本法律，同样适用该溯及原则。根据"法不溯及既往"的原则，《民法典》施行后，在审案件是否适用《民法典》，原则上取决于案件所涉及的法律事实发生时点：如果法律事实发生在《民法典》施行后，自应适用《民法典》的规定；反之，则原则上不能适用《民法典》的规定，只能适用当时的法律。就此而言，虽然《民法典》施行后，《民法通则》《担保法》《合同法》《物权法》《民法总则》等9部法律均被废止，但并不意味着这些法律在今后不再适用。法不溯及既往作为一项法律适用原则，具有多重价值功能，其首要目的即在于维护法的安定性和可预测性；否则，将会对正常交易及社会生活秩序造成冲击。然而，绝对坚持法不溯及既往原则，在个案中亦不具有正当性，因此各国立法无不在坚持法不溯及既往的原则上，确立例外适用规则。

（二）溯及适用的例外情形

在《民法典》颁布后，最高人民法院于2020年12月29日发布《时间效力的若干规定》，这是我国首部关于民法溯及力的专门性法律文件。《时间效力的若干规定》包括5条"一般规定"和22条"具体规定"。其第2~4条在坚持法不溯及既往这一总体原则的同时，明确承认了《民法典》新规溯及适用原则的多样性，对《民法典》适用确立了以不溯及既往为原则，以有利溯及、空白溯及等为例外的适用规则。

第一种例外情形为"有利溯及"。法不溯及既往的出发点是避免新法损害当事人依照旧法取得的预期利益或者向当事人施加新的义务责任，如果适用《民法典》并未给当事人造成不利的法律后果，而且更能实现权益保护的宗旨，则《民法典》该类规定应当溯及既往。比如，《民法典》施行前成立的合同，按照当时的法律、司法解释的规定，合同无效，而《民法典》规定合同有效的，《民法典》施行后，应当适用《民法典》的规定。此类"有利溯及"的逻辑在于：其一，一般而言，当事人签订合同，其共同意愿应当是希望合同发生法律效力，而不是希望合同无效。因此，在依据过去的法律认定合同无效，而依据《民法典》的规定应认定合同有效的情况下，例外地适用《民法典》的规定认定该合同有效，这也符合当事人的本来意愿。其二，从一般意义上而言，更有利于保护各方当事人的合法权益，或者从具体意义上而言，更有利于保护诚信守约一方当事人的合法权益。其三，尽可能使合同有效，符合合同法鼓励交易原则。其四，合同效力是法律对合同行为的肯定性或否定性评价，对于过去发生的合同行为，如果当时的法律作否定性评价，而随着经济社会情况的变化，法律对该行为已无必要禁止或限制，法院对未决案件如果还适用过去的法律作否定性评价，显然已不符合经济社会发展实际，应当依据新的法律作出评价。以《民法典》第401条、第428条为例，《物权法》第186条及第211条有禁止流押、流质的规定，法院一般据此认定流押、流质无效。而根据《民法典》第401条、第428条的规定，当事人约定了流押、流质条款的，依法就抵押、质押财产优先受偿，也就是说，《民法典》认可流押、流质条款的担保效力，既包括担保的意思表示有效，也包括优先受偿权。根据上述《民法典》无溯及力的例外规则，如果是在《民法典》施行前签订的流押、流质条款所引起的纠纷，亦可适用《民法典》的规定。这样规定更加符合当事人的意思自治，也有利于促进和鼓励交易。

第二种例外情形为"空白溯及"。在新旧法律交替时期，如果新法对某一问题已经作出明确规定，而旧法对此没有规定，则法院自应将新法的规定用于填补旧法的漏洞，并据此作出判决。《九民纪要》即明确指出，"虽然法律事实发生在民法总则施行前，但当时的法律对此没有规定而民法总则有规定的，例如，对于虚伪意思表示、第三人实施欺诈行为，合同法均无规定，发生纠纷后，基于'法官不得拒绝裁判'规则，可以将民法总则的相关规定作为裁判依据。"可见，在旧法未作规定或者存在漏洞的情况下，法院可将《民法典》的规定用于填补旧法的漏洞，并据此对案件作出裁判。从这一意义上说，新法只不过因填补旧法的漏洞而被适用，但是如此一来，也就扩大了新法的适用范围，实际上赋予了新法一定的溯及力。此种情况比较明显的条款，如《民法典》"保理合同"一章的规定；第565条关于合同解除时间的规定等。需要注意的是，并非所有新增规定都能溯及适用。如果适用新增规定,明显减损当事人合法权益、增加当事人法定义务、背离当事人合理预期的,则不能溯及适用。另外,当时的法律、司法解释仅有原则性规定而《民法典》有具体规定的,适用当时的法律、司法解释的规定,但是可以依据《民法典》的具体规定进行裁判说理。

二、房地产融资的法律适用

房地产融资活动中,市场主体用于融资的方式日益多样化,总体已经形成以金融借款为代表的间接融资和以民间借贷为代表的直接融资的二元化建构。该二者互为补充,共同在活跃融资市场方面扮演着重要角色。金融借款是市场主体通过银行等金融机构融资的行为。因金融机构是政府实施货币政策的重要载体,在国家宏观经济中占据重要地位,故金融借款总体上制度规范、流程完善。而作为存在于自然人、法人和非法人组织之间的资金融通行为,在金融借款受各类政策限制的背景下,民间借贷方式灵活多样、手续方便快捷、盘活民间资本、满足房地产企业融资需求的优势更为突出。《九民纪要》提出:人民法院在审理借款合同纠纷案件过程中应区分金融借贷和民间借贷,并适用不同规则与利率标准。

在房地产融资纠纷中,如果相关债权中由金融机构充当债权人,那么案由一般为"金融借款合同纠纷"。如果债权人并非持牌金融机构,那么借款性质一般为民间借贷,相关案由为"借款合同纠纷"、"企业借贷纠纷"(一般涉及商事主体)、"民间借贷纠纷"(一般主体为自然人)、"合同纠纷"等。

(一)民间借贷的法律适用

民间借贷在我国并非一个立法层面的概念,长期以来,是最高人民法院通过制定相关司法解释以及司法政策性文件,在司法实务层面上将借贷行为区分为金融借款和民间借贷,适用不同的裁判规则和利率保护标准。事实上,因金融机构出于对金融监管部门的回应,以及对自身利益的维护,加之有专业法务合规团队,对借款合同条款审查、借款人征信审查均较为严格,故较之于金融借款合同纠纷,民间借贷案件在审判实务中的争议更多。

第二章
要素篇

最高人民法院于2020年8月及12月先后两次对2015年9月起施行的旧《民间借贷司法解释》作出修正，第二次修正后的新《民间借贷司法解释》已于2021年1月1日与《民法典》同步施行。其第1条规定，本规定所称的民间借贷，是指自然人、法人和非法人组织之间进行资金融通的行为。经金融监管部门批准设立的从事贷款业务的金融机构及其分支机构，因发放贷款等相关金融业务引发的纠纷，不适用本规定。其中，对于"经金融监管部门批准设立的从事贷款业务的金融机构"的认定标准，最高人民法院在对广东省高级人民法院作出的《关于新民间借贷司法解释适用范围问题的批复》（法释〔2020〕27号）第1条明确规定："关于适用范围问题。经征求金融监管部门意见，由地方金融监管部门监管的小额贷款公司、融资担保公司、区域性股权市场、典当行、融资租赁公司、商业保理公司、地方资产管理公司等七类地方金融组织，属于经金融监管部门批准设立的金融机构，其因从事相关金融业务引发的纠纷，不适用新民间借贷司法解释。"明确由地方金融监管部门监管的7类金融机构，因从事相关金融业务引发的纠纷，不适用新《民间借贷司法解释》。

在《民法典》施行前，民间借贷纠纷涉及的法律规范主要有：《民法通则》，《合同法》，《商业银行法》，《担保法》，《物权法》，《非法金融机构和非法金融业务活动取缔办法》（已失效），国务院关于《非法金融机构和非法金融业务活动取缔办法》，国务院《关于鼓励和引导民间投资健康发展的若干意见》，国务院办公厅《关于依法惩处非法集资有关问题的通知》，司法部《关于办理民间借贷合同公证的意见》，《贷款通则》，中国人民银行《关于贯彻国务院〈非法金融机构和非法金融业务活动取缔办法〉有关问题的通知》，中国人民银行《关于取缔非法金融机构和非法金融业务活动中有关问题的通知》，中国人民银行《关于取缔非法金融机构和非法金融业务活动有关问题的答复》，中国人民银行《关于取缔地下钱庄及打击高利贷行为的通知》（已失效），中国人民银行《关于人民币贷款利率有关问题的通知》，中国人民银行等《关于进一步做好中小企业金融服务工作的若干意见》，《关于小额贷款公司试点的指导意见》，《合同法解释一》，《合同法解释二》、《担保法司法解释》、新《民间借贷司法解释》等。

《民法典》施行后，对房地产融资中的民间借贷问题，需要先根据案件情况结合《时间效力的若干规定》判断是否适用《民法典》。比如，借款合同签订于《民法典》施行前，但是借款合同履行持续至《民法典》施行后，《时间效力的若干规定》第20条规定："民法典施行前成立的合同，依照法律规定或者当事人约定该合同的履行持续至民法典施行后，因民法典施行前履行合同发生争议的，适用当时的法律、司法解释的规定；因民法典施行后履行合同发生争议的，适用民法典第三编第四章和第五章的相关规定。"据此，对合同履行持续至《民法典》施行后的民间借贷纠纷，应分情况适用相关法律，对于《民法典》施行前履行合同发生争议的，适用旧法，因《民法典》施行后履行合同发生争议的，则适用《民法典》的相关规定，主要是《民法典》第三编第十二章"借款合同"（第667～680条）的规定。同时，在具体规则的适用上还应对照新《民间借贷司法解释》进行认定，如利息分段计算的问题，旧《民间借贷司法解释》采取"两线三区"的保护方式，《民法典》施行后，对上述司法解释进行了修正，修正后的司法解释第31条规定："本规定施行后，人民法院新受理的一审民间借贷纠纷案件，适用本规定。2020年8月20日之后新受理的一审民间借贷案件，借贷合同成立于2020年8月20日之前，当事人请求适用当时的司法解释计算自合同成立到2020年8月19日的利息部分的，人民法院应予支持；对于自2020年8月20日到借款返还之日的利息部分，适用起诉时本规定的利率保护标准计算。"该条规定明确，对于借期横跨2020年8月20日的借款合同，可分段计息。2020年8月20日之前的利息约定仍沿用修正之前的司法解释，利率标准按原规定执行，年利率最高可为24%；2020年8月20日之后的利息计算应当适用新的司法解释，按照原告起诉时全国银行间同业拆借中心一年期贷款市场报价利率（LPR）的4倍计算借期内利息及逾期利息。对于2020年8月20日之后签订的借款合同，利率不得超过合同成立时全国银行间同业拆借中心一年期贷款市场报价利率的4倍。

此外，随着民间借贷表现类型的多样化，当事人之间到底是构成民间借贷关系还是其他法律关系，民间借贷的表征背后是否存在虚伪的意思表示，以及当事人的行为是受民间借贷私法规范还是受非法吸收公众存款、集资诈骗、非法经营等刑事法律规制，也是需要综合考虑的因素。

（二）金融借款的法律适用

金融借款合同，是指以银行等金融机构为出借人，以自然人、法人、其他企业或者组织为借款人所订立的借款合同。金融借款合同纠纷是单独因金融借款合同或以金融借款合同为基础，结合保证合同、抵押合同、质押合同等从合同的一系列法律关系而产生的纠纷。根据中国人民银行发布的《贷款通则》的相关规定，金融借款合同纠纷案件的原告，即贷款人应是经国务院银行业监督管理机构批准经营贷款业务，持有国务院银行业监督管理机构颁发的《金融许可证》，并经市场监督管理部门核准登记的金融机构和非银行金融机构。目前主要包括：商业银行、农村信用社、金融资产管理公司、信托投资公司、金融财务公司、信用担保公司、保险公司等。不具备贷款资质的金融机构或其子公司进行的非法放贷行为，存在因违反法律强制性规定或公序良俗、构成职业放贷、构成高利转贷等被认定为无效的法律风险。

在《民法典》施行前，金融借款合同纠纷涉及的法律规范主要有：《合同法》第205条、第206条、第207条，《担保法》第18条，《物权法》第179条等，《民法典》第三编第十二章"借款合同"（第667~680条）的相关规定与《合同法》相比，整体上变化不大，对于金融借款合同的规定，《民法典》相较于《合同法》的重大变动集中体现在第680条，增加了关于禁止高利放贷及借款利息确定的规定。第一，该条第1款明确规定："禁止高利放贷，借款的利率不得违反国家有关规定。"相较于《合同法》第211条第2款规定，即"自然人之间的借款合同约定支付利息的，借款的利率不得违反国家有关限制借款利率的规定"，《民法典》第680条第1款将金融机构和其他非金融机构单位也纳入禁止高利放贷的规制对象。第二，关于利息规定，《合同法》第211条第1款规定："自然人之间的借款合同对支付利息没有约定或者约定不明确的，视为不支付利息。"《民法典》

第680条第2款对此进行了修改，不再区分借贷双方是单位还是个人，也不区分出借人是否为金融机构，如果借款合同对利息未作约定，同样视为不支付利息。当借款合同双方虽约定利息，但利率约定不明时，《民法典》第680条第3款规定，应区分借贷双方中是否存在法人和其他组织等单位。如果双方均系自然人，则仍然视为没有利息。若一方或者双方为单位，且不能就利率达成补充协议的，则按照当地或者当事人的交易方式、交易习惯、市场利率等因素确定利息。

房地产融资领域大量金融借款合同的履行都是持续至《民法典》施行后的，根据《时间效力的若干规定》第20条的规定，对金融借款合同履行持续至《民法典》施行后的，应分段适用相关法律，对于《民法典》施行前履行金融借款合同发生争议的，适用旧法，因《民法典》施行后履行金融借款合同发生争议的，则适用《民法典》第三编第四章"合同的履行"、第五章"合同的保全"之相关规定。

三、担保关系的法律适用

《民法典》实行之前，对担保关系的法律规范体现在《民法通则》《担保法》《物权法》等不同法律中，这些法律是民商事法律体系的重要组成部分。《民法典》将各种担保法律制度进行梳理汇编，在物权编中规定了担保物权，包括抵押权、质押权、留置权，在第三编合同编分则中规定了保证合同等。最高人民法院于2020年12月31日发布的《民法典担保制度解释》进一步完善了担保关系的法律适用。

（一）担保制度规则体系的演变

从1987年《民法通则》开始施行到2020年《民法典》制定完成，作为市场经济基础交易工具之一的担保制度，历经《民法通则》《担保法》《物权法》《民法典》，逐渐走向完备和成熟，担保纠纷的裁判观点也随着立法的不断发展持续演变。

在1986年《民法通则》颁布之前，我国几乎没有关于担保制度的立法。《民法通则》规定了担保责任、担保人追偿权、担保物权的实现等内容,其中第89条首次提出了"债的担保"这一概念,列举了保证、抵押、定金、留置4种方式作为债的担保,将债的担保分为人的担保方式(保证)和物的担保方式(抵押物担保、定金担保和留置物担保)。该条第1项规定保证的效力是:"保证人向债权人保证债务人履行债务,债务人不履行债务的,按照约定由保证人履行或者承担连带责任;保证人履行债务后,有权向债务人追偿。"据此,保证人究竟是履行债务,还是承担连带责任,需要"按照约定"。1988年4月2日最高人民法院颁布的《民通意见》第106~111条对保证担保作了规定,第112~117条对抵押担保和留置担保作了规定。其中第113条规定了无权处分(抵押他人财产)的无效,第115条规定转让抵押物或者重复抵押的无效,抵押权竞存时先抵押的先受偿,第116条规定了有抵押权的债权人优先于普通债权人受偿。《民法通则》及《民通意见》在相当长的一段时间内构成了我国担保制度理论与实践的规范基础。

1995年起施行的《担保法》,是我国第一部系统性规范民事担保制度的法律。其对担保合同的从属性、担保主体、担保责任、共同担保、最高额担保、保证期间等问题进行了系统性的规定,并从立法层面规定了"质押"这一担保形式,形成了涵盖保证、抵押、质押、留置、定金规则的民事担保制度法律体系。《担保法》规定保证的方式有一般保证和连带责任保证。当事人在保证合同中约定,债务人不能履行债务时,由保证人承担保证责任的,为一般保证。一般保证的保证人在主合同纠纷未经审判或者仲裁,并就债务人财产依法强制执行仍不能履行债务前,对债权人可以拒绝承担保证责任。当事人在保证合同中约定保证人与债务人对债务承担连带责任的,为连带责任保证。连带责任保证的债务人在主合同规定的债务履行期届满没有履行债务的,债权人可以要求债务人履行债务,也可以要求保证人在其保证范围内承担保证责任。其第19条规定:"当事人对保证方式没有约定或者约定不明确的,按照连带责任保证承担保证责任。"为正确适用《担保法》,统一法律适用标准,结合审判实践经验,最高人民法院于2000年12月8日发布《担保法司法解释》,遵循《担保法》的体例,分总则、保证、抵押、质押、留置、定金和其他问题7个部分解释。

2007年起施行的《物权法》,将担保物权界定为物权,与所有权、用益物权共同构成物权法体系,抵押、质押、留置作为担保物权被规定在物权法中,并规定"担保法与本法规定不一致的,适用本法",保证、定金则留在《担保法》中,由此形成了我国担保制度中物的担保位于物权法、人的担保位于担保法的特有结构。《物权法》的颁布实施,使作为法定物权的抵押权、质权、留置权等担保物权不仅在《担保法》中加以规制,也在《物权法》担保物权编中加以规制。《担保法》及其司法解释与《物权法》对独立担保、混合担保、担保期间等问题作出了不同的规定,也造成了担保规则适用的司法实践在众多的问题上缺乏应有的共识,如混合共同担保人之间的求偿权问题、公司担保问题、保证期间与诉讼时效的关系问题、抵押担保范围问题、让与担保效力问题等。面对制度与实践之间的失衡,不少商事主体通过变换交易模式、自创增信工具的手段(诸如约定第三方差额补足、流动性支持、独立保函),试图绕过担保制度的强制性规定。再如,公司法定代表人越权担保、上市公司违规担保的现象频发,严重侵害了公司股东及股民的权益;又如,保兑仓交易、让与担保等新型担保交易形式不断涌现,各地法院对相关合同的效力问题理解存在重大差异,裁判规则难以统一,在一定程度上影响了担保制度规则的可预期性。

2019年11月8日,最高人民法院印发《九民纪要》,对《担保法》、《物权法》及其司法解释在适用过程中面临的争议和分歧问题作了统一规定。《九民纪要》重申了担保的从属性,协调了《物权法》与《担保法》之间存在的多处适用冲突,并确定了不轻易否定新型担保合同效力的审判原则。《九民纪要》进一步明确了独立担保、担保责任的范围、混合担保中担保人之间的追偿问题、借新还旧的担保物权、担保债权的范围、主债权诉讼时效届满的法律后果等担保的一般规则。具体归纳如下。

1. 关于独立担保的效力问题。就当事人约定的独立担保,《担保法》第5条规定,"担保合同另有约定的,按照约定"。《物权法》第172条规定,"法律另有规定的除外"。实务中对此存在争议,一种观点认为,只要担保合同的当事人约定了独立担保,就应该予以认可;另一种观点认为,只有法律在有例外规定的情况下才可以,不能通过当事人自行约定。对此,《九民纪要》第54条明确,凡是由银行或者非银行金融机构开立的符合《最高人民法院关于审理独立保函纠纷案件若干问题的规定》第1条、第3条规定情形的保函,无论是用于国际商事交易还是用于国内商事交易,均不影响保函的效力。银行或者非银行金融机构之外的当事人开立的独立保函,以及当事人有关排除担保从属性的约定,应当认定无效。

2. 关于担保责任的范围界定。一种观点认为,担保人承担的责任范围超过主债务人所应承担责任的范围,只要担保人认可,法律不应该干涉;另一种观点认为,担保人承担的担保责任范围不能大于主债务,大于主债务部分的约定因违反担保的从属性而无效。《九民纪要》第55条明确规定,担保责任的范围不应该大于主债务,大于主债务的部分无效。

3. 混合担保追偿权问题。对同一债权提供的既有保证又有抵押、质押的共同担保,该情形下担保人之间是否可行使内部追偿权,即部分担保人承担了全部担保责任后是否可以向其他未承担责任的担保人追偿。《担保法司法解释》第38条规定,"承担了担保责任的担保人,可以向债务人追偿,也可以要求其他担保人清偿其应当分担的份额",肯定了担保人之间的内部追偿权。而《物权法》第176条规定,"提供担保的第三人承担担保责任后,有权向债务人追偿",未规定担保人之间的内部追偿权。《九民纪要》第56条明确,《物权法》第176条并未作出类似规定,根据《物权法》第178条关于"担保法与本法的规定不一致的,适用本法"的规定,承担了担保责任的担保人向其他担保人追偿的,人民法院不予支持,但担保人在担保合同中约定可以相互追偿的除外。

4. 借新还旧的担保责任承担。债权人与债务人在旧的贷款尚未清偿的情况下,再次签订贷款合同,以新贷出的款项清偿部分或者全部旧的贷款,那么旧贷的担保物权应否继续作为新贷的担保。《担保法司法解释》第39条规定:"主合同当事人双方协议以新贷偿还旧贷,除保证人知道或者应该知道的外,保证人不承担民事责任。新贷与旧贷系同一保证人的,不适用前款的规定。"该条规定对如何承担保证责任作出了规定,但未对担保物权如何处理作出规定。实务中,为担保旧贷而设立的担保物权能否继续作为新贷的担保有不同的观点。一种观点认为,担保物权与保证不同,只要担保物权没有涂销,本质上应该继续有效,只要债权人要求实现担保物权,就应该予以支持;另一种观点认为,根据担保的从属性,无论担保物权是否进行了涂销,只要旧贷消灭,其上的担保物权一并消灭,当事人另有约定的除外。《九民纪要》第57条明确,借新还旧的担保物权,如果贷款人要求对新贷行使担保物权的,法院不予支持,当事人另有约定的除外。

5. 主债权诉讼时效届满的法律后果。《担保法司法解释》第12条规定:"当事人约定的或者登记部门要求登记的担保期间,对担保物权的存续不具有法律约束力。担保物权所担保的债权的诉讼时效结束后,担保权人在诉讼时效结束后的二年内行使担保物权的,人民法院应当予以支持。"《物权法》第202条规定:"抵押权人应当在主债权诉讼时效期间行使抵押权;未行使的,人民法院不予保护。"《物权法》第220条第1款规定:"出质人可以请求质权人在债务履行期届满后及时行使质权;质权人不行使的,出质人可以请求人民法院拍卖、变卖质押财产。"《物权法》第237条规定:"债务人可以请求留置权人在债务履行期届满后行使留置权;留置权人不行使的,债务人可以请求人民法院拍卖、变卖留置财产。"《物权法》对于抵押权这类以登记为公示方式的,规定行使期限为主债权诉讼时效期间内;对于质权和留置权这类以占有为公示方式的,规定为主债权履行期限届满后及时行使。而《担保法司法解释》第12条则不区分抵押权、质押权和留置权,担保期限都是主债权诉讼时效届满后再加上两年。为了统一《物权法》与《担保法司法解释》在主债权诉讼时效届满的法律后果上的不同规范,《九民纪要》第59条明确,抵押权和以登记为公示方法的权利质权,债权人应在主债权诉讼时效届满前行使权利,否则担保人在主债权诉讼时效届满后有权涂销抵押权或质权登记,担保权利事实上消灭。

2021年1月1日,《民法典》正式实施,同步实施的还有《民法典担保制度解释》。《民法典》对担保制度作出了重大完善和发展,在担保物权方面:《民法典》第388条认可具有担保功能的非典型担保合同的效力,扩大了担保合同的范围;第401条、第428条取消了对流质契约的禁止性规定;第395条、第440条扩大了可抵押、可质押的财产范围。在保证担保方面:第681条新增关于保证担保实现条件的规定;第682条明确独立保证条款无效;第683条规定以公益为目的的非营利法人、非法人组织不得为保证人;第686条明确保证方式约定不明时推定为一般保证;第692条明确保证期限默认为主债务履行期届满之日起6个月;第696条明确债权人转让债权需通知保证人,认可禁止债权转让条款的效力;第699条明确,没有约定保证份额的,债权人可以请求任何一个保证人在其保证范围内承担保证责任。《民法典担保制度解释》根据《民法典》对担保制度的调整,进一步明确相应规则,如根据《民法典》在动产抵押规制方面的重大变化,对认定动产担保的效力以及法律救济问题作了具体规定;根据《民法典》对非典型担保合同的效力确认,将所有权保留、融资租赁、保理等具有担保功能的合同纳入担保合同的范围;根据《民法典》在流押、流质方面的效力认定,明确了以财产让与形式进行担保的优先受偿效力。

(二)关于公司对外提供担保、上市公司对外担保特殊规则

为关联公司或子公司提供融资担保是房地产企业日常经营活动中常见的重要事项。

《公司法》第15条规定,公司为他人提供担保,依照公司章程的规定,由董事会或者股东会决议。但该条规定并未明确若公司违反此条规定,是否会导致担保行为无效,该问题在司法实践中颇具争议。《九民纪要》明确了关于公司为他人提供担保过程中常见争议问题的认定,根据第17条和第18条的规定,公司对外担保必须经过有权机关的决策,法定代表人未经授权擅自作出对外担保属于越权代理,区分订立合同时债权人是否善意分别认定合同效力,如债权人为善意,则担保合同有效;反之无效。第18条第2款规定:"债权人对公司机关决议内容的

审查一般限于形式审查，只要求尽到必要的注意义务即可，标准不宜太过严苛。公司以机关决议系法定代表人伪造或者变造、决议程序违法、签章（名）不实、担保金额超过法定限额等事由抗辩债权人非善意的，人民法院一般不予支持。但是，公司有证据证明债权人明知决议系伪造或者变造的除外。"该条明确了在此类案件中债权人应承担的审核义务为形式审核。《民法典担保制度解释》第7~11条进一步对公司对外担保和其担保效力作了更为明确的规定。《民法典担保制度解释》基本沿袭了《九民纪要》根据相对人善意与否确定越权担保效力的规则，但在善意认定标准上，并未保持一致，而是进一步强化相对人的审查义务，规定其要尽合理审查义务。

当公司对外提供担保的行为被法院认定为无效时，根据《民法典担保制度解释》第7条之规定，若存在违反《公司法》第15条的越权担保且相对人非善意的情况下，适用《民法典担保制度解释》第17条第1款第1~3项之规定进行处理："（一）债权人与担保人均有过错的，担保人承担的赔偿责任不应超过债务人不能清偿部分的二分之一；（二）担保人有过错而债权人无过错的，担保人对债务人不能清偿的部分承担赔偿责任；（三）债权人有过错而担保人无过错的，担保人不承担赔偿责任。"

在房地产领域，很多规模较大的地产公司系上市公司，因此，有必要对上市公司对外担保的特殊规定有所了解。

《公司法》第15条规定了公司担保规则，该条文仅对公司为他人提供担保和为公司股东或者实际控制人提供担保的表决规则进行了区分，但并未将公司担保区分为上市公司担保规则和非上市公司担保规则，更未对上市公司担保规则进行特别规定，《公司法》相关司法解释中亦未就此作出规定。

随着市场经济的发展成熟、资本市场的迅速发展及证券法的修订，公司担保规则也逐渐发生转变。《九民纪要》对公司担保规则作出精细化区分，其不仅就《公司法》第15条的规范性质、相对人的审查义务及公司担保无效法律后果等内容进一步阐明，而且初次确立了上市公司对外担保的规则。《九民纪要》第22条明确规定："债权人根据上市公司公开披露的关于担保事项已经董事会或者股东大会决议通过的信息订立的担保合同，人民法院应当认定有效。"可见，上市公司担保规则区别于普通公司，董事会或股东会作出的决议必须公开披露，债权人根据公开披露的决议订立的担保合同才认定为有效。

2020年12月31日，最高人民法院发布《民法典担保制度解释》，在《九民纪要》对担保主体作出精细区分的基础上，作了更进一步细分，针对普通公司、上市公司及一人公司的担保规则分别作出规定，可谓对上市公司担保规则进行了重构。依据《民法典担保制度解释》第9条之规定，上市公司所作之担保决议是否对上市公司发生法律效力，有赖于关于担保事项的决议是否公开披露。所谓"无公告，无责任"，即对上市公司对外担保合同的效力判断不仅要遵循《公司法》第15条的规定，还要考察该担保决议是否属于被公开披露的信息。

关于上市公司控股子公司的对外担保规则。因许多上市公司的资产大多在其控股子公司名下，如果不将与控股子公司订立的担保合同纳入调整范围，则《民法典担保制度解释》第9条的实施效果将大打折扣。《民法典担保制度解释》第9条第3款规定："相对人与上市公司已公开披露的控股子公司订立的担保合同，或者相对人与股票在国务院批准的其他全国性证券交易场所交易的公司订立的担保合同，适用前两款规定。"即该规则不仅适用于上市公司，也适用于上市公司已经公开披露的控股子公司。

此外，股票在国务院批准的其他全国性证券交易所交易的公司也应遵循该解释第9条的规定，如股票在全国中小企业股份转让系统（新三板）公开交易，这些非上市公众公司虽然并非上市公司，但也具有一定的信息披露义务，受到一些监管规则的监管，这也在一定程度上增加了债权人的审查义务。

上市公司担保规则的变化，显然与上市公司本身的公众公司性质及资本市场及其配套法律规范的发展有着极大的关联性。上市公司与普通公司明显不同的是，其作为公众公司，不仅应当受到公司法的约束，更要受到证券法及证监会等监管规定的规制，而且上市公司自身的公众属性也决定了上市公司对外担保对公司经营状况和投资者权益可能造成重大影响，司法解释将上市公司信息披露义务与公司担保合同效力挂钩，显示出司法机关对维护证券市场健康发展和保护中小投资者合法权益的决心。

（三）关于保证合同

《民法典》在合同编中增设"保证合同"一章，并对《担保法》及其相关解释中关于保证担保的规定进行了多处修改和完善，对司法实践中存在争议的问题给出了回应。

1. 关于保证方式约定不明的问题

《民法典》颁布前，《担保法》第19条规定："当事人对保证方式没有约定或者约定不明确的，按照连带责任保证承担保证责任。"《民法典》对保证方式约定不明时的推定规则进行了修改，将"连带责任保证"改为"一般保证"。第686条规定："保证的方式包括一般保证和连带责任保证。当事人在保证合同中对保证方式没有约定或者约定不明确的，按照一般保证承担保证责任。"《民法典担保制度解释》第25条规定："当事人在保证合同中约定了保证人在债务人不能履行债务或者无力偿还债务时才承担保证责任等类似内容，具有债务人应当先承担责任的意思表示的，人民法院应当将其认定为一般保证。当事人在保证合同中约定了保证人在债务人不履行债务或者未偿还债务时即承担保证责任、无条件承担保证责任等类似内容，不具有债务人应当先承担责任的意思表示的，人民法院应当将其认定为连带责任保证。"该条进一步列明了保证方式的判断方法，唯有通过这些方法仍不能判断保证方式的，才属于"约定不明确"，认定为一般保证。

2. 关于保证人行使债权人对债务人享有的担保物权问题

《民法典》颁布前，《担保法》第31条仅规定，"保证人承担保证责任后，有权向债务人追偿"。并未明确保证人承担了担保责任后，除具有向债务人追偿的权利外，是否可享有债权人对债务人的权利，包括担保物权。《民法典》对此进行了明确，第700条规定，"保证人承担保证责任后，除当事人另有约定外，有权在其承担保证责任的范围内向债务人追偿,享有债权人对债务人的权利,但是不得损害债权人的利益。"《民法典担保制度解释》第 18 条第 2 款进一步明确:"同一债权既有债务人自己提供的物的担保,又有第三人提供的担保,承担了担保责任或者赔偿责任的第三人,主张行使债权人对债务人享有的担保物权的,人民法院应予支持。"该条款明确了债务人以外的担保人承担了担保责任后,可以直接对债务人提供的担保物享有优先受偿权,但该等权利仅限于向债务人提供的担保物主张。

3. 关于债权人仅对部分保证人行使权利问题

《民法典》颁布前,关于债权人仅向部分保证人主张权利,效力是否及于其他保证人的问题,存在争议。《民法典担保制度解释》第 29 条首次明确债权人仅向部分保证人主张权利的,效力不再及于其他保证人,该条规定:"同一债务有两个以上保证人,债权人以其已经在保证期间内依法向部分保证人行使权利为由,主张已经在保证期间内向其他保证人行使权利的,人民法院不予支持。同一债务有两个以上保证人,保证人之间相互有追偿权,债权人未在保证期间内依法向部分保证人行使权利,导致其他保证人在承担保证责任后丧失追偿权,其他保证人主张在其不能追偿的范围内免除保证责任的,人民法院应予支持。"

四、债务加入的法律适用

为保障实现债权人利益的最大化,房地产融资交易中,要求债务人之外的第三人对债务一并承担责任较为常见。债务承担主要有以下两种类型:一种是免责的债务承担,即债务转移;另一种是并存的债务承担,即债务加入。《合同法》第 84 条规定了免责的债务承担(该条为《民法典》第 551 条所沿用),《合同法》对债务承担的规范,围绕第 84 条展开,辅以第 85 条的债务人抗辩和第 86 条从债务承担两个条款,但未就债务加入的内容予以立法明确。《九民纪要》第 23 条提出债务加入的效力准用担保规则,在公司担保的情形下,确立了债务加入的概念,这是债务加入在规范层面的突破,该条规定:"法定代表人以公司名义与债务人约定加入债务并通知债权人或者向债权人表示愿意加入债务，该约定的效力问题，参照本纪要关于公司为他人提供担保的有关规则处理。"《九民纪要》关于公司为他人提供担保的有关规则处理体现在第17条、第18条规定的公司为他人提供担保，债权人需审查公司决议的要求。

《民法典》第552条在债务转移的条文中增加了债务加入制度，该条规定："第三人与债务人约定加入债务并通知债权人，或者第三人向债权人表示愿意加入债务，债权人未在合理期限内明确拒绝的，债权人可以请求第三人在其愿意承担的债务范围内和债务人承担连带债务。"根据该条规定，债务加入应当符合以下构成要件：(1)原债权债务关系有效存在；(2)第三人与债务人约定加入债务或者第三人向债权人表示愿意加入债务；(3)原债务人的债务并不减免；(4)将此债务加入的情形通知债权人，或者第三人向债权人表示愿意加入债务，债权人未在合理期限内明确拒绝。债务加入的情形，并不需要征得债权人的同意。该条也明确，第三人加入债务的方式有两种：其一，与债务人达成合意并通知债权人；其二，向债权人表示加入债务且债权人未在合理期限内明确予以拒绝。《民法典担保制度解释》第12条沿袭了《九民纪要》第23条的规定，规定法定代表人依照《民法典》第552条的规定以公司名义加入债务的，可参照《民法典担保制度解释》关于公司为他人提供担保的有关规则处理。相较于《九民纪要》确立的关于"债权人需审查担保人决议否则担保无效""债务加入准用担保规则"两项重要规则，《民法典担保制度解释》第7~11条进一步对公司对外担保和其担保效力作了更为明确的规定。此外，《民法典担保制度解释》第36条规定了司法实践中如何区分和认定保证、债务加入和其他法律关系的指导原则，该条前3款对于增信文件何时应认定为保证、何时应认定为债务加入提出了指导性意见，并在第3款规定了"存疑推定为保证"的原则，第4款更明确了如果承诺文件既不符合保证也不构成债务加入，也不能依据第3款推定为保证的情况下，不意味着第三人不承担任何民事责任。《民法典担保制度解释》第36条对债务加入制度作了进一步的诠释和发展，具有重要的理论和实务意义。

债务加入是《民法典》新增的规定，对于发生在《民法典》旅行之前债务加入的行为的法律适用，《时间效力的若干规定》第3条规定："民法典施行前的法律事实引起的民事纠纷案件，当时的法律、司法解释没有规定而民法典有规定的，可以适用民法典的规定，但是明显减损当事人合法权益、增加当事人法定义务或者背离当事人合理预期的除外。"比如，在（2021）最高法民终355号案中，最高人民法院认为："鸿运公司、西晶公司出具《承诺书》，明确表示同意支付上述合同项下欠款的本息，该约定没有改变其债务内容，作为债权人的聚丰公司对于鸿运公司、西晶公司承担债务的承诺也予以认可，符合《中华人民共和国民法典》第五百五十二条关于债务加入的规定。《承诺书》签署于2014年，虽然当时的法律、司法解释没有规定债务加入，但根据《最高人民法院关于适用〈中华人民共和国民法典〉时间效力的若干规定》第三条规定，本案可以适用《中华人民共和国民法典》第五百五十二条认定构成债务加入。"同时，需要注意的是，并非所有发生在《民法典》施行之前债务加入的行为均能适用《民法典》对债务加入的规定，还需要法院依据案件的具体情况，考察适用《民法典》是否会明显减损当事人合法权益、增加当事人法定义务或者背离当事人合理预期。

五、关于增信措施的法律适用

为保障实现投资人的利益，融资合同中通常会约定相应的增信措施。除前述担保和债务加入之外，常见的增信文件包括差额补足文件、代为履行到期回购义务承诺、流动性支持承诺等。差额补足文件作为一种典型的增信措施，是指在基础资产不足以根据交易文件的约定在相应兑付日支付完毕当期逾期收益或应偿还本金时，由差额付款承诺人对差额部分承担补足义务的特别安排。通常，差额补足文件包括差额补足承诺函以及差额补足协议等形式。

随着融资交易中以提供差额补足文件作为增信措施的现象越来越多，相关纠纷也日益频发。为了回应实践需求，《九民纪要》和《民法典担保制度解释》等均对差额补足文件的法律性质作出了相应的规定。《九民纪要》首次明确了增信文件的性质认定规则,其第 91 条规定:"信托合同之外的当事人提供第三方差额补足、代为履行到期回购义务、流动性支持等类似承诺文件作为增信措施,其内容符合法律关于保证的规定的,人民法院应当认定当事人之间成立保证合同关系。其内容不符合法律关于保证的规定的,依据承诺文件的具体内容确定相应的权利义务关系,并根据案件事实情况确定相应的民事责任。"《民法典担保制度解释》第 36 条在《九民纪要》的基础上作出进一步的规定:"第三人向债权人提供差额补足、流动性支持等类似承诺文件作为增信措施,具有提供担保的意思表示,债权人请求第三人承担保证责任的,人民法院应当依照保证的有关规定处理。第三人向债权人提供的承诺文件,具有加入债务或者与债务人共同承担债务等意思表示的,人民法院应当认定为民法典第五百五十二条规定的债务加入。前两款中第三人提供的承诺文件难以确定是保证还是债务加入的,人民法院应当将其认定为保证。第三人向债权人提供的承诺文件不符合前三款规定的情形,债权人请求第三人承担保证责任或者连带责任的,人民法院不予支持,但是不影响其依据承诺文件请求第三人履行约定的义务或者承担相应的民事责任。"《九民纪要》及《民法典担保制度解释》的相继出台为差额补足文件的性质界定、法律适用等提供了较为明确的指引。

值得注意的是,不能认为凡是增信性质的文件均属于保证或债务加入,有的增信性质的文件很难纳入有名合同当中,但依然构成独立合同,应当依法承担合同责任。例如,最高人民法院发布的 2021 年度全国法院十大商事案件之一,上海金融法院审理的招商银行股份有限公司与光大资本投资有限公司其他合同纠纷案的主要争议焦点在于光大资本公司提供的《差额补足函》的性质和效力的认定。在该案中,上海金融法院在对《差额补足函》是否真实并合法有效、招商银行是否系《差额补足函》的权利主体、《差额补足函》的法律性质如何界定、差额补足义务的支付条件是否成就、差额补足义务范围如何确定等方面进行全面严谨分析的基础上,认定光大资本公司出具《差额补足函》的目的确系为招商银行投资资金的退出提供增信服务,但不能认为凡是增信性质的文件均属于保证。增信文件是否构成保证，仍需根据保证法律关系的构成要件进行具体判断。因案涉《差额补足函》中并无明确的连带责任保证担保的意思表示，也没有担保对象，故其并非担保，而是招商银行和光大资本公司之间独立的合同关系。《差额补足函》系当事人的真实意思表示，且不违反法律、法规的强制性规定，应为合法有效。

第二节
法律主体

在处理房地产融资相关纠纷的过程中，法律主体是首先需要关注的重点问题，法律主体往往涉及法律适用，不同的法律主体会涉及适用不同的法律，有时也会涉及合同效力的认定。从法律适用角度而言，房地产融资纠纷中的法律主体大致可以分为有金融牌照的法律主体和无金融牌照的法律主体两类，持有金融监管机构颁发的金融业务许可证的法律主体，称为"持牌主体"，而无金融监管机构颁发的金融业务许可证的法律主体，称为"非持牌主体"。

一、持牌主体

金融是特许行业，金融活动需纳入监管，金融业务需持牌经营。持牌主体是指经国家金融监管机构或者地方金融监督管理部门批准设立的从事金融相关交易、持有特定金融牌照的机构。目前，我国金融监管主体分为部委和地方两个层面：国家部委层面设有中国人民银行、国家金融监督管理总局、中国证监会等监管机构，履行各自领域的金融监管职责；地方层面党委设有金融委员会办公室、金融工作委员会，地方政府设有地方金融监督管理局，主要落实属地责任。金融牌照由国家金融监督管理总局、中国证监会、地方金融监督管理局根据各自的职责范围负责颁发。

国家金融监督管理总局依法对除证券业之外的金融业实行统一监督管理，制定银行业机构、保险业机构、金融控股公司等有关监管制度。根据《银行保险机构许可证管理办法（征求意见稿）》的相关规定，国家金融监督管理总局颁发的金融牌照分为三类：第一类是金融许可证，适用于政策性银行、大型银行、股份制银行、城市商业银行、民营银行、外资银行、农村中小银行机构等银行机构及其分支机构，以及金融资产管理公司、信托公司、企业集团财务公司、金融租赁公司、汽车金融公司、货币经纪公司、消费金融公司、银行理财公司、金融资产投资公司等非银行金融机构及其分支机构；第二类是保险许可证，适用于保险集团（控股）公司、保险公司、保险资产管理公司等保险机构及其分支机构；第三类是保险中介许可证，适用于保险代理集团（控股）公司、保险经纪集团（控股）公司、保险专业代理公司、保险经纪公司、保险兼业代理机构等保险中介机构。基于此，可以说在国家金融监督管理总局监管下的持牌主体主要有：银行、信托公司、金融租赁公司、企业集团财务公司、金融资产管理公司、金融资产投资公司、银行理财公司、保险公司、保险资产管理公司等。

中国证监会依法对证券业实行统一监督管理，监管证券期货基金经营机构、证券登记结算公司、期货结算机构、证券金融公司、证券服务机构、基金托管机构、基金服务机构等。自2016年5月1日起，中国证监会及其派出机构向证券期货经营机构颁发的《经营证券业务许可证》《基金管理资格证书》《经营期货业务许可证》等10项证券、基金、期货业务许可证统一为《经营证券期货业务许可证》。在中国证监会监督管理下的持牌主体主要有证券公司、证券投资咨询机构、期货公司、公募基金管理人、基金托管机构、基金销售机构、基金公司特定资产管理业务子公司等。

地方金融监督管理局对地方金融组织进行监管。根据《地方金融监督管理条例（草案征求意见稿）》第9条的规定，地方金融组织是指依法设立的小额贷款公司、融资担保公司、区域性股权市场、典当行、融资租赁公司、商业保理公司、地方资产管理公司以及法律、行政法规和国务院授权省级人民政府监督管理的从事地方金融业务的其他机构。小额贷款公司、融资担保公司、区域性股权市场、典当行、融资租赁公司、商业保理公司、地方资产管理公司这7类主体中除区域性股权市场外，其他地方金融组织的设立应经省级地方金融监督管理部门批准并颁发经营许可证。

二、非持牌主体

非持牌主体是指未经国家金融监管机构或者地方金融监督管理部门批准设立、从事金融业务的主体，此类主体天然具有缺乏监管或监管不足的特性。我们认为私募基金管理人、民间借贷主体均属于非持牌主体。

私募基金，是指以非公开方式募集资金，设立投资基金或者以进行投资活动为目的依法设立公司、合伙企业，由私募基金管理人或者普通合伙人管理，为投资者的利益进行投资活动。结合《基金法》的相关规定，设立管理公开募集基金的基金管理公司，应当经国务院证券监督管理机构批准。而担任非公开募集基金的基金管理人，则是按照规定向基金行业协会履行登记手续，非公开募集基金募集完毕后，基金管理人应向基金行业协会备案。私募基金属于持牌主体还是非持牌主体在理论上存在争议。从《基金法》来看，对私募基金的监督管理与公募基金不同，对私募基金实施的是备案制，这属于行业协会自律管理的范畴而不属于行政许可，故从这个层面来看私募基金管理人属于非持牌主体。

民间借贷，是指未经金融监管部门批准、不具有从事贷款业务资格的主体向其他主体提供资金的资金融通行为。新《民间借贷司法解释》第1条规定："本规定所称的民间借贷，是指自然人、法人和非法人组织之间进行资金融通的行为。经金融监管部门批准设立的从事贷款业务的金融机构及其分支机构，因发放贷款等相关金融业务引发的纠纷，不适用本规定。"最高人民法院审委会专职委员刘贵祥在全国法院民商事审判工作会议上的讲话指出："凡由金融监管部门或者有关政府部门批准设立的持有金融牌照的银行、非银行金融机构从事的借贷行为，均为金融借贷，不适用民间借贷的相关规则及利率标准。"我们认为，与持牌机构依法从事的金融借贷业务相比，民间借贷主体从事资金融通业务，未经金融监管部门批准，属于非持牌主体。

三、主体性质对合同效力的影响——以职业放贷人为视角

在房地产融资中，一些其他非金融机构的公司也会投资房地产企业成为投资人，这些公司为保本保收益，在增资入股的同时，一般还会采用股东借款的形式，约定固定投资期限及固定回报，同时往往还会采用"投资管理公司""咨询公司"等名称混淆视听，让公众误以为其具有相应资质。在司法实践中，虽然合同往往会被认定为有效，但也有被认定为职业放贷人而无效的可能。《九民纪要》第53条规定："未依法取得放贷资格的以民间借贷为业的法人，以及以民间借贷为业的非法人组织或者自然人从事的民间借贷行为，应当依法认定无效。同一出借人在一定期间内多次反复从事有偿民间借贷行为的，一般可以认定为是职业放贷人。民间借贷比较活跃的地方的高级人民法院或者经其授权的中级人民法院，可以根据本地区的实际情况制定具体的认定标准。"新《民间借贷司法解释》第18条规定："人民法院审理民间借贷纠纷案件时发现有下列情形之一的，应当严格审查借贷发生的原因、时间、地点、款项来源、交付方式、款项流向以及借贷双方的关系、经济状况等事实，综合判断是否属于虚假民事诉讼：（一）出借人明显不具备出借能力；（二）出借人起诉所依据的事实和理由明显不符合常理；（三）出借人不能提交债权凭证或者提交的债权凭证存在伪造的可能；（四）当事人双方在一定期限内多次参加民间借贷诉讼；（五）当事人无正当理由拒不到庭参加诉讼，委托代理人对借贷事实陈述不清或者陈述前后矛盾；（六）当事人双方对借贷事实的发生没有任何争议或者诉辩明显不符合常理；（七）借款人的配偶或合伙人、案外人的其他债权人提出有事实依据的异议；（八）当事人在其他纠纷中存在低价转让财产的情形；（九）当事人不正当放弃权利；（十）其他可能存在虚假民间借贷诉讼的情形。"

在本所代理的某一类似股权回购仲裁案件中，申请人为某大型商业银行旗下的某"投资管理公司"，实际上为非持牌主体，并不持有金融监管机构颁发的金融

业务许可证。申请人通过明股实债的形式向被申请人房地产公司发放了一笔借款，约定了固定收益。该申请人以向房地产公司放贷为主业，据公开信息可知其向多家房地产公司发放多笔借款。本案中，我们主要采用的抗辩思路就是认为该申请人从事职业放贷进而导致案涉合同无效。职业放贷实际上有着严格的适用标准，需要满足相应条件，具体如下。

1. 职业放贷人是否依法取得放贷资格。合法的借贷关系受法律保护，但是未依法取得放贷资格而从事的借贷行为不受法律保护。新《民间借贷司法解释》第13条规定："具有下列情形之一的，人民法院应当认定民间借贷合同无效……（三）未依法取得放贷资格的出借人，以营利为目的向社会不特定对象提供借款的……"原中国银行保险监督管理委员会、中华人民共和国公安部、国家市场监督管理总局、中国人民银行《关于规范民间借贷行为 维护经济金融秩序有关事项的通知》（银保监发〔2018〕10号）明确，未经有权机关依法批准，任何单位和个人不得设立从事或者主要从事发放贷款业务的机构或以发放贷款为日常业务活动。

2. 放贷是否以营利为目的。通常出借人只要收取利息或资金占用费等即可认定为营利，并不以收取高利息作为营利认定的条件。

3. 放贷人是否向社会不特定的多人提供借款。《关于办理非法放贷刑事案件若干问题的意见》第4条规定："仅向亲友、单位内部人员等特定对象出借资金，不得适用本意见第一条的规定定罪处罚。……"该规定对不特定对象反向进行了界定，亲友、单位内部人员等属于特定对象，从民间借贷行为的互帮互助的本质出发，向亲友、单位内部人员等出借自有资金，除利率超出法定上限外，不应当评价为无效。

4. 放贷行为是否具有"经常性"。同一出借人在一定期间内多次反复从事有偿民间借贷行为的，一般可以认定为职业放贷人。从次数而言，目前并未有统一标准出台，《关于办理非法放贷刑事案件若干问题的意见》第1条第2款规定的"经常性地向社会不特定对象发放贷款"，是指2年内向不特定多人（包括单位和个人）以借款或其他名义出借资金 10 次以上，实践中往往会参照这一规定。具体到地方上，各省各地对此也有不同的标准。例如，浙江省高级人民法院等《关于依法严厉打击与民间借贷相关的刑事犯罪强化民间借贷协同治理的会议纪要》中对职业放贷人的规定：(1) 以连续三年收结案数为标准，同一或关联原告在同一基层法院民事诉讼中涉及 20 件以上民间借贷案件（含诉前调解，以下各项同），或者在同一中级法院及辖区各基层法院民事诉讼中涉及 30 件以上民间借贷案件的；(2) 在同一年度内，同一或关联原告在同一基层法院民事诉讼中涉及 10 件以上民间借贷案件，或者在同一中级法院及辖区各基层法院民事诉讼中涉及 15 件以上民间借贷案件的；(3) 在同一年度内，同一或关联原告在同一中级法院及辖区各基层法院涉及民间借贷案件 5 件以上且累计金额达 100 万元以上，或者涉及民间借贷案件 3 件以上且累计金额达 1000 万元以上的；(4) 符合下列条件两项以上，案件数达到第 (1)、(2) 项规定一半以上的，也可认定为职业放贷人：①借条为统一格式的；②被告抗辩原告并非实际出借人或者原告要求将本金、利息支付给第三人的；③借款本金诉称以现金方式交付又无其他证据佐证的；④交付本金时预扣借款利息或者被告实际支付的利息明显高于约定的利息的；⑤原告本人无正当理由拒不到庭应诉或到庭应诉时对案件事实进行虚假陈述的。

司法实践中，职业放贷很难认定，特别是有时会考虑知名企业的社会影响及后果，裁判人员在裁决时会尽可能采取回避职业放贷人的认定。

四、"伪金交所"

在众多房地产金融交易主体中，"伪金交所"是披着合法外衣的非法金融交易场所，投资者需要格外注意。

自"金交所"成立以来，对它的整顿清理就一直在进行。2021 年 9 月，《证券时报》发布了《起底"伪金交所"》一文，各地众多的"伪金交所"又逐步引起了监管部门和司法机关的重视。随着地产企业不断"爆雷"，地产商债务违约不断增多，众多在"伪金交所"备案发行的债务融资产品的效力和性质等问题亟待司法机关确认。本书结合法律理论及司法实践，就"伪金交所"债务融资产品纠纷中的主要法律问题进行分析。

搞清什么是"伪金交所"，首先要明确何为"金交所"。"金交所"的全称是金融资产交易场所，是市场上的新型交易平台，即以资产交易的方式，让资产持有者通过出售某类资产或暂时让渡某种资产的权利获得融资。金交所大部分以服务所在地或区域金融资产交易为主，大部分以地方产权交易市场作为发起方，在产品上不仅包括股权、债券等传统金融资产，也包含私募等衍生品。作为地方性的交易场所，金交所一般由省政府批准设立，《国务院关于清理整顿各类交易场所切实防范金融风险的决定》（国发〔2011〕38号）明确，为规范交易场所名称，凡使用"交易所"字样的交易场所，除经国务院或国务院金融管理部门批准的外，必须报省级人民政府批准；省级人民政府批准前，应征求联席会议意见。其中所提到的联席会议也是国发〔2011〕38号建立的相关制度，其主要任务是统筹协调有关部门和省级人民政府清理整顿违法证券期货交易工作，督导建立对各类交易场所和交易产品的规范管理制度，完成国务院交办的其他事项。

金交所本身并没有发放贷款的牌照，地方政府设立金交所的初衷也不是发行私募产品，而是活跃地方经济，为难以在银行等金融机构融资的企业提供另一条融资通道。因为目前对金交所的监管处于"真空"地带，所以有"聪明人"利用这个工具做非标债权，规避非法集资的风险。

"伪金交所"这类公司仅凭企业名称和登记的经营范围，便为非标理财产品披上了合规的外衣，未经国家有关政府部门依法许可，打着"金交所"的旗号为违规理财产品提供融资通道，变相从事交易场所业务。例如，某省某金融服务中心有限公司，该公司在2022年变更前，其经营范围显示为"依法开展金融资产和金融产品登记、发行、转让和结算；金融创新产品的咨询、开发、设计、服务、登记、转让和结算"。目前该公司的网页仍显示，该公司除了开展金融科技服务、供应链服务等外，还提供各类金融产品的登记结算服务，这些金融产品包括但不限于企业债、私募债、公司债、收益权转让类产品、理财计划、企业直接融资类产品等。实践中，备案机构——金交所乃至所谓的"伪金交所"——根本就难以起到实际的监管作用。

"伪金交所"猖獗已经产生了诸多法律和金融风险，相关纠纷也大量增加，下面我们重点分析"伪金交所"发行的相关产品的合同效力和性质，供读者参考。

（一）"伪金交所"债务融资产品合同效力分析

地产公司是"伪金交所"的主要服务对象之一。近年来，随着地产行业热度下降，监管规范不断升级，地产行业高负债、高杠杆的弊端逐渐显现，众多地产商都出现了资金链紧张、负债状况恶化的情况，甚至纷纷"爆雷"。那么这些在"伪金交所"备案发行债务融资产品的地产企业就面临难以满足投资者投资收益、还本付息的巨大风险，由此相关债务融资产品的纠纷不断增多，"伪金交所"的法律风险更加充分暴露。

在"伪金交所"发行的债务融资产品基本是不合规的。以非公开定向发行的债务融资工具为例，《银行间债券市场非金融企业债务融资工具管理办法》第4条规定，"企业发行债务融资工具应在中国银行间市场交易商协会（以下简称交易商协会）注册"；第5条规定，"债务融资工具在中央国债登记结算有限责任公司（以下简称中央结算公司）登记、托管、结算"；第6条规定，"全国银行间同业拆借中心（以下简称同业拆借中心）为债务融资工具在银行间债券市场的交易提供服务"；第8条规定，"企业发行债务融资工具应由金融机构承销。企业可自主选择主承销商。需要组织承销团的，由主承销商组织承销团"。《银行间债券市场非金融企业债务融资工具非公开定向发行规则》第4条针对非公开定向债务融资工具的发行作出规定："中国银行间市场交易商协会（以下简称交易商协会）依据相关规定，对定向工具的发行、登记托管、结算和流通转让实施自律管理。"而"伪金交所"为大量企业非公开定向发行债务融资工具提供相关备案和登记结算服务，这些非标非公开定向债务融资工具不在交易商协会的监管体制下，实际上是不符合现行规范的。

除了上述"伪金交所"发行的债务融资产品之外，有的"伪金交所"发行的产品伪装成"资管产品"等形式。中国人民银行、原中国银行保险监督管理委员会、中国证券监督管理委员会、国家外汇管理局于2018年4月27日发布的《资管新规》第3条规定："资产管理产品包括但不限于人民币或外币形式的银行非保本理财产品，资金信托，证券公司、证券公司子公司、基金管理公司、基金管理子公司、期货公司、期货公司子公司、保险资产管理机构、金融资产投资公司发行的资产管理产品等。依据金融管理部门颁布规则开展的资产证券化业务，依据人力资源社会保障部门颁布规则发行的养老金产品，不适用本意见。"显然，"伪金交所"并不具备发行资管产品的资质，其以"交易所"的名义发行资管产品也不具有法律依据。

那么这些非标产品的相关产品合同是否仍然有效呢？我们认为，从理论层面而言，企业发行非标产品属于通过非法途径融资，由非合规机构提供登记、结算和承销等服务，违反了金融秩序方面的规章，严格来说属于无效合同。《银行间债券市场非金融企业债务融资工具管理办法》第4~8条规定，企业发行债务融资工具应该经由法定主体注册、承销、登记、结算，但在"伪金交所"发行的相关债务融资产品，其备案方、承销商、登记结算服务方均不合法。首先，《九民纪要》第31条扩大了《民法典》关于合同无效条款的适用情形，明确违反内容涉及金融安全、市场秩序、国家宏观政策等公序良俗的规章，也应当认定合同无效。关于参照《九民纪要》第31条进行审理的尺度如何把握，在最高人民法院审理的一起保险公司股权代持纠纷［案号：（2017）最高法民终529号］中，法院从上位法授权、不与上位法冲突、立法目的三个角度分析了合同无效的理由。虽然《银行间债券市场非金融企业债务融资工具管理办法》在位阶上属于行政法规，但其是依据《商业银行法》的明确授权而制定的，与《商业银行法》的立法目的一致，都是为了加强对银行间债券市场的监督管理，维护社会经济秩序和社会公共利益，促进银行间市场的健康发展。其次，《银行间债券市场非金融企业债务融资工具管理办法》中的相关内容不与更高层级的相关法律、行政法规的规定相抵触，也未与具有同层级效力的其他规范相冲突，同时其制定和发布亦未违反法定程序，因此其中关于企业发行债务融资工具的规定具有实质上的正当性与合法性。最后，从发行非标产品的危害后果来看，不具有发行资质的企业也能通过非法途径获取融资，但这些公司因为不符合相关监管规定极有可能不具备按期还本付息的能力，如此一来，势必会损害投资人的利益，扰乱金融市场秩序。

不过也有观点认为，《银行间债券市场非金融企业债务融资工具管理办法》的效力级别仅仅是规章，并不属于《民法典》中的"法律、行政法规的强制性规定"，而且相关产品合同系双方的真实意思表示，并未严重危害社会公共秩序，如果认定合同无效将不利于维护投资人的利益，应当认定有效。

从司法实践的角度考量，认定合同无效的后果牵涉利益较为复杂，不仅合同本身无效，相关担保措施作为从合同也一并无效，因此出于保护商事投资主体以及中小投资者的目的，一般会认为此类非标产品合同合法有效。例如，在（2022）皖03民终4474号案件中，法院认为河南荣福房地产公司作为甲方（发行人）与丙方（认购人）谢某签署的《荣易盈河南荣福房地产开发有限公司定向融资计划2020年2号认购协议》系双方的真实意思表示，内容合法有效，双方均应按约履行。在（2019）京0108民初35556号、（2021）陕民终767号案件中，法院也认定案涉《认购协议》《募集说明书》为缔约各方的真实意思表示，未违反法律法规强制性规定，合法有效。此类判决多隐含对投资者保护的目的，这是我国金融领域日益重视的话题。非标债务融资工具背后多为中小投资者，他们是我国现阶段投资市场的主要参与群体，但是他们在信息获得、市场判断、法律意识等方面大多处于弱势地位，抗风险能力较低，自我保护能力较弱，合法权益容易受到侵害。加强对中小投资者的保护有利于提振投资者的信心，有利于资本市场的健康发展，受到监管部门的格外重视。中小投资者在进行投资时，往往对债务融资产品的监管体系不甚了解，不懂何为"非标债务融资产品"，在此情况下判决败诉，对投资者的投资信心会产生重大打击，也会影响监管机构和法院的公信力，不利于我国金融市场的发展，尤其是在目前的经济形势下。

综上，通过总结相关案例以及办理案件的相关经验，我们认为，"伪金交所"

备案发行的相关债务融资产品虽不合规，在理论层面严格来说效力存疑，但出于各方利益考量，在司法实践中一般会被认定为有效合同。

（二）"伪金交所"债务融资产品的性质认定

虽然在司法实践中法院一般认定合同有效，但合同性质的差异也会对裁判结果及当事人的权益产生极大影响，那么"伪金交所"发行的债务融资产品相关合同究竟是什么性质呢？我们认为该类交易本质上属于民间借贷，具体分析如下。

1. "伪金交所"债务融资产品合同属于民间借贷性质

在产品合同有效的情况下，我们认为，"伪金交所"债务融资产品具有借款合同还本付息的特点，但又处在合规发行的渠道外，因此属于民间借贷，具体理由如下。

（1）该类合同的约定具有明显的按时还本付息的特征

虽然一些债务融资工具在形式上表现为投资理财，也会签订风险告知书等协议，并告知最不利投资结果，如若本产品运作期间投资标的出现风险，则客户可能无法获得预期的收益，甚至客户的投资本金将遭受损失，在最不利的极端情况下，客户可能损失全部投资本金。但实际上，该类合同的核心约定仍为按时还本付息，具有明显的借贷性质，投资人起诉的最根本原因一般也是发行人并未做到按时还本付息。例如，江苏省苏州市中级人民法院作出的（2021）苏05民终2179号判决书载明，《侨金所弘鹰×××号定向债务融资工具产品合同》系双方的真实意思表示，根据认购协议约定固定利率、到期还本付息等内容，双方构成借贷法律关系。

（2）该类非标产品并非持牌金融机构发行、承销，属于民间借贷而非金融借款

此类借贷是构成民间借贷，还是金融机构发放的金融借款，该问题涉及发行人、承销商是否在行政监管层面合规，在检索到的判例中大多对此避而不谈，直接认定借款关系成立，还本付息即可。例如，在（2022）皖03民终4474号案件中，协议性质其实是双方的争议焦点之一，上诉人认为，一审认定认购协议的性

质属民间借贷系认定错误。案涉认购协议具有明显的投资理财性质，不同于一般民间借贷，无法还本付息属于投资风险。被上诉人认为，案涉认购协议明确表明是定向融资，作为向特定主体发放的债务融资工具，非公开的融资其本质是民间借贷。但法官在说理部分仅仅说明协议是双方的真实意思表示，内容合法有效，应当按约履行，并未提及协议性质。

新《民间借贷司法解释》第1条规定："本规定所称的民间借贷，是指自然人、法人和非法人组织之间进行资金融通的行为。经金融监管部门批准设立的从事贷款业务的金融机构及其分支机构，因发放贷款等相关金融业务引发的纠纷，不适用本规定。"金融行业是特许行业，必须持牌经营。在金融交易活动中，如果交易主体不符合相关资质要求，超越经营范围从事了国家特许经营的业务，相应的金融交易行为就需根据交易实质认定。国家法律明确规定，未经国务院相关金融管理部门批准，不得设立从事发行债券等金融产品的交易场所。而"伪金交所"均非国家有权机关批准设立的金融交易机构和登记结算服务机构，因此在"伪金交所"发行的各类产品实际上并不属于金融交易，若此类债务融资产品中出现保本保息的相关约定，应根据交易实质视为民间借贷。并且，债务融资是企业通过银行或非银行金融机构贷款或发行债券等方式融入资金，这些金融机构都是经由中国银行间市场交易商协会批准的，只有经过批准的主体才拥有债务融资工具主承销业务资格。《银行间债券市场非金融企业债务融资工具管理办法》第8条也规定，企业发行债务融资工具应由金融机构承销。在"伪金交所"这样的非标平台进行发行、承销，就必然意味着这些承销机构并没有相应发行资质。因此，若此类债务融资产品中出现保本保息的相关约定，应根据交易实质视为民间借贷。

近年来，大量判例均认为定向融资产品所引起的纠纷属于民间借贷，不属于金融借款案件范畴，如（2023）京01民终6912号京汉置业集团有限责任公司等与杨某民间借贷纠纷二审民事判决书，法院对案涉认购协议的性质认定为民间借贷法律关系。又如（2023）京民辖终129号北京融信嘉资产管理有限公司等与刘某达民间借贷纠纷民事裁定书，法院认为案涉投资产品系在地方交易场所发行的定向融资计划产品，因而产生的纠纷不属于《最高人民法院关于北京金融法院案件管辖的规定》第1条规定的金融民商事案件范畴，不属于北京金融法院管辖范围。

2."伪金交所"债务融资产品的本金和利率确定

在明确"伪金交所"债务融资产品合同属于民间借贷后，合同中的细节问题仍需特别关注，虽然多数情况下此类合同被认定有效，但在金融强监管趋势以及司法"穿透式审查"背景之下，司法裁判日后也可能对此类合同法律效力的观点发生变化。

第一种情形，在合同有效仅仅是性质发生改变的情况下，法院一般会尊重合同中的原本约定，即将合同中所谓的"投资收益"视为双方对本金和利息的约定，按照合同载明的数额进行裁判。例如，（2018）最高法民申91号判决就支持了《投资协议》中月利率2%的约定。

第二种情形，如果合同因违反监管规则、破坏金融秩序等而被认定无效，本金和利率又应当如何计算呢？《民法典》第157条规定了民事法律行为无效、被撤销或确定不发生效力的法律后果，内容为："民事法律行为无效、被撤销或者确定不发生效力后，行为人因该行为取得的财产，应当予以返还；不能返还或者没有必要返还的，应当折价补偿。有过错的一方应当赔偿对方由此所受到的损失；各方都有过错的，应当各自承担相应的责任。法律另有规定的，依照其规定。"因此，本金应当按实际支付的金额进行返还。民间借贷合同无效，双方约定的借期利息或逾期利息也自始无效，因此，出借人不能要求借款人按照双方约定的利息标准支付利息。但收款人即发行方在占有资金期间实际享有该资金产生的收益，因此投资人即出借方可以向借款人主张资金占用费，司法实践中一般会依照以下标准进行计算：自起诉之日起按照全国银行间同业拆借中心公布的一年期贷款市场报价利率计算资金占用费至实际清偿之日止。[1]

---

[1] "伪金交所"债务融资产品纠纷处理的主体及程序等问题涉及代表人诉讼相关法律问题，关于这部分的分析详见上海坤澜律师事务所：《"伪金交所"融资纠纷主要法律问题初探》，载微信公众号"上海坤澜律师事务所"2023年2月24日，https：//mp.weixin.qq.com/s/VQvrH3EjKcJKldaYLd12Pg。

第三节
合同效力

审查完法律主体的合法性后，接下来在处理案件的过程中需要关注的就是合同的效力问题。房地产融资交易机构复杂，政策性较强，在监管政策相对宽松的环境下，房地产融资交易的产品往往具有较强的创新性，甚至会采取很多突破或规避现有法律框架的方案。创新到一定程度时，监管机关为了保持金融稳定有时会采取较为严格的监管政策，这时随着监管政策的变化，在政策宽松时签订的房地产融资交易合同就有可能违反现有的法律规定，进而可能会被认定为无效合同。

一、金融合同效力认定方式的转变

长期以来，在金融合同效力认定上，司法实践中往往秉持着谦抑性的原则，不轻易认定合同无效，坚持"严格限制合同无效的准据法"和"严格限制抽象概念的适用范围"的合同效力认定思路。《民法典》颁布之前，对合同效力认定主要依据原《合同法》第52条，而对合同无效所依据的法条进行严格限制则体现在《合同法解释一》和《合同法解释二》中，即只有以全国人大及其常委会制定的法律、行政法规为依据才可以判定合同无效，规章以下的其他规范性文件都不得作为依据。金融司法和金融监管各司其职，监管的评价与司法裁判的评价相互独立，违反规章一般只会受到行政处罚，而不会影响合同效力。2017年以前，在相对宽松的监管环境下，只要无碍社会基本秩序，法院的审判趋向是尽可能维持合同效力，尊重当事人的意思自治，以促进金融创新和商事交易的发展。[2]

《民法典》颁布后，其第153条成为金融合同无效的主要依据。《九民纪要》第31条也体现了法院进行裁判时的政策倾向。在现阶段的金融合同无效司法实践中，一方面，对于合同违法无效认定规则的解释被严格限缩在违反"法律、行政法规"的范围；另一方面，受金融监管强化的影响，金融规章可被引致适用为"公序良俗"，从而成为法院判决金融合同无效的依据。

金融合同无效是金融司法监管化的主要表现之一。基于上述监管背景的变化，法院金融审判思路从不轻易否定金融合同的效力转变为将违反金融监管政策的行为上升到"损害社会公共利益"的高度，以此否定合同效力。若金融市场遭遇"监管寒冬"，政策尺度收紧，则因迎合市场发展而衍生的部分金融业态就难免会有违反金融监管规定之可能。因此，法院就违反金融监管规定的合同效力作何种认定，不仅关系着金融机构对其业务模式的创新、设定及调整，而且还牵涉着众多投资者的投资利益，故一直备受社会关注。2018年最高人民法院的两份判决均否定了案涉合同效力，案涉合同分别为保险公司股权代持协议和上市公司股权代持协议，核心理由是合同因违反金融监管规章而最终损害社会公共利益。2019年11月8日，《九民纪要》的发布深化了金融监管规章对合同效力的影响。近年来，越来越多的金融合同因违反金融监管规章被认定损害社会公共利益而无效。

二、金融合同无效情形的类型化分析

根据《民法典》第153条第2款的规定，对于违反部门规章、规范性文件规定的金融合同、交易行为，审判中可引致适用公序良俗原则，认定其无效。我国金融监管法律体系在宏观层面注重把握金融市场交易秩序、建立交易的基本规则，

---

[2] 金融合同无效情形的详细论述和分析详见上海坤澜律师事务所：《金融合同无效情形分析》，载微信公众号"上海坤澜律师事务所"2022年12月30日，https://mp.weixin.qq.com/s/91-rTmgvON3x5mNmhDkHiA。

在微观层面注重规范金融交易中交易主体的适格性、交易场所和交易程序的合规性、交易行为的公平性和合法性，并配备具体监管措施将上述规范落到实处。故本部分内容结合当下的审判趋势，主要从交易主体、程序性规定、交易行为、穿透式审查、违反规章5个角度对金融合同无效情形进行类型化分析。

（一）交易主体违反特许经营规定

金融是特许行业，必须持牌经营，从而实现严厉打击非法集资、非法放贷和金融诈骗活动的目的。在金融交易活动中，交易主体如果在不符合资质要求的情况下，超越经营范围从事了国家特许经营业务，相应的金融交易行为将面临无效风险。《民法典》第505条"不得仅以超越经营范围确认合同无效"的规定表面上否认了根据交易主体超越经营范围否认金融合同效力的可行性，但同时也强调了"当事人超越经营范围订立的合同的效力，应当依照本法第一编第六章第三节和本编的有关规定确定"，其第153条便在"有关规定"之中。这说明超越经营范围订立的合同，首先要看是否符合《民法典》总则中其他关于民事法律行为无效的情形，若不符合，才能适用"不得仅以超越经营范围确认合同无效"。

目前关于交易主体违背特许经营规定导致金融合同无效的案例中，无效行为集中表现为不具有放贷资格的非金融机构发放贷款。根据《银行业监督管理法》第19条的规定，监管机构监管的金融机构及准金融机构从事发放贷款业务，属于特许经营的范围，须取得相应的资质。不符合资质要求的交易主体，应当严格按照法律关于金融监管的要求开展金融业务活动，不得从事吸收存款、发放贷款等金融活动。典型案例如下。

在（2021）最高法民申2140号案件中，最高人民法院认为，本案《齐商银行委托贷款借款合同》的债权人是红岭公司，债务人是巨富公司，该合同的实质是红岭公司借款给巨富公司，即民间借贷合同。案涉公司从事经常性放贷业务活动收取高额利息，未取得金融监管部门批准从事对外放贷业务，扰乱金融市场和金融秩序，违反银行业监督管理法和商业银行法等法律，其通过向社会不特定对象提供资金以赚取高额利息，出借行为具有反复性、经常性，借款目的也具有经营性，未经批准，擅自从事经常性的贷款业务，属于从事非法金融业务活动。根据《银行业监督管理办法》第19条、《合同法》第52条、《合同法解释（一）》第10条的规定，案涉《委托贷款借款合同》应属无效。

（二）违反程序性规定

证券、期货等金融交易具有特殊的金融属性和风险属性，必须在经批准的特定交易场所、履行法定程序（如评估、公开招标、拍卖等）以及遵循严格的管理制度规范进行。交易场所、交易程序事关金融市场交易秩序，严重违反此类强制性规定的交易行为应被认定为无效，尤其是涉及国有资产转让的金融交易行为。

金融交易中的程序性规定是否属于效力性强制性规定是法律实务中的争议话题，而《九民纪要》第30条第2款在列举效力性强制性规定中明确指出"交易场所违法的，如在批准的交易场所之外进行期货交易"。这意味着，交易场所违法被明确为效力性强制性规定，违反交易场所规定进行金融产品交易的行为，将被认定为违反法律强制性规定，进而导致合同无效。早在《九民纪要》出台之前，司法实践中即有案例对场外期货交易的法律效力予以否定，如上海市第二中级人民法院于2017年5月26日作出（2017）沪02民终2824号民事判决，该判决认为，交易主体仅具有现货交易的资质，但其交易行为具备采用标准化合约方式进行、保证金交易模式、反向操作或对冲平仓了结权利义务、集中交易等特点，且不以实物交收而是以在价格波动中通过对冲平仓获取差额利益为目的，则该交易行为应认定为变相期货交易，违反法律禁止性规定而归于无效。

但对于未履行评估、招标等程序规定是否导致金融合同无效，司法实践中依然存在分歧。值得注意的是，最高人民法院的一起涉国有资产转让的案例提供了新的裁判思路：在（2015）民二终字第399号案件中，最高人民法院回避了《国有资产评估管理办法》第3条是效力性强制性规定还是管理性强制性规定的认定问题，而是提出以国资部门行政处理前置作为合同效力的认定依据，如果国有资产监督管理机关没有对未经评估的国有资产转让进行否定，则法院也不直接以未评估为由否定转让行为无效。该案例体现的裁判动向对金融合同无效情形的认定增加了限制性要求。

(三) 交易行为违反监管规则

交易行为体现了交易主体各自负有的权利义务，是金融合同的核心内容。当金融交易主体为规避法律、行政法规的监管要求以及获取交易优势而作出违反金融市场基本规律和交易规则的约定时，其交易行为或面临无效。具体违规行为可以表现为虚构交易标的、掩盖真实交易目的、恶意串通交易、违规销售、交易方式不合规等。由于金融产品更新迭代频率较快，交易主体规避监管手段更加复杂，这增加了司法审查难度。法律、行政法规主要对交易行为所涉的权利义务作原则性规定，故在司法实践中，法院经常会引用案涉金融交易所在行业的部门规章作为判断案涉行为是否破坏金融秩序的依据，并引致适用公序良俗原则强化说理，以实现金融合同效力的准确认定。在此类案件中，法院通过适用《民法典》第153条第2款的规定，以"公序良俗"的通道将违反金融监管政策的后果直接作用于合同效力之上，从而在符合金融市场监管逻辑的同时，提升对公序良俗适用标准的确定性及可预期性。

经总结现有案例的裁判规则和具体情形，目前在具体的金融交易行为中的典型无效情形如下。

1. 在基金、资管合同中违规承诺保本保收益

在实践中，投资人为了确保资金安全或者基金销售主体为了招揽客户，会在投资合同中约定保底收益条款。该类条款违背了投资行为风险性的本质，承诺保本保收益的行为应当认定为无效。《资管新规》要求金融机构开展资产管理业务时不得承诺保本保收益。《九民纪要》也延续了该等认定逻辑，认为资产管理产品的受托人与受益人订立的含有保证本息固定回报、保证本金不受损失等保底或者刚兑条款的合同，人民法院应当认定该条款无效。在私募基金领域，一般是基金管理人自身以及基金管理人的关联方如股东、高管、实际控制人等提供的保底条款无效。

2. 隐名代持上市公司、金融机构股权

上市公司股份代持行为涉及不特定多数潜在投资人的证券市场公共秩序，因此上市公司发行人必须真实、股权必须清晰，并不允许发行过程中隐匿真实股东，这是对上市公司监管的基本要求，也是上市公司兼并重组监管的审查重点。同样，商业银行、保险公司等金融机构通常也涉及证券市场的公共利益，监管部门对其股权结构的透明度具有严格要求。隐名代持行为将使该类具有显著公共属性的经营单位游离于国家有关职能部门的监管之外，存在危害金融监管秩序的风险，故隐名代持该类机构股权的协议往往被认定为无效。

3. 场外配资、伞型信托形式的融资融券业务

场外配资业务主要是指一些配资公司利用互联网信息技术，搭建起游离于监管体系之外的融资业务平台，将资金融出方、资金融入方即用资人和券商营业部三方连接起来，将其自有资金或者以较低成本融入的资金出借给用资人，赚取利息收入的行为。伞型信托是银行理财资金借道信托产品，通过配资、融资等方式，增加杠杆后投资于股市。该类形式的经营活动具有设立简便、杠杆率高、限制少等特点，但也具有增加金融系统性风险、规避金融监管、损害证券市场不特定投资者的利益等问题。

（四）穿透式审查路径下的金融合同无效

由于民间借贷有着严格的利率、放贷资质等方面的强制性规定，所以交易主体往往通过变换交易主体、标的物、行为种类的方法，选择融资租赁、信托通道业务等方式将借贷关系进行包装，从而规避限制，实现借贷目的。因此，在金融司法中，穿透式审查的重点一般为判断金融合同背后隐藏的实际法律关系是否为民间借贷关系，进而根据新《民间借贷司法解释》第13条等效力性强制性规定，确认借款合同的效力。本书选取以下典型情形，就穿透式审查途径下的金融合同无效情形分析如下。

1. 融资租赁合同被认定为借款合同

实践中，经常出现当事人之间签署融资租赁合同，但实际上其运转模式并不

符合融资租赁业务模式，其真实的法律关系为民间借贷的情况。当事人采取融资租赁方式实现借贷目的的主要原因在于，一是规避民间借贷的利率上限，二是融资租赁公司没有放贷资质要求，当事人企图通过包装成融资租赁的手段达到放贷目的。融资租赁合同被认定为借款合同的常见情况有：（1）融资租赁合同中没有租赁物；（2）融资租赁合同中的租赁物不属于适格的租赁物范围；（3）租赁物低值高卖；（4）租赁物未办理转移登记手续。如果法院在穿透式审查中，发现融资租赁合同的签订和履行过程中存在上述情况，则可能将融资租赁合同认定为借款合同。

2. 信托通道业务被认定为民间借贷合同

《九民纪要》第93条规定，"当事人在信托文件中约定，委托人自主决定信托设立、信托财产运用对象、信托财产管理运用处分方式等事宜，自行承担信托资产的风险管理责任和相应风险损失，受托人仅提供必要的事务协助或者服务，不承担主动管理职责的，应当认定为通道业务"。从实践来看，单一资金信托贷款基本上全部是通道业务。其实际是"影子银行业务"，与商业银行委托贷款一样，均是为了规避高利转贷、借贷资质等强制性规定，利用金融机构发放贷款的资质，使资金在民事主体之间流通，实质性权利义务和风险均由资金提供人和融资方承担，符合民间借贷法律关系的特点。按照金融审判的"穿透审查"思维，对于通道业务应当以其实际构成的法律关系确定其效力。

3. 无真实交易背景的保兑仓、票据交易

保兑仓交易的基本交易模式是，以银行信用为载体、以银行承兑汇票为结算工具、由银行控制货权、卖方受托保管货物并以承兑汇票与保证金之间的差额作为担保。保兑仓交易以买卖双方有真实贸易背景为前提。在当事人之间的基础关系缺乏真实贸易背景的情况下，如何认定买方与银行之间借款合同的效力，存在不同观点。《九民纪要》第69条规定，双方无真实买卖关系的，该交易属于名为保兑仓交易实为借款合同，保兑仓交易因构成虚伪意思表示而无效，被隐藏的借款合同是当事人的真实意思表示，如不存在其他合同无效情形，应当认定有效。

同样要求存在真实交易背景的还有票据交易行为。《票据法》第 10 条规定，票据的签发、取得和转让应当具有真实的交易关系和债权债务关系。从立法者的立法本意来看，该条规定主要是要求取得票据的人应当给付相对应的代价，防止当事人签发票据没有真实的经济关系，利用票据进行欺骗活动。《九民纪要》第 100 条规定，商业银行的工作人员合谋伪造合同、增值税发票等材料，贴现行主张享有票据权利的，法院不再支持。对贴现行因支付资金而产生的损失，按照基础关系处理。该规定体现了对于无真实交易背景的票据交易行为，应当通过穿透式审查否定表面的票据关系，按真实的借贷法律关系进行审查。

4. 交易被认定为明股实债的情形下，法院将按照借贷法律关系审查合同效力

明股实债，是指投资回报不与被投资企业的经营业绩挂钩，不是根据企业的投资收益或亏损进行分配，而是向投资者提供保本保收益承诺，根据约定定期向投资者支付固定收益，并在满足特定条件后由被投资企业赎回股权或者偿还本息的投资方式，常见形式包括回购、第三方收购、对赌、定期分红。明股实债通常具有以下特征：投资协议约定固定收益、投资人不取得股东资格、投资人不参与经营管理、投资协议约定刚性退出条款。

关于"明股实债"的讨论由来已久，司法实践中，法院通常保持谨慎态度，秉持对意思自治、金融创新之尊重，除非存在明显违反"风险共享、利益共担"原则之情形，否则法院不会简单地将新型投资行为认定为债权投资。例如，在最高人民法院（2019）最高法民终 355 号案例中，尽管投资者通过增资入股对目标公司进行投资，并以逐年退出及回购的方式收取固定收益，但法院依旧认为基金通过增资入股、逐年退出及回购机制对目标公司进行投资，是符合商业惯例和普遍交易模式的，不属于为规避监管所采取的"明股实债"的借贷情形。但新《民间借贷司法解释》释放的趋严信号和监管部门一系列政策的发布又引发了关于其定性和效力的新讨论。在目前金融强监管的发展趋势下，涉定性争议之投资行为被认定为"明股实债"的概率可能增大。一旦投资行为的性质被认定为"明股实债"，则属于民间借贷法律关系的调整范围，新《民间借贷司法解释》关于借

贷合同无效的相关规范也将随之影响合同的效力。

在《九民纪要》征求意见稿中写明:"信托公司在资金信托成立后,以募集的信托资金受让股权、股票、债券、票据、债权、不动产、在建工程等特定资产或特定资产收益权,以及信托计划、资产管理计划受益权份额,由出让方或者其指定的第三方在一定期间后以交易本金加上溢价款等固定价款回购的,属于信托公司在资金依法募集后的资金运用行为。由此引发的纠纷不应认定为营业信托纠纷,而应当认定为信托公司与出让方之间的金融借款合同纠纷。"很多解读意见认为,这是最高人民法院首次对"明股实债"予以正名。然而,在此后发布的《九民纪要》则写明:"89. 信托公司在资金信托成立后,以募集的信托资金受让特定资产或者特定资产收益权,属于信托公司在资金依法募集后的资金运用行为,由此引发的纠纷不应当认定为营业信托纠纷。如果合同中约定由转让方或者其指定的第三方在一定期间后以交易本金加上溢价款等固定价款无条件回购的,无论转让方所转让的标的物是否真实存在、是否实际交付或者过户,只要合同不存在法定无效事由,对信托公司提出的由转让方或者其指定的第三方按约定承担责任的诉讼请求,人民法院依法予以支持。"显然,正式文本删除了"明股实债"的相关表述,可见司法实务领域对该问题争议较大,但隐约可以从中看出司法对"明股实债"的态度倾向于按照借贷关系予以处理。

(五)违反规章的合同效力问题

《九民纪要》第31条规定:"违反规章一般情况下不影响合同效力,但该规章的内容涉及金融安全、市场秩序、国家宏观政策等公序良俗的,应当认定合同无效。人民法院在认定规章是否涉及公序良俗时,要在考察规范对象基础上,兼顾监管强度、交易安全保护以及社会影响等方面进行慎重考量,并在裁判文书中进行充分说理。"最高人民法院在对该条的理解与适用中进一步明确:违反规章同时构成违背公序良俗,即规章的内容涉及金融安全、市场秩序、国家宏观政策等公序良俗的,此时之所以认定合同无效,不是因为违反了规章,而是因为违背了公序良俗。但这并不意味着在考察某一合同是否违背公序良俗时,完全可以置规章于不顾。因为只有当一个合同违反了规章的强制性规定时，才会引发是否存在违背公序良俗的问题。由此可见，《九民纪要》在违反金融监管规章的合同效力判断上借助了"公序良俗通道"。然而，公序良俗是一个具有高度弹性的概念，以此通道否定合同效力的核心在于公序良俗的界定以及金融监管规章与公序良俗之间关系的认定。这两个高度抽象模糊的问题，具有较大的不确定性及不可预测性。要准确判断金融监管规章是否会影响合同效力，还需要梳理法院在具体案例中的说理，总结相关裁判规则。

在笔者所代理的某房地产私募债融资纠纷案件中，就涉及违反规章的合同效力问题。2021年4月，A上市公司以及该案涉及的A的各关联公司（以下合称A方）非公开发行住房租赁专项债券（以下简称租赁债）4.5亿元，票面利率8.5%，期限3年（2+1模式，认购满2年，认购人有回售权）。B投资人作为B私募证券投资基金（以下简称B基金）的管理人，代表B基金认购3.5亿元租赁债。其中，C公司认购了B基金3.5亿元基金份额，并约定后续通过C公司向实际投资人转让持有的B基金份额逐步实现置换C公司的资金。

同时，B公司代表B基金与A方签订项目投资协议，约定3.5亿元租赁债认购款实际用于投资A方在南京和昆明开发的两个房地产项目，期限1年，到期后指定A方关联公司A1回购B基金持有的租赁债实现退出。具体而言，A方与B公司签订《南京项目投资协议》，由B基金通过认购3.5亿元的私募债的方式间接投资于南京标的项目。2021年6月，B公司与A方主体签署《昆明项目投资合作协议》。同月，B公司与A方主体签署《私募债回购协议》，约定B基金与A方的房地产开发建设项目展开合作，由B基金通过认购3.5亿元的私募债的方式间接投资于昆明标的项目。2022年6月，B公司与A方主体签署《展期项目合作协议》，约定就上述南京项目和昆明项目合作事项中B公司对私募债的投资期限进行展期。

现B公司根据《展期项目合作协议》的约定，认为A方未按照主合同的约定向其按期足额支付截至2022年4月30日仍存续的私募债认购款的50%及其按照年利率（一年按照360日算）10%计算所得相应利息之和的款项，构成《展期项目合作协议》约定的要求提前退出的情形。2022年8月1日，投资方向A方发送了《关于昆明项目、南京项目违约及退出告知函》，要求A方按合同约定回购其持有的全部私募债并支付相应的回购款。随后，B公司向有管辖权的仲裁机构申请仲裁。

作为A方代理人，笔者的抗辩思路主要如下。

B公司代表B基金与A方签订的一系列项目投资协议，包括《南京项目投资协议》《昆明项目投资合作协议》《私募债回购协议》《展期项目合作协议》，实际上是私募债下的"抽屉协议"，此类协议的内容违反了《公司债券发行与交易管理办法》《私募投资基金备案须知》《证券投资基金法》《私募投资基金监督管理暂行办法》的相关规定且影响了国家金融安全、市场秩序、国家宏观政策等公序良俗以及社会公共利益，应属无效，具体展开如下。

《民法典》第153条规定："违反法律、行政法规的强制性规定的民事法律行为无效……违背公序良俗的民事法律行为无效。"《九民纪要》第31条规定："违反规章一般情况下不影响合同效力，但该规章的内容涉及金融安全、市场秩序、国家宏观政策等公序良俗的，应当认定合同无效。"《公司债券发行与交易管理办法》第13条第1款规定："公开发行公司债券筹集的资金，必须按照公司债券募集说明书所列资金用途使用；改变资金用途，必须经债券持有人会议作出决议。非公开发行公司债券，募集资金应当用于约定的用途；改变资金用途，应当履行募集说明书约定的程序。"私募债制度能够使中小企业通过规范渠道融资，降低其融资成本、增加融资的可得性，是国家金融体系的重要组成部分，必须严格保障制度的稳定运行，因此证监会发布《公司债券发行与交易管理办法》等规则是为了规范公司债券的发行、交易或转让行为，保护投资者的合法权益和社会公共利益。私募债监管的相关规则是金融监管制度体系中的重要一环，是国家规范金融市场、进行金融监管的主要依据，与投资者利益、国家金融安全和社会公共利益息息相关，相关主体必须严格遵守。刘贵祥专委在《关于金融民商事审判工作中的理念、机制和法律适用问题》中明确指出:"一些金融监管规章的强制性规定是根据上位法的授权或者是为了落实法律、行政法规的强制性规定而制定的具体规定。也就是说,金融监管规章的强制性规定有上位法的明确依据,只不过该上位法的规定较为原则,其在结合实践经验的基础上,将该原则性的规定予以具体化,使其具有可操作性。在这种情况下,合同违反的是法律、行政法规的强制性规定,人民法院可依据《民法典》第153条第1款认定合同效力。"

在诉讼过程中,各方对此法律问题争议较大,本案最终调解结案,仲裁庭对此问题并未形成明确结论。脱离代理人的角度,我们推测此类合同大概率会被法院或者仲裁机构认定为有效。一般来说,违反规章的合同并不构成无效的法定情形,经对司法实践的总结,违反规章的合同是否有效大致可以从上位法授权、不与上位法冲突以及立法目的三个角度进行判断。例如,在最高人民法院审理的(2017)最高法民终529号保险公司股权代持纠纷中,法院就从以上三个角度分析了合同无效的理由。首先,协议违反了原中国保险监督管理委员会2014年修订的《保险公司股权管理办法》(已失效)第8条关于"任何单位或者个人不得委托他人或者接受他人委托持有保险公司的股权"的规定。尽管该办法属于部门规章,但其是依据《保险法》第134条关于"国务院保险监督管理机构依照法律、行政法规制定并发布有关保险业监督管理的规章"的明确授权而制定的。据此,其与《保险法》的立法目的一致,都是加强对保险业的监督管理,维护社会经济秩序和社会公共利益,促进保险事业的健康发展。其次,2014年修订的《保险公司股权管理办法》(已失效)第8条的内容不与更高层级的相关法律、行政法规的规定相抵触,也未与具有同层级效力的其他规范相冲突,同时其制定和发布亦未违反法定程序,因此2014年修订的《保险公司股权管理办法》(已失效)关于禁止代持保险公司股权的规定具有实质上的正当性与合法性。最后,从代持保险公司股权的危害后果来看,如此势必加大保险公司的经营风险,妨害保险行业的健康有序发展。加之由于保险行业涉及众多不特定被保险人的切身利益,保险公司这种潜在的经营风险在一定情况下还将危及金融秩序和社会稳定,进而直接损害社会公共利益。法院在裁判文书中通过上述论述将《民法典》第153条、部门规章和合同无效衔接在一起,搭建了司法实践中以非法律、行政法规位阶的规范性文件为依据判定合同无效的具体路径。

前文提及的上海金融法院审理的(2018)沪74民初585号股权转让纠纷案件中,法院通过适用《民法总则》第153条第2款,将违反国家公共利益和金融管理秩序作为合同无效的主要理由。判决书指出,公序良俗包括公共秩序和善良风俗,其中,公共秩序是指政治、经济、文化等领域的基本秩序和根本理念,是与国家和社会整体利益相关的基础性原则、价值和秩序。法院认为,不同领域存在不同的公共秩序,首先应当根据该领域的法律和行政法规具体判断所涉公共秩序的内容。在该领域的法律和行政法规没有明确规定的情况下,判断某一下位规则是否构成公共秩序时,应当从实体正义和程序正当两个方面考察。其中,实体正义,是指该规则应当体现该领域法律和行政法规所规定的国家和社会整体利益;程序正当,是指该规则的制定主体应当具有法定权威,且规则的制定与发布应当符合法定程序,具体可以从法律授权、制定程序、公众知晓度和认同度等方面综合考量。……发行人应当如实披露股份权属情况,禁止发行人的股份存在隐名代持情形,属于证券市场中应当遵守并不得违反的公共秩序。本案中,A公司上市前,龚某代杉某持有股份,以自身名义参与公司上市发行,隐瞒了实际投资人的真实身份,杉某和龚某双方的行为构成了发行人股份隐名代持,违反了证券市场的公共秩序,损害了证券市场的公共利益,应认定为无效。[3]

综上,合同效力的司法裁判出现了"先以监管政策定性,后以法律规则评价"的趋势,将违反金融监管政策的情形解释为"损害社会公共利益""违背社会公共秩序"成为法院认定合同无效的一个典型路径。

---

[3] 参见杉某诉龚某股权转让纠纷案,上海金融法院(2018)沪74民初585号民事判决书。

第四节
明股实债

企业的生产经营活动离不开资金的融通。所谓企业融资，是指一个企业的资金筹集行为与过程。按资金来源划分，企业融资包括内部融资和外部融资；按性质划分，企业融资包括权益融资、债务融资和混合融资。

企业融资活动中，股权融资和债权融资成为典型的融资方式。不过，在融资政策收紧的背景下，为降低财务杠杆、优化合并报表，目前在房地产、政府与社会资本合作、私募股权投资等领域，明股实债（又称名股实债）这一融资模式越发受到企业的青睐。实践中对于明股实债的性质、认定及处理原则等存在较大争议，本书拟结合司法实践，对此予以分析。

一、明股实债的概念界定

明股实债，顾名思义，指名义上是股权融资，实际上是债权融资，其形成于投融资实践中，并非一个法律术语或金融术语。其起初泛指带回购条款的股权性融资，后指以股权名义进行投资，通过约定刚性兑付条款，最终实现保本保收益退出的一种融资模式。

《证券期货经营机构私募资产管理计划备案管理规范第4号——私募资产管理计划投资房地产开发企业、项目》规定：本规范所称明股实债，是指投资回报不与被投资企业的经营业绩挂钩，不是根据企业的投资收益或亏损进行分配，而是向投资者提供保本保收益承诺，根据约定定期向投资者支付固定收益，并在满足特定条件后由被投资企业赎回股权或者偿还本息的投资方式，常见形式包括回购、第三方收购、对赌、定期分红等。

司法实践中，法院倾向于认为明股实债是指投资人将资金以股权投资的方式投入目标公司，并约定在一定期限届满或者一定条件下收回投资本金和获得固定利益回报的投资模式。明股实债的核心要素在于收回投资本金并获得固定收益。

二、股权投资与债权投资的认定

《最高人民法院民二庭第5次法官会议纪要》（2017～2018年）认为，明股实债并无统一的交易模式，实践中，应根据当事人的投资目的、实际权利义务等因素综合认定其性质。投资人的目的在于取得目标公司股权，且享有参与公司的经营管理权利的，应认定为股权投资。反之，投资人的目的并非取得目标公司股权，而仅是获取固定收益，且不享有参与公司经营管理权利的，应认定为债权投资。

司法实践中，法院倾向于认为投资的目的在于取得目标公司股权，且享有参与公司的经营管理权利的认定为股权投资。是否属于"明股实债"，应当根据合同条款所反映的当事人真实意思，并结合其签订合同的真实目的以及合同履行情况等因素进行综合认定。

总结司法实践，可以发现，实践中主要从4个维度出发对股权投资与债权投资予以区分。

（一）投资人的收益是否与目标公司的经营状况相关

实践中，法院通常将是否收取固定收益作为界定股权投资与债权投资的标准之一。例如，(2018) 最高法民终785号民事判决书认为，投资人在投资期限内享有固定的投资收益，该收益不与目标公司的经营业绩相关，具有明显的债权投资特征。

不过，(2019) 最高法民终355号民事判决书认为，虽然约定固定收益，但固定收益远低于一般借款利息的，明显不属于通过借贷获取利息收益，本质上属于目标公司以极低的成本获取巨额资金。

（二）投资人是否进行工商变更登记取得股东资格

实践中，法院通常将投资人是否进行工商变更登记，取得股东资格作为界定股权投资与债权投资的标准之一。（2019）最高法民终355号民事判决书等典型案例表明，如果投资人更注重的是到期收取利息，而非参与目标公司的经营管理，则不宜认定为股权投资。如果股权变更登记的，宜认定为股权投资；未变更登记的，宜认定为债权投资。

（三）投资人的收益是否与参与公司的经营相关

实践中，法院通常将投资人是否实际参与目标公司的经营管理作为界定股权投资与债权投资的标准之一。（2019）最高法民终1532号民事判决书等典型案例表明，如果投资人并不行使股东权益，目标公司按期支付固定收益并在约定期限内以保本保收益的方式完成股权回购，双方之间应当认定为借贷法律关系。

不过，（2019）京01民初69号民事判决书认为，如果投资协议中对于目标公司的经营管理目标考核和对应的考核措施均有约定，并非仅仅关注固定资金回报和收益，《股权转让合同》有向目标公司派遣人员、拟定经营管理办法等约定，这与借款存在明显不同，应当认定为股权投资。

（四）投资人是否刚性退出

实践中，法院通常将投资人是否刚性退出作为界定股权投资与债权投资的标准之一。股东之间"共享收益、共担风险"是股权投资的基本特征。然而，如果投资人在投资协议中约定具有"保本保收益"特征的刚性退出条款的，一般应认定为债权投资。

不过，需要注意的是，投资人在核准的经营范围内进行股权投资，在投资期限届满后以股权回购方式取得回报并退出经营，属于企业之间常见的投资和融资方式，不应仅依据按固定利率计算股权回购价款的计算方式，否认其股权投资的性质。法院在一些典型案例中明确表示，通过增资入股、逐年退出及回购机制对目标公司进行投资，符合商业惯例和普遍交易模式，此类协议在性质上系属股权投资，并非保本保收益的明股实债。当事人举证证明此类协议是在双方真实意思表示的前提下，协议本身不违反法律、行政法规的禁止性规定，合法有效。股权投资与债权投资的对比见表2-1。

表2-1 股权投资与债权投资的对比

比较项目	股权投资	债权投资
约定固定收益	×	√
取得股东资格	√	×
参与经营管理	√	×
约定刚性退出	×	√

注：表中"√"表示肯定，"×"表示否定。

三、明股实债纠纷的审理原则

从一些规范性文件和司法案例中，大致能够了解目前实践中针对明股实债的审理原则和关注重点。总体来看，"明股实债"类合同并不会当然无效，如确定为借贷关系，就应当按照实际的法律关系进行审理。

（一）法律规范

《民法典》第143条规定："具备下列条件的民事法律行为有效：（一）行为人具有相应的民事行为能力；（二）意思表示真实；（三）不违反法律、行政法规的强制性规定，不违背公序良俗。"

《民法典》第146条规定："行为人与相对人以虚假的意思表示实施的民事法律行为无效。以虚假的意思表示隐藏的民事法律行为的效力，依照有关法律规定处理。"

新《民间借贷司法解释》第10条规定："法人之间、非法人组织之间以及它们相互之间为生产、经营需要订立的民间借贷合同，除存在民法典第一百四十六条、第一百五十三条、第一百五十四条以及本规定第十三条规定的情形外，当事人主张民间借贷合同有效的，人民法院应予支持。"

《民法典担保制度解释》第68条规定："债务人或者第三人与债权人约定将财产形式上转移至债权人名下，债务人不履行到期债务，债权人有权对财产折价或者以拍卖、变卖该财产所得价款偿还债务的，人民法院应当认定该约定有效。当事人已经完成财产权利变动的公示，债务人不履行到期债务，债权人请求参照民法典关于担保物权的有关规定就该财产优先受偿的，人民法院应予支持。

债务人或者第三人与债权人约定将财产形式上转移至债权人名下，债务人不履行到期债务，财产归债权人所有的，人民法院应当认定该约定无效，但是不影响当事人有关提供担保的意思表示的效力。当事人已经完成财产权利变动的公示，债务人不履行到期债务，债权人请求对该财产享有所有权的，人民法院不予支持；债权人请求参照民法典关于担保物权的规定对财产折价或者以拍卖、变卖该财产所得的价款优先受偿的，人民法院应予支持；债务人履行债务后请求返还财产，或者请求对财产折价或者以拍卖、变卖所得的价款清偿债务的，人民法院应予支持。

债务人与债权人约定将财产转移至债权人名下，在一定期间后再由债务人或者其指定的第三人以交易本金加上溢价款回购，债务人到期不履行回购义务，财产归债权人所有的，人民法院应当参照第二款规定处理。回购对象自始不存在的，人民法院应当依照民法典第一百四十六条第二款的规定，按照其实际构成的法律关系处理。"

（二）司法实践

实践中，相关典型案例表明，法院在审理明股实债纠纷时通常区别内部关系和外部关系进行处理。对外应遵循外观主义，保护第三人的信赖利益，尤其在目标公司破产或解散的情况下，应优先保护其他债权人的合法利益；对内则应采用实质重于形式原则，探究当事人的真实意思表示。

具体而言，首先，（2021）京民终499号民事判决书等典型案例表明，明股实债不因"禁止企业间借贷"而无效。根据新《民间借贷司法解释》第10条的规定，企业间基于生产、经营需要订立的民间借贷合同，如无《民法典》总则规定的无效事由的，应当认定为有效。实践中，法院通常认为，投资协议是当事人的真实意思表示，且不违反法律、行政法规的禁止性规定，应属有效。

其次，(2018) 苏 02 民终 954 号民事判决书等典型案例表明，明股实债不因被认定为让与担保而无效。司法实践中，"明股实债"中的股权转让行为通常被认定为对债权的担保，即让与担保，在无其他无效事由的情况下，法院普遍认可其效力。《民法典担保制度解释》第 68 条第 3 款明确将明股实债类交易中股权转让行为的法律效果参照让与担保的相关规定进行处理。换言之，此类交易中，双方的股权转让并非真实意思表示，股权转让及回购的约定实际上是一种对债权的非典型担保方式。这一规定很可能意味着此类案件中法院认定明股实债构成股权投资的基础不复存在。实践中不排除日后法院对此类案件的裁判从此前的认定为股权投资为主，转变成认定为债权投资为主。

近年来，司法实践中较多案例认可"明股实债"并按照借贷关系处理。如上海金融法院审理的（2021）沪 74 民终 133 号 A 公司、余某与姚某股权转让纠纷二审民事判决认为，第一，双方不期望股权变动的法律效果发生，股权投资非双方的真实意思表示。姚某和 A 公司虽然表象上具有股权转让的意思表示，但并未约定股权交割时间和变更登记的履行时间，并在可以变更登记的情况下违规选择股权代持。第二，姚某并不实际参与公司的经营决策。双方在协议中约定在重大事项行使股东表决权时二者为"一致行动人"，且就重大事项向股东会、董事会提出议案前要征得 A 公司同意。第三，双方约定了固定收益。协议约定的股权回购价格确保姚某在 40 万元本金不受损的前提下还能获得 16 万元的固定收益。综上，二者之间符合明股实债的法律特征，系真实的民间借贷法律关系，不是股权转让合同关系。该案中，法院正是从股权未实际变更、投资人不参与公司经营、投资人收取固定收益刚性退出等维度进行考量，最终确定法律关系的性质属于借贷。又如，严某、卓某、福建省 S 动漫有限公司、福建省 S 公司、福建省 H 房地产开发有限公司与 Z 信托有限责任公司股权转让纠纷再审民事裁定书［四川省高级人民法院（2020）川民申 2742 号］认为，《合作协议》《股权转让合同》约定了严某回购股权的条款。即信托公司的投资回报不与动漫公司的经营业绩挂钩，不是根据动漫公司的投资收益或亏损进行分配，而是严某向信托公司提供保本保收益承诺，根据约定定期向信托公司支付固定收益，并在满足特定条件后由信托公司赎回股权。故严某与信托公司之间名为股权转让，实为融资借款关系，原一审、二审对本案法律关系的认定正确。

第五节 以房抵债

以房抵债是一种常见的债务抵销模式，目前并无法律明文规定其概念，一般是指为保障债权的顺利实现，债权人与债务人或第三人签订的包含"抵债""担保"条款的房屋买卖合同。其常见的交易结构如下：当事人先后签订房屋买卖合同与借款合同，两份合同是针对同一笔款项，借款合同中的出借人与借款人分别对应房屋买卖合同中的买卖双方，倘若借款人未能按期偿还借款，则通过履行房屋买卖合同而转移房屋所有权。

一、定义

以房抵债属于以物抵债的范畴，以物抵债是指债务人与债权人约定以债务人或经第三人同意的第三人所有的财产折价归债权人所有，用于清偿债务的行为，其目的在于以他物抵付债务，实现债务消灭的法律效果。而以房抵债是债权人与债务人对清偿原债务（借贷、买卖、建设工程施工等原因）所增加的一种债务履行方式，以房抵债协议并不能改变原债权债务之基础法律关系。换言之，以房抵债协议包含了两种法律关系：一是基础的债权债务关系，二是以房产抵偿债务的买卖合同关系。

二、类型及理论争点

以房抵债的主要类型以及对应的主要理论争点大致如下。

（一）流押条款与真实买卖

从设立时间来看，可以划分为债务履行期限届满前的以房抵债和债务履行期限届满后的以房抵债。这一分类的意义是讨论以房抵债是否属于流押条款，即区分清偿性以房抵债和担保性以房抵债。有学者主张，债权未到期时因债务与抵债房屋之间的价值可能会有所差距，极易造成显失公平的情形。2015年《第八次全国法院民事商事审判工作会议纪要（民事篇）》对已届债务履行期作出了强调，债务履行期届满前的协议实质上是为了担保债权的实现，本质上仍属流押条款，应属无效。而有些学者则提出相反观点，认为只有在质押关系或者抵押关系中才会存在流押，以房抵债行为并非《物权法》所规定的担保行为，抵债存在对价，且未对所有权的归属直接作出约定，故而不应当将以房抵债视为流押条款。

（二）代物清偿与诺成合同

从合同的履行情况来看，可以划分为物权发生变化的以房抵债和物权未发生变化的以房抵债。这一分类的意义是讨论以房抵债是否属于代物清偿及是否属于诺成合同，即区分"代物清偿说"与"诺成合同说"。我国既有立法未明文规定代物清偿，亦未对诺成性的以房抵债合同作出规定。

有学者主张，如果以房抵债行为在类型上属于债务履行期限届满后的以房抵债，即当事人间不仅具有合意，而且债权人受领了债务人的房屋给付，那么该类型的以房抵债在本质上属于代物清偿。按照代物清偿之观点，以房抵债乃实践性合同，倘若未履行物权转移手续，那么以房抵债协议便不能成立。在司法实践中，此观点也成为诸多法官审理以房抵债纠纷的重要依据。例如，在"苏州东泰房地产公司与郑某商品房预售合同纠纷案"中，法院便将合同视为代物清偿，认为仅有抵债合意而未履行物权转移手续，商品房预售合同不能成立。

对此，有学者提出不同主张，认为尽管以物抵债之目的在于清偿债务，但如若允许当事人反悔，则有违私法自治原则和诚实信用原则。实务中有不少法官在审理以房抵债纠纷时以"诺成合同说"为依据，认为以物抵债有效，合同应当得到履行。例如，在"钟某诉广大建设集团有限公司确认合同效力纠纷案"中，法院就认为以房抵债协议系双方的真实意思表示且未违反法律的强制性规定，故而合法有效。

三、各类以房抵债行为的性质及效力

以房抵债行为大致可以分为A、B、C、D 4种类型（见表2-2），每种类型的主要特点、性质及效力大致如下。

表2-2 以房抵债行为的4种类型

类别	债务履行期限届满前	债务履行期限届满后
已完成所有权移转	A型以房抵债行为	C型以房抵债行为
未完成所有权移转	B型以房抵债行为	D型以房抵债行为

（一）A型以房抵债行为

A型以房抵债行为：在债务履行期限届满前，约定债务人或者出卖人于签订合同后的一段时间内以某价格回购买卖的标的房屋，或在清偿债务后，房屋所有权恢复登记至债务人或者出卖人名下，即约定中存在"融资、担保"的意思表示。

该类以房抵债行为在学理上常被认定为"让与担保"，即通过让与物的所有权实现担保价值。"让与担保"在我国立法上也实现了从无效到有效的演变。

《九民纪要》第71条规定："债务人或者第三人与债权人订立合同，约定将财产形式上转让至债权人名下，债务人到期清偿债务，债权人将该财产返还给债务人或第三人，债务人到期没有清偿债务，债权人可以对财产拍卖、变卖、折价偿还债权的，人民法院应当认定合同有效。合同如果约定债务人到期没有清偿债务，财产归债权人所有的，人民法院应当认定该部分约定无效，但不影响合同其他部分的效力。当事人根据上述合同约定，已经完成财产权利变动的公示方式转让至债权人名下，债务人到期没有清偿债务，债权人请求确认财产归其所有的，人民法院不予支持，但债权人请求参照法律关于担保物权的规定对财产拍卖、变卖、折价优先偿还其债权的，人民法院依法予以支持。债务人因到期没有清偿债务，请求对该财产拍卖、变卖、折价偿还所欠债权人合同项下债务的，人民法院亦应依法予以支持。"

《民法典担保制度解释》第68条规定："债务人或者第三人与债权人约定将财产形式上转移至债权人名下，债务人不履行到期债务，债权人有权对财产折价或者以拍卖、变卖该财产所得价款偿还债务的，人民法院应当认定该约定有效。当事人已经完成财产权利变动的公示，债务人不履行到期债务，债权人请求参照民法典关于担保物权的有关规定就该财产优先受偿的，人民法院应予支持。债务人或者第三人与债权人约定将财产形式上转移至债权人名下，债务人不履行到期债务，财产归债权人所有的，人民法院应当认定该约定无效，但是不影响当事人有关提供担保的意思表示的效力。当事人已经完成财产权利变动的公示，债务人不履行到期债务，债权人请求对该财产享有所有权的，人民法院不予支持；债权人请求参照民法典关于担保物权的规定对财产折价或者以拍卖、变卖该财产所得的价款优先受偿的，人民法院应予支持；债务人履行债务后请求返还财产，或者请求对财产折价或者以拍卖、变卖所得的价款清偿债务的，人民法院应予支持。债务人与债权人约定将财产转移至债权人名下，在一定期间后再由债务人或者其指定的第三人以交易本金加上溢价款回购，债务人到期不履行回购义务，财产归债权人所有的，人民法院应当参照第二款规定处理。回购对象自始不存在的，人民法院应当依照民法典第一百四十六条第二款的规定，按照其实际构成的法律关系处理。"

通过上述法律规定，可以发现以下两点：第一，若债务人不履行到期债务，则财产归债权人所有的约定是无效的，完成物权变更登记仅是财产权利人名义上发生变更，受让人不能实质获得房屋所有权，仍应认定其债权人的法律地位；第二，完成财产权利变动的公示可以获得类似法定担保物权的优先受偿效果，即对财产折价或者以拍卖、变卖该财产所得的价款优先受偿。实践中，不同法院对于完成财产权利变动公示的程度存在分歧。对于不动产虽经网签备案及预告登记但尚未办理转移登记手续的，根据物权法定原则，上述行为一般视为财产权利变动的过程性行为，只有完成物权变更登记才可认定完成财产权利变动的公示。需要特别注意的是，房屋权属变更登记至债权人名下后，可能出现债权人将该房屋另行出售、设定抵押等情况，此时债权人构成无权处分，相对人是否合法取得房屋权益，应以善意取得的相关规定作为审查依据，并根据审查结果判断债权人是否应向房屋原权利人承担赔偿责任。

（二）B 型以房抵债行为

B 型以房抵债行为：在债务履行期限届满前，约定在债务到期后未按时清偿的情况下，买卖的标的房屋变更登记至债权人或其指定的第三人名下。

该类以房抵债行为在学理上常被认定为"后让与担保"，或称"代物清偿特约"，即指当事人事先约定，未来债务人不能如期清偿债务时，以他种给付替代原有给付，以清偿债务。之所以称"特约"，是指清偿期之前订立。代物清偿预约带有明显的担保色彩，标的物的价值往往远超债权额，因此，常被担心存在显失公平之问题。

旧法多认为属于无效的流押、流质条款。《物权法》第 186 条规定："抵押权人在债务履行期限届满前，不得与抵押人约定债务人不履行到期债务时抵押财产归债权人所有。"《物权法》第 211 条规定："质权人在债务履行期限届满前，不得与出质人约定债务人不履行到期债务时质押财产归债权人所有。"旧《民间借贷司法解释》第 24 条规定："当事人以签订买卖合同作为民间借贷合同的担保，借款到期后借款人不能还款，出借人请求履行买卖合同的，人民法院应当按照民间借贷法律关系审理，并向当事人释明变更诉讼请求。当事人拒绝变更的，人民法院裁定驳回起诉。"

新法发生了观念转变，趋向认定为有效的清算型担保。《民法典》第 401 条规定：" 抵押权人在债务履行期限届满前，与抵押人约定债务人不履行到期债务时抵押财产归债权人所有的，只能依法就抵押财产优先受偿。"《民法典》第 428 条规定：" 质权人在债务履行期限届满前，与出质人约定债务人不履行到期债务时质押财产归债权人所有的，只能依法就质押财产优先受偿。"新《民间借贷司法解释》第 24 条规定：" 当事人以订立买卖合同作为民间借贷合同的担保，借款到期后借款人不能还款，出借人请求履行买卖合同的，人民法院应当按照民间借贷法律关系审理。当事人根据法庭审理情况变更诉讼请求的，人民法院应当准许。按照民间借贷法律关系审理作出的判决生效后，借款人不履行生效判决确定的金钱债务，出借人可以申请拍卖买卖合同标的物，以偿还债务。就拍卖所得的价款与应偿还借款本息之间的差额，借款人或者出借人有权主张返还或者补偿。"

对此，上海一中院提出对应的审理要点：首先，是否显失公平应当依据合同签订时的房屋价格与债务进行对比判定，而非纠纷之后的房屋实际价值；其次，在债务履行期限未届满时，双方系达成合意约定提前终止原债权债务关系，建立新的房屋买卖合意合法有效，应予尊重。

（三）C 型以房抵债行为

C 型以房抵债行为：在债务履行期限届满后，约定以房屋抵偿数额确定的到期债务并完成物权变动。

该类以房抵债行为在学理上常被认定为"代物清偿"，是指债权人与债务人之间达成合意，约定以他种给付代替原有给付的受领，消灭原有的债权债务关系。总体来说，成立以物抵债需要满足以下 4 个条件：（1）有既存的债权债务关系；（2）当事人之间达成以物抵债的合意；（3）以他种给付代替原有给付；（4）债权人实际受领他种给付。C 型以房抵债行为，当事人之间不仅具有合意，而且债权人受领了债务人的房屋给付，在本质上属于代物清偿，应属有效。债务到期后，双方之间的具体债务数额已经确定，债权人已不再具有优势地位，在该种情形下签订的"以房抵债"型房屋买卖合同，应视为双方当事人基于平等地位对如何清偿债务作出的安排，故对以物抵债协议的效力、履行等问题的认定，应以尊重当事人的意思自治为基本原则。

（四）D型以房抵债行为

D型以房抵债行为：在债务履行期限届满后，约定以房屋抵偿数额确定的到期债务但尚未完成物权变动。

该类以房抵债行为在学理上争议较大，因为其本质是达成代物清偿的约定但未实际履行，因此效力存疑，大致有以下3种观点。

第一种观点是代物清偿不成立。参见成都国土资源局武侯分局与招商（蛇口）成都房地产开发有限责任公司、成都港招实业开发有限责任公司、海南民丰科技实业开发总公司债权人代位权纠纷案，法院判决认为："在新债务未履行前，原债务并不消灭，在新债务履行后，原债务同时消灭。债权人可以行使代位权，向次债务人请求2100余万元。"

第二种观点是债的更改。参见汤某、刘某龙、马某太、王某刚诉新疆鄂尔多斯彦海房地产开发有限公司商品房买卖合同纠纷案，法院判决认为："本案双方经协商一致终止借款合同关系，建立商品房买卖合同关系，并非为双方之间的借款合同履行提供担保，而是借款合同到期彦海公司难以清偿债务时，通过将彦海公司所有的商品房出售给汤某等四位债权人的方式，实现双方权利义务平衡的一种交易安排。"

第三种观点是新债清偿。参见通州建总集团有限公司与内蒙古兴华房地产有限责任公司建设工程施工合同纠纷二审案，法院判决认为："当事人于债务清偿期届满后达成的以物抵债协议，可能构成债的更改，即成立新债务，同时消灭旧债务；亦可能属于新债清偿，即成立新债务，与旧债务并存。基于保护债权的理念，债的更改一般需有当事人明确消灭旧债的合意，否则，当事人于债务清偿期届满后达成的以物抵债协议，性质一般应为新债清偿。""在新债清偿，旧债务于新债务履行之前不消灭，旧债务和新债务处于衔接并存的状态；在新债务合法有效并得以履行完毕后，因完成了债务清偿义务，旧债务才归于消灭。"

《九民纪要》第44条规定："当事人在债务履行期限届满后达成以物抵债协

议，抵债物尚未交付债权人，债权人请求债务人交付的，人民法院要着重审查以物抵债协议是否存在恶意损害第三人合法权益等情形，避免虚假诉讼的发生。经审查，不存在以上情况，且无其他无效事由的，人民法院依法予以支持。当事人在一审程序中因达成以物抵债协议申请撤回起诉的，人民法院可予准许。当事人在二审程序中申请撤回上诉的，人民法院应当告知其申请撤回起诉。当事人申请撤回起诉，经审查不损害国家利益、社会公共利益、他人合法权益的，人民法院可予准许。当事人不申请撤回起诉，请求人民法院出具调解书对以物抵债协议予以确认的，因债务人完全可以立即履行该协议，没有必要由人民法院出具调解书，故人民法院不应准许，同时应当继续对原债权债务关系进行审理。"

据此，以物抵债协议的性质为诺成合同，只要双方当事人就以物抵债达成合意，则以物抵债协议成立，该规定也是对当事人意思自治原则的确认。基于保护债权的理念，债的更改一般需要有当事人明确消灭旧债的合意。债务清偿期限届满后，债权人与债务人所签订的以物抵债协议，如未约定消灭原有的金钱给付债务，应认为双方当事人另行增加一种清偿债务的履行方式，而非原金钱给付债务的消灭。以物抵债协议成立后，同时存在新旧两债，新债作为履行旧债的方法，债权人原则上应当先请求履行新债。债务人不履行新债的，债权人既可以根据新债主张继续履行违约责任，也可以恢复旧债的履行。在新债合法有效并履行完毕后，因债务人完成债务清偿义务，原债权债务归于消灭。

须强调的是，以物抵债协议不直接产生物权效力。我国采取的是债权形式主义的物权变动模式，对于不动产，当事人双方除具有物权变动的债权合意外，一般还需要进行登记方产生物权变动的效力。因此，在"以房抵债"型房屋买卖合同实际为以物抵债协议的情况下，如房屋尚未变更登记，则债权人有权要求履行"以房抵债"协议，办理过户登记，法院可以判决债务人协助债权人办理房屋所有权过户登记手续，但债权人直接要求确认其为房屋所有权人的，不应予以支持。与此同时，以物抵债协议不能阻止债务人的其他债权人对抵债物主张权利。以物抵债协议是以消灭金钱债务为目的，而物的交付仅为以物抵债的实际履行方式，其同基于买卖而产生物权期待权具有基础性的区别。因而基于以物抵债而拟受让抵债物的受让人，在完成交付或者登记之前，该以物抵债协议并不足以形成优先于一般债权的利益。

此外，人民法院要着重审查以物抵债协议是否存在恶意损害第三人合法权益等情形，避免虚假诉讼的发生。为保证以物抵债协议的真实性，应当要求当事人完成原债权债务的结算，以明确债务价值。

四、房地产企业以房抵债的注意事项

总之，在目前的法律体系下，无论在债务履行期限到期前还是在到期后达成，不存在恶意损害第三人权益的虚假诉讼情形和其他法定无效情形的以房抵债协议原则上均有效。如果是在债务履行期限届满前约定以房抵债，虽然无法直接获得相关房产的所有权，但仍然可以就相关房产优先受偿。

基于此，须强调几点房地产企业以房抵债的注意事项。

（一）"以房抵债"的标的选择

开发商从拿地到建设再到销售，到哪个阶段的房产可以用来抵顶债务？《最高人民法院关于审理商品房买卖合同纠纷案件适用法律若干问题的解释》第2条规定："出卖人未取得商品房预售许可证明，与买受人订立的商品房预售合同，应当认定无效，但是在起诉前取得商品房预售许可证明的，可以认定有效。"取得预售许可是商品房预售合同有效的前提，以房抵债交易为最终完成标的房产的不动产权登记，通常会一并签署商品房预售合同，因此，为保证商品房预售合同的有效，已经获得商品房预售许可的房产是相对较合适的抵顶标的。

（二）"以房抵债"的权利顺位

以房抵债的债权人可能面临的权利竞争者包括一般债权人、商品房消费者、建设工程优先受偿权利人、标的房产抵押权人。选择以房产折抵债权，首先在房产上可能已经存在权利负担，除此之外，债务人面临需要"以房抵债"的情况时，通常会有一些偿付问题，即除拟抵房债权人外，还存在其他债权人。在众多的权利人当中，谁的权利处于优先顺位会直接影响以房抵债交易是否可以实现，在以房抵债交易中通过协议条款和交易安排提升权利顺位是以房抵债债权人的核心工作。在各个权利人中，毫无疑问的是，抵押权、建设工程优先受偿权均优先于一般债权人受偿，而以房抵债的债权人在没有特殊安排的情况下处于一般债权人的地位，交易的核心就在于将自己的权利顺位尽量提前。

（三）"以房抵债"的法律风险防控

第一，事前查询抵债房产相关权属信息，避免该房产上存在影响过户或使用的其他权利。可以先行在不动产管理中心等部门查询抵债房产的权属信息，看该房产上是否存在抵押、查封、与他人共有或存在居住权等可能影响房产权属实现的相关权利。同时实地考察该房产是否存在出租等情形。

第二，审慎签订以房抵债协议。协议签署的时间节点应选择在债务履行期限到期之后，否则将不能产生以房抵债的法律效果，而按照法律规定如预先办理了过户登记将仅能产生让与担保的法律效果，即对标的房产折价或拍卖、变卖价款享有优先受偿权。

第三，明确以房抵债相关条款。依据前文所述的法律规定及法律分析，在司法实践中，"以房抵债"协议一般会被认为构成"新债清偿"，只有在发包人与承包人明确约定"消灭旧债"时才会构成"债的更改"。因此，站在承包人的角度，"以房抵债"协议中应当明确约定，旧债务并不因此消灭，或抵债房屋未能按约交付的，承包人仍有权向发包人主张工程款。

第四，尽量将抵债房产公允作价，避免抵债房产价值远高于债务金额被债务人或第三人主张撤销。前文已述，法院在审查过程中会对基础债务本金及利息数额予以审查，避免当事人通过商品房买卖的形式将违法高息合法化，同时，债务人或第三人亦有可能依据《民法典》第151条的规定以乘人之危导致的显失公平为由主张撤销该协议。

第五，妥善处置抵债房产，及时办理交付、过户登记。协议签订后应尽快办理相应购房合同网签、合同备案，办理预告登记、过户登记，同时督促债务人第一时间交房，并进行有效占有。避免债务人或第三人在此期间另行转让房屋所有权或设定其他权利负担，或因债务人、第三人的其他债务导致抵债房产被法院另案强制执行。

第六，约定债务人承诺及违约责任条款。为了防范债权人隐瞒已就拟用于抵债的房屋与第三人签订房屋买卖合同的风险，建议在以房抵债协议中增设条款，要求债务人承诺抵债房屋未出售或预售给第三人，否则债务人承担相应违约责任，且该违约责任应明确具体，具有可操作性。

第六节

融资过程中投资方以各种名义收取的费用

在融资过程中，投资方往往处于优势地位，常常会要求被投资方额外支付一些融资过程中产生的其他服务费用，具体名目如下。

一、金融机构收取的财务顾问费

财务顾问费（包括投资顾问费、咨询费、手续费等），一般指金融机构在与企业开展融资业务过程中，除合同约定利息外另行收取的费用，该部分费用大多与该笔融资相关，却不直接表现为利息等直观的融资成本。

作为资金的需方，借款人通常处于弱势地位，为取得贷款不得不与金融机构或其指定的第三方签订融资顾问类协议，向其支付一定比例的费用，导致借款人除向金融机构支付借款利息外，还要承担财务顾问费等形式的融资成本。金融监管部门一再要求金融服务实体行业，并出台了多个关于违规收费的监管文件，但行业内仍然存在各类违规收费的情况。2019年最高人民法院发布的《九民纪要》第51条规定："金融借款合同纠纷中，借款人认为金融机构以服务费、咨询费、顾问费、管理费等为名变相收取利息，金融机构或者由其指定的人收取的相关费用不合理的，人民法院可以根据提供服务的实际情况确定借款人应否支付或者酌减相关费用。"《九民纪要》并未对财务顾问费予以定性，也未明确具体的判断标准，而是要求人民法院根据金融机构提供服务的实际情况进行裁判。实践中，包含服务费、咨询费、顾问费、管理费等各种形式的费用不仅出现在金融借款合同中，也频繁出现在融资租赁、保理、信托、小额借贷、典当等不同类型的金融业务中，但法院在实际审理案件中的思路是基本一致的，根据金融机构提供服务的实际情况进行裁判。在此，我们将从以下几个方面分析财务顾问费用的相关问题。

（一）财务顾问服务协议的效力

司法实践中，确有少数法院以规避监管为由，认定财务顾问合同无效。在华融国际信托有限责任公司（以下简称华融公司）与贵州清水江城投集团有限公司（以下简称清水江公司）财会服务合同纠纷一案中，法院认为华融公司与清水江公司签订财务顾问协议的目的是规避国家相关的金融监管政策，属于以合法形式掩盖非法目的，《财务顾问协议》应属无效。因本案对财务顾问服务协议没有更多的说明，故在此分情况进行讨论。

《民法典》第143条规定："具备下列条件的民事法律行为有效：（一）行为人具有相应的民事行为能力；（二）意思表示真实；（三）不违反法律、行政法规的强制性规定，不违背公序良俗。"若财务顾问协议不符合上述要件，则合同无效，根据《民法典》第157条的规定，合同无效或者被撤销后，因该合同取得的财产，应当予以返还；不能返还或者没有必要返还的，应当折价补偿。有过错的一方应当赔偿对方因此所受到的损失，双方都有过错的，应当各自承担相应的责任。若协议有效，则需进一步审查其内容、履行等方面。

（二）财务顾问的服务内容

财务顾问合同为无名合同，在司法实践中，具体的财务顾问服务内容，通常会尊重当事人的约定，按照财务顾问合同的约定具体判断。虽然内容意定，但不等于没有要求。在中信信托有限责任公司、山西恒实房地产开发有限责任公司等服务合同纠纷中，最高人民法院认为，财务顾问服务内容需具备"针对性、实质性和独创性"。针对性，即提供的服务内容需结合该企业财务状况、行业特点对融资方式进行比较分析，提出具有针对性的计划建议；实质性，即财务分析报告需要指出财务运行中的问题,向企业提出改善财务状况的建议和方案,对企业有实质性帮助;独创性,即不同阶段提供的两份方案框架内容不能大幅雷同,对不同领域的企业所提供的服务内容不能相同。若不具有上述特征,财务顾问服务费很容易被认定为变相收取利息。

(三) 财务顾问服务的履行

根据司法实践,收取财务顾问费的公司需要证明其实质履行了财务服务,法院会对该等证据与财务服务的关联性进行审查,如果服务提供方不能证明上述内容,将承担不利的后果。在华融国际信托有限责任公司(以下简称华融信托)与山西梅园华盛能源开发有限公司(以下简称梅园华盛)等金融借款合同纠纷案中,最高人民法院二审认为,因华融信托不能举证证明其为梅园华盛提供了何种具体的财务顾问服务,应当认定其未提供。结合贷款实际发放和梅园华盛支付财务顾问费的时间,财务顾问费用分期支付之时,华融信托的贷款尚未发放完成,应当认定案涉3405万元财务顾问费为预先收取的利息,并在计算欠款本金时予以扣除。且若在合同中约定"在(接受服务方)确认(提供服务方)提供了财顾服务后,即视为(提供服务方)已履行本合同项下的所有义务""(提供服务方)无须就综合性财务顾问服务的提供留存任何证明文件,且(接受服务方)就财务顾问费的支付义务放弃一切抗辩权利"等条款,也不意味着可以豁免(提供服务方)的相关举证责任。

判断财务顾问服务是否已经实质履行,可以参考《商业银行收费行为执法指南》的规定,内容为:"商业银行收费行为应当遵循依法合规、平等自愿、息费分离、质价相符的原则。"即使金融机构提供了服务成果文件,但如果服务内容与收取费用之间不符合质价相符原则,则法院仍会认定财务顾问费实际是变相收取的利息,应用于冲抵借款本息。在广西贵港龙升国际大酒店有限公司(以下简称龙升国际大酒店)、中国工商银行股份有限公司贵港分行(以下简称工行贵港分行)等金融借款合同纠纷案中,法院认为工行贵港分行没有根据龙升国际大酒店的实际需求及自身业务范围提出有实质性帮助的建议和方案,其未依据服务协议向龙升国际大酒店提供与其收取费用相对等的实质性服务，属于质价不符。笔者认为，所谓质价相符，除了需要具备上述"针对性、实质性和独创性"的特征外，还需要注意：第一，财务顾问服务协议的签订时间。从司法实践看，财务顾问服务协议应签署在所涉及的主合同之前，否则，财务顾问合同与主合同签署及履行的高度关联性，可能会影响对财务顾问服务是否具有"实质性""独创性"的判断，进而影响对财务顾问服务是否实质履行的判断。第二，基金管理人业务经营事项一般包括投资咨询业务，原则上可以提供咨询业务服务并收取费用，但拟就自己作为基金管理人的基金项目向被投企业或被投基金收取咨询服务费，则涉及与其作为基金管理人的管理责任冲突的问题。

综上所述，金融机构收取的财务顾问费等费用是否属于变相收取利息，其关键在于金融机构是否提供了质价相符的融资服务，如金融机构未提供服务或提供的服务质量与所收取的费用明显质价不符，借款人可就金融机构收取的费用主张抵扣债务本息。

二、民间借贷的融资纠纷中出借人向借款人收取的其他名目的各项费用

实践中，除了金融机构会签订借款合同外，一些没有金融牌照的公司也会通过借款的形式投资其他主体。新《民间借贷司法解释》第29条规定："出借人与借款人既约定了逾期利率，又约定了违约金或者其他费用，出借人可以选择主张逾期利息、违约金或者其他费用，也可以一并主张，但是总计超过合同成立时一年期贷款市场报价利率四倍的部分，人民法院不予支持。"

新《民间借贷司法解释》第29条规定的本意是控制民间借贷融资成本，防止借贷中为规避利率规定而将部分融资成本以"其他费用"的名义收取利息，进而变相提高借款利率。

经总结，实践中针对此类费用的裁判规则大致如下。

1. 对于出借人在借款过程中收取的融资顾问费、财务费、评估费等费用，如

有证据证明实际提供了相关服务且费用合理的，应在法律规定的范围内予以支持；如无证据证明提供了相关服务的，则借款本金需扣除该部分并未实际发生的费用。例如，最高人民法院（2019）最高法民申4215号判决书中，法院认为："《中华人民共和国合同法》第200条规定：'借款的利息不得预先在本金中扣除。利息预先在本金中扣除的，应当按照实际借款数额返还借款并计算利息。'《民间借贷司法解释》第27条规定：'借据、收据、欠条等债权凭证载明的借款金额，一般认定为本金。预先在本金中扣除利息的，人民法院应当将实际出借的金额认定为本金。'上述法律规定和司法解释的立法目的在于防范出借人利用其优势地位变相提高借款利率，不法增加融资成本。基于相同的目的，对于出借人在借款过程中收取的融资顾问费、财务费、评估费等费用，也应予以认真审查，区别对待。如果借款人实际提供了相关服务且费用合理的，应在法律规定的范围内予以支持；如果借款人不能举证证明提供了相关服务的，则应参照上述规则精神予以扣减……但电煤公司并未提交证据证明其实际提供了相应服务且费用合理。因此，原审判决在认定借款本金时对'三费'予以扣除，并无不当。"在上海金融法院（2021）沪74民终1299号民事判决书中，法院认为："在万丰公司与梅林实验学校之间形成借款合同关系的情况下，万丰公司在一审中提交的《融资租赁合同》及其附件、梅林实验学校的资产负债表、资产评估报告等证据，在二审中提交的梅林教育集团招生情况表、梅林实验学校近三年学费明细表、梅林实验学校的企业信用报告、梅某刚的个人信用报告等证据，不足以证明万丰公司向梅林实验学校提供了服务及服务的具体内容，应承担举证不利后果。"

2. 出借人或其关联方利用资金优势地位，要求借款人另行签订合同收取各种名目的费用，致使借款人实际获取的款项远低于合同约定，实际还款高于法律规定上限，出借人或关联方由此获取高额非法利益的，不仅可以认定借贷行为无效，还可能涉嫌刑事犯罪，出借人的该行为经常性发生时，应当将案件移送公安机关。例如，在江苏省无锡市中级人民法院（2019）苏02民再52号民事判决书中，法院认为："……对于各种以'违约金''服务费''中介费'等突破或变相突破法定利率的，应当依法不予支持。"在江苏省南京市中级人民法院（2019）苏01民再111号民事判决书中，法院认为："南京市中级人民法院认为：案涉借款合同由营盈赢公司居间促成，但营盈赢公司一方面收取高额的'居间费''履约服务费'，另一方面其业务员利用借款合同签订至款项交付的时间差，通过向张某才等人短期融资的行为收取高额利息。上述'居间费''履约服务费'及高额利息都是通过案涉借款转入刘某账户后立即转至案外人朱某钦账户的方式实现的，虽然安某辩称上述行为是部分业务员的个人行为，与营盈赢公司及其个人无关，许某良辩称不知晓上述事实，但从上述款项流转的时间节点，以及安某及许某良称为案涉借款提供服务的经办人并非朱某钦等人，却又记不清具体是谁的情况，一审认为目前民事诉讼中无法排除'套路贷'犯罪嫌疑，应当将有关材料移送公安机关审查处理，并无不当。"

3. 借贷双方在签订的借贷合同中所约定的保证金、咨询服务费等实际是出借人预先收取的各种费用，尽管存在合法性问题，但依然属于民间借贷纠纷的范围，与构成刑事犯罪的"套路贷"存在区别。例如，在最高人民法院（2019）最高法民申387号民事判决书中，法院认为："从借款合同的内容看，约定借期内的年利率为14%，逾期归还则要支付违约金；围绕1000万元的借款，双方还签订了保证金合同、咨询服务合同等合同文件，这些合同所约定的保证金、咨询服务费实际是出借人预先收取的各种费用，尽管存在合法性问题，但依然属于民间借贷纠纷的范围，与构成刑事犯罪的'套路贷'有区别，且一审、二审判决也依法予以冲抵或扣减相应数额的本金。从借款合同履行情况看，林某峰已按照合同约定将1000万元借款先后转入罗某明账户，二审庭审时，罗某明也承认将林某峰的借款用于投资装修，实际使用了该借款，邵某良、罗某明也按照合同约定向林某峰支付了数月利息。综上，林某峰出借案涉款项给邵某良、罗某明系一般的民间借贷行为，并非《中华人民共和国银行业监督管理法》《中华人民共和国商业银行法》等法律所规制的非法从事金融业务。"

三、信托业保障基金

在房地产融资过程中，受监管政策影响，银行资金投向地产项目受限，很多银行资金为规避监管通过信托公司投向房地产项目，也有的民间资金为了规避放贷资质等借助信托通道投资于地产项目。与其他融资方式相比，信托融资的不同之处在于通过信托公司融资产生了信托业保障基金。

2014年12月10日，原中国银监会、财政部印发的《信托业保障基金管理办法》（银监发〔2014〕50号）第2条规定："保障基金是指按照本办法规定，主要由信托业市场参与者共同筹集，用于化解和处置信托业风险的非政府性行业互助资金。"第3条规定："设立中国信托业保障基金有限责任公司（以下简称保障基金公司）作为保障基金管理人，依法负责保障基金的筹集、管理和使用。"第14条规定："保障基金现行认购执行下列统一标准，条件成熟后再依据信托公司风险状况实行差别认购标准：（一）信托公司按净资产余额的1%认购，每年4月底前以上年度末的净资产余额为基数动态调整；（二）资金信托按新发行金额的1%认购，其中：属于购买标准化产品的投资性资金信托的，由信托公司认购；属于融资性资金信托的，由融资者认购。在每个资金信托产品发行结束时，缴入信托公司基金专户，由信托公司按季向保障基金公司集中划缴；（三）新设立的财产信托按信托公司收取报酬的5%计算，由信托公司认购。"因此，房地产融资活动中涉及的资金信托多数属于融资性资金信托，根据上述第14条规定，由融资者认购新发行金额的1%作为信托业保障基金。实践中，该部分保障基金往往由融资者与信托公司另行签订合同，单独收取或在发放信托贷款资金时予以扣除，一旦因为履行信托合同产生纠纷，针对该部分保障基金如何处理，各方当事人之间往往存在较大分歧。

司法实践中，针对信托业保障基金如何处理，一般有以下两种观点：一种观点认为，信托业保障基金由融资者与信托公司另行签订合同，该部分款项由保障基金公司保管，并不在信托公司控制之下，不应当认定为融资利息，不适宜在同一案件中处理，当事人应当另行起诉处理；另一种观点认为，在被告对信托业保障基金提出抗辩并主张抵扣等情况下，应当在剩余债务本息中予以抵扣。无论何种处理方式，与财务顾问费、民间借贷各种名目费用不同的是，信托业保障基金是监管部门明文规定收取的，具有公共利益性质，不属于融资中的利息或不合理费用，在信托业保障基金退还之后又可以灵活抵扣剩余债务。但实践中，对该部分的资金处理存在一个问题，保障基金公司根据合同履行进度决定退还金额，当事人因信托合同履行涉诉时存在合同并未履行完毕情形，导致在诉讼中无法就未退还部分金额予以处理。

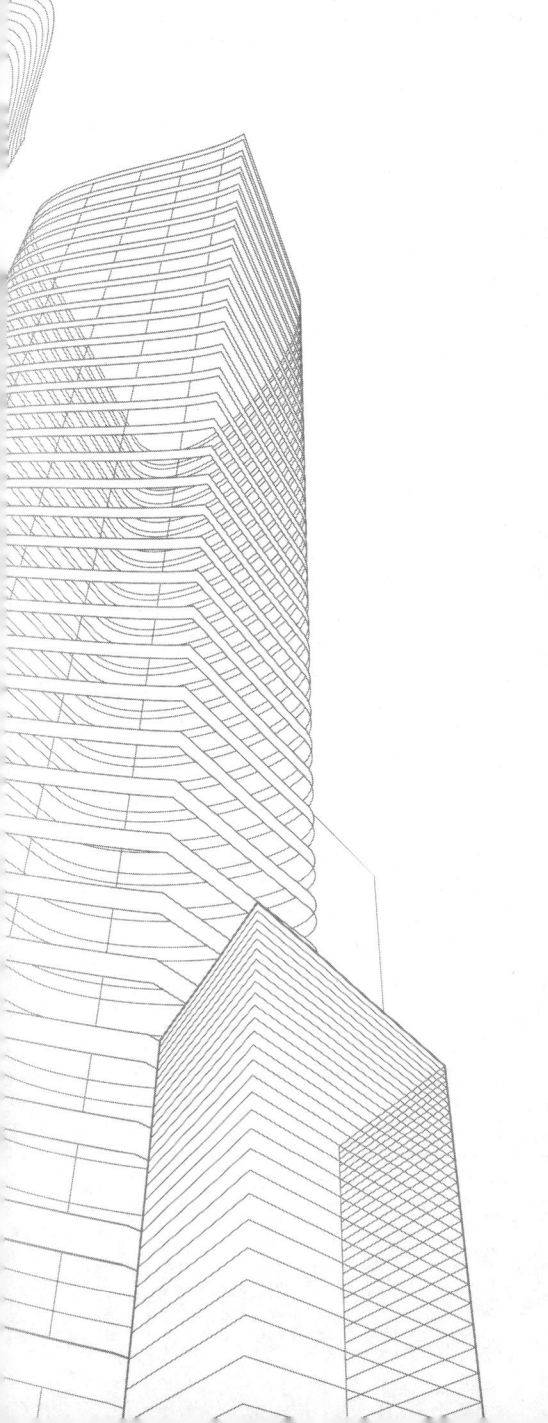

第三章

增信措施篇

　　房地产融资与其他信用融资相比，最大的不同在于其有充足的增信措施，增信措施的目的在于提高融资主体的信用等级和可信度，降低融资成本和风险，促进融资市场的稳定和发展。本章专门讨论房地产融资纠纷中的增信措施。由于之前房地产行业快速发展，房地产公司对于房地产融资需求旺盛，在房地产融资交易实践中衍生出了形式多样的融资交易模式，各类融资交易模式中所采用的增信措施也有很多创新性，实务中对于创新性增信措施的法律定性及适用认知存在差异。本章对房地产融资纠纷常见的增信措施如债务加入、差额补足、明股实债、远期回购、让与担保、上市公司对外担保等作详细的归纳和阐释，力求归纳涉及增信措施的典型争议焦点、裁判要旨和裁判思路，以期为融资纠纷的争议解决提供有益的借鉴和参考。

第一节
增信措施

一、概念

增信措施，是指为提升产品或交易的安全性，确保债权能按时足额得到偿付而设置的一系列风险控制措施。实际上，理论界和实务界对增信措施的理解众说纷纭。第一种观点认为，增信措施，是指债务人为了改善融资条件、降低融资成本，通过各种手段和措施降低债务违约概率或减少违约损失率，以提高债务信用等级的行为，不仅包括典型的担保方式，还包括新型的担保方式，以及通过特定的交易结构安排保障债权实现的方式。第二种观点认为，增信措施，是指除典型的保证方式外，第三方提供的能够增加债务人信用和保证债权人债权实现的措施或方式，包括但不限于债务加入、第三人差额补足、到期回购以及流动性支持等。故宜将增信措施定性为非典型保证，并被新《公司法》第15条涵摄，即公司对外提供增信措施时，应遵循公司对外担保的规则。第三种观点认为，广义的增信措施，系指为了降低债务违约概率或减少违约损失、提高债务信用等级、增加债务人信用和保证债权人实现债权而采取的各种措施的总称；狭义的增信措施，指的是民事主体基于特定的交易目的或者商业安排，采取的由第三方向债权人提供的以差额补足、流动性支持、代为履行到期回赎义务等非典型担保措施为内容的，通常以承诺文件形式作出，并用于提高债权实现可能性的措施。[1]

有学者从担保功能递减的角度将广义的增信措施分为典型担保、非典型担保以及担保目的和功能较弱的"增信措施"。该分类项下的"增信措施"显然属于最狭义的增信措施。亦有学者将债的担保依照各法律概念、法律制度之间的层次关系划分为一般担保和"担保作用"。所谓"担保作用"包括债务加入等，因不符合担保的全部要求而不宜作为担保，但在保障债权实现上，优于普通债务及民事责任。此处的"担保作用"相当于狭义的增信措施。这两种体系化的划分思路均值得肯定，但略有遗憾的是，针对狭义的增信措施的认定过于模糊且并不统一，未能抽象出一般的标准，对涉增信措施纠纷的解决无济于事。《九民纪要》中列举的债务加入、差额补足、到期回购、流动性支持等典型的保证方式以外的增信措施，对于从中抽象出狭义增信措施的识别标准具有重要的意义。[2]

实务中，《九民纪要》第91条将增信措施界定为"信托合同之外的当事人提供第三方差额补足、代为履行到期回购义务、流动性支持等类似承诺文件"。由此可见，实务中增信措施的适用范围是以金融领域为主，规定并不具体，在实际操作中存在一定困难，增信措施的法律性质也存在较大争议。

二、性质

学者杨立新认为，增信措施的法律性质应当是类保证，从增信措施的概念定义和特征描述来看，增信措施不是一个严格的担保方式，而是由第三人提供的不同的担保方式组成的集合。笔者认可杨立新教授的观点。

增信措施的法律属性是类保证，就是类似于保证但又不是严格意义上的保证的第三人担保方式。增信措施既与保证相类似，又与保证有所区别。

---

[1] 参见杨立新：《类保证：增信措施的性质与适用法律规则》，载《甘肃社会科学》2023年第2期。

[2] 参见刘保玉、梁远高：《"增信措施"的担保定性及公司对外担保规则的适用》，载《法学论坛》2021年第2期。

第三章
增信措施篇

1. 增信措施作为类保证与保证的相同之处

第一，增信措施只能由第三人向债权人提供，与保证相同。虽然增信措施可以由第三人向债权人提供，也可以由债务人向债权人提供，因而分为外部增信与内部增信，但是作为担保方式的增信只能由第三人向债权人提供，内部增信只是为自己提供民事责任的增强措施，并不是具体的担保方式。

第二，增信措施提供的担保标的是信誉，而不是特定财产，是第三人用自己的信誉作为担保。这也与保证相一致，是"人保"而不是"物保"。

第三，增信措施是在债权人不能实现债权时，第三人承担担保的方法，如果是与债务人承担连带清偿义务或者是承担补充性的、附有检索抗辩权的清偿义务，就与保证相同。

2. 作为类保证的增信措施与保证的不同特点

第一，增信措施是不同担保方式的集合，而不是单一的担保方式。保证虽然也有连带责任保证和一般保证之分，但是这两种担保的性质是相同的，都是保证，因而成为一种独立的担保方式。增信措施却不是这样，诸如差额补足、流动性支持、代为回购、承担连带责任、安慰函等方式，都不是性质相同的担保方式，都有自己的特点，有的类似于保证，有的类似于第三人债务加入，有的既不像保证也不像债务加入，完全有别于典型担保方式。保证的担保方式是单一的，增信措施的担保方式是多元的、多样化的，基本的担保方式类似于保证，但是包含其他与保证不同的担保方式。

第二，增信措施多元担保的主要方式类似于保证。例如，类似于第三人债务加入的增信措施，与连带责任保证相差不多，只是地位和部分规则有所不同。第三人承诺差额补足，是在债权没有完全实现时，对于债务人履行不足的差额承担补充责任，类似于一般保证。而第三方回购承诺有的是保证，有的不是保证。不过，多元化的增信措施即使有的类似于保证，也只是类似而已；而完全不具有保证特征的增信措施，则与保证无关。正因如此，增信措施不是典型的保证，而只能是类保证。

第三，对增信措施适用的法律多数具有依附性。这种依附性并不是增信措施提供的担保方式具有从属性，是依附于主债的从债，而是增信措施适用的法律没有特定的具体规则，符合哪种担保方式的特征，就适用哪种担保方式的规则，只有那些不符合现有担保方式的增信措施没有相应的法律可以参照，才像《民法典担保制度解释》第36条第4款所规定的"不影响其依据承诺文件请求第三人履行约定的义务或者承担相应的民事责任"那样，即该情形下采取增信措施并不属于履行从合同义务，而是构成独立的合同，承担约定的合同义务。这正是由类保证的增信措施的多元化和复杂性决定的。而保证是《民法典》规定的典型合同。

第四，增信措施仍然具有不定型性，需要进一步在经济生活中发展、完善。增信措施主要出现在金融交易法律文件中，这与金融交易的创新性和复杂性直接相关。随着金融市场的不断深入发展和成熟，金融交易创新及产品架构很难固定，世界上主要的金融交易中心如伦敦、纽约、新加坡等地均具备普通法、判例法背景，我国的金融发展又多借鉴上述金融中心的经验，一些合同条款或法律概念直接源于普通法地区金融中心的交易文件，导致相关法律文本所涉术语在我国无法一一对应。实践中，还存在我国法院对境外金融交易具有管辖权的情形，使用的文本多为域外通行版本，立法本身具有滞后性，国内立法也不可能面面俱到，更无法预测境外金融发展与创新。即使将来对增信措施形成了规范的裁判规则，也不会有统一的称谓和规范，还须根据不同的增信措施规定不同的规则。这完全不像保证合同那样，《民法典》专门规定了详细、具体的法律规范，有统一的适用规则。

第五，增信措施不具有限制性。按照《民法典》第683条的规定，保证人的资格有所限制，即机关法人、以公益为目的的非营利法人及非法人组织，不得作为保证人。增信措施可以避免典型担保正式规则的约束，回避了保证合同的限制性规则，显著提高了实现债权的便利度。因而，基于交易结构、交易习惯和交易

第三章
增信措施篇

目的，金融和商事领域中的增信措施也不宜被引导解释为保证。[3]

除了学界的观点外，司法裁判中对增信措施的判断，主要有"第三人清偿说""独立合同说""债务加入说""保证合同说"等观点。

"第三人清偿说"认为，增信措施构成第三人对债务的清偿。我们对此持否定态度。实践中的第三方差额补足、到期回购以及流动性支持多为金钱之债，且债权人与债务人通常情况下并不会约定禁止第三人履行。就债权人而言，其最为关心的是债权的实现，至于由谁的履行而获得这种满足，相对而言并不重要。但是，第三人清偿中第三人与债权人之间并不存在法律关系，依据债的相对性原理，债权人不得直接请求第三人给付，这显然与增信措施的设置目的和第三人缔结的协议或作出的承诺中所负担的义务相悖，对债权人债权的保护效果亦将大打折扣。因此，不宜将增信措施理解为第三人清偿。

"独立合同说"认为，增信措施是一种特殊的合同安排，即义务人在特定情况下需直接向权利人履行特定义务，且该义务独立存在，不依附于任何其他在先义务。一些裁判中认为，差额补足合同和到期回购合同具有相对独立性，区别于保证合同的从属性、补充性功能。但我们认为，独立的合同义务（关系）仅为增信措施常见的交易外观，但以此为规则适用的解释基础，不能揭示增信措施所具有的担保本质和规则适用的全貌，亦无法解释其在主债权债务合同存在无效、可撤销事由时相应的法律后果；还会导致探究当事人内心真意的解释存在逻辑上的困境：其一，实践中，作为增信主体的第三方多为公司，而提供增信措施的协议或约款以契约手段重置了组织内部的利益和风险，此时便不能简单套用契约理论，尚需关注其组织体的特性，适用团体法的思维；其二，从抑制法律规避行为的角度来看，当事人之间发生纠纷时，提供增信措施的一方往往以增信措施为保证但未经过公司决议抗辩，而多数情况下当事人选择增信措施而非保证的意图便是规避公司对外担保的限制以及"独立保证无效"等规定。因此，将增信措施认定为

---

[3] 参见杨立新：《类保证：增信措施的性质与适用法律规则》，载《甘肃社会科学》2023年第2期。

独立的合同义务的观点，不能有效抑制此类行为，也无助于纠纷的解决。[4]

"债务加入说"认为，第三人提供的增信措施构成债务加入。在一个债务中，可能会存在债务加入与其他人提供的差额补足、到期回购、流动性支持等增信措施并存的情形。此种情形下，债务加入和其他增信措施对债权人而言是并列的，类似于共同保证，故同样可以参照适用《民法典》第699条的规定，即除非有关协议中另有约定，否则债权人可以任意选择主张何种增信措施。不过，应注意的细节差异是：第一，债务加入人承担的一定是连带债务，且债务数额通常是固定的；而其他几种增信措施中提供人与债务人之间未必具有连带责任关系，所涉及的债务数额也应视具体情况而定，并不十分确定。第二，债务加入等增信措施之间存在交叉运用或作为"再担保"措施的可能。如第三方承诺履行差额补足、到期回购义务，再由债务加入人承诺对该差额补足或回购义务人义务之履行承担连带责任等。实践中，诸如此类的交易设计还有很多，处理相关问题的基本精神，应是依据当事人的约定和"再担保"的规则。[5]由于债务加入的形式较为灵活，且在早先法律规则下不受担保规则的制约，司法实践中对于意思表示不清晰的增信措施，相比于保证，更倾向于解释为债务加入。[6]在"中国城市建设控股集团有限公司与安信信托股份有限公司营业信托纠纷二审案"中，最高人民法院在认定《承诺函》的性质时认为，"本案中城建公司基于何种目的承担回购义务、是否具有实际利益，其是否向河南中城建公司享有求偿权及求偿范围如何，均不甚清晰，难以径直认定成立连带责任保证，故认定为债务加入"。此案处理中法院依旧沿用了"存疑时推定为债务加入"的思路。但是，这一思路尚有商榷的余地。债务加入作为债务变更的一种方式，扩展了责任财产的范围，增加了债权受偿的

---

[4] 参见刘保玉、梁远高：《"增信措施"的担保定性及公司对外担保规则的适用》，载《法学论坛》2021年第2期。

[5] 参见刘保玉、梁远高：《"增信措施"的担保定性及公司对外担保规则的适用》，载《法学论坛》2021年第2期。

[6] 参见朱晓喆：《增信措施担保化的反思与重构——基于我国司法裁判的实证研究》，载《现代法学》2022年第2期。

第三章
增信措施篇

机会，是一种典型的具有担保功能的增信措施。有观点认为，具有担保目的的共同债务（包括债务加入），在功能上具有保证的性质。那么，能否将其他增信措施均按照债务加入对待？答案是否定的，债务加入与其他几类增信措施依然存在区别，最大的区别在于债务加入是债法的固有制度，债务加入中债权人有权直接要求债务加入人与债务人承担连带偿付义务；而其他几类增信措施并非传统的债法制度，增信措施提供者承担责任的前提在于债务人不履行义务或未满足约定条件，其与债务人之间也并非当然的连带关系。因此，债务加入人的责任通常来说比其他几类增信措施提供者的责任更重一些，"存疑时推定为债务加入"的裁判思维会无端加重增信措施提供者的责任，招致不公之结果。我们主张，债务加入是一种典型的增信措施，但增信措施有多种，交易结构和当事人的责任构成、责任形态也有所差异，不应将所有的增信措施一概等同于债务加入。《民法典担保制度解释》第36条第3款"前两款中第三人提供的承诺文件难以确定是保证还是债务加入的，人民法院应当将其认定为保证"，纠正了既往的推定思路。[7]

"保证合同说"认为，如有明确的担保意思，人民法院经常会将增信措施解释为保证合同。例如，在"华融国际信托有限责任公司、凯迪生态环境科技股份有限公司金融借款合同纠纷案"中，最高人民法院基于明确的担保主债务履行的意思表示认定："《差额补足合同》约定的差额补足责任是指'如主债务人无法按照《信托贷款合同》的约定履行支付贷款本金、利息、复利、罚息、违约金、赔偿金及其他任何应付款项的义务，则债权人有权不经任何前置程序要求差额补足义务人立即向债权人支付主债务人的应付未付债务'……符合《中华人民共和国担保法》第六条对保证的定义……主债务人为凯迪能源公司、凯迪电力公司，差额补足责任范围为主合同项下的全部债务等约定，均符合保证合同从属性的法律特征。"但是，在当事人担保意思不明时，尽管一方主张增信措施构成保证，人民法

---

[7] 参见朱晓喆：《增信措施担保化的反思与重构——基于我国司法裁判的实证研究》，载《现代法学》2022年第2期。

院对此也会明确否定。如果意思表示明确，则解释为保证合同毫无问题。但是，在模棱两可的情形下，如果倾向于认定为保证，将引发不少解释上的难题。首先，在欠缺主债务关系的增信措施中，如甲作为某投资顾问公司的法定代表人劝说乙去购买某基金，并承诺如果亏损或达不到预期收益，则由甲对乙进行差额补足，这显然不符合保证的前提。其次，《民法典》对保证合同设置了一系列特殊规则，如保证主体资格限制（《民法典》第 683 条）、严格的书面形式要求（《民法典》第 685 条）、一般保证推定（《民法典》第 686 条）、公司对外担保（《公司法》第 15 条）等，当事人可能有意回避上述保证合同规则而采取增信措施的形式，解释为保证并不符合其真实意思。[8]

此外，"无名合同说"认为增信措施如果不以主债务为前提，或没有明确的担保意思，则是一种无名合同，当事人按照该合同履行相应的义务。但无名合同说的问题在于，如果增信措施与保证的法律关系和利益状态极为接近时，应该将其与保证同等对待，不能因为欠缺"保证"之名，就轻易回避关于保证的一系列特殊法律规则。可见，"无名合同说"虽然贯彻意思自治原则，但会使法律规制保证关系的目的落空，因此，应该进一步考虑，个案中的增信措施类似于保证时，即使将其界定为无名合同，也需要类推适用保证合同的个别规则。[9]

"保证合同说"和"无名合同说"是最有竞争力的两种解释方案，二者各有利弊，但是，依据《民法典担保制度解释》第 36 条第 1 款和第 3 款容易将人民法院引向保证的解释方案。本书主张，对如何解释增信措施，司法实践应保持开放的态度，尤其是在意思表示意义不明时，应根据具体的交易场景、当事人的内心真意和行为目的综合考量，而不是简单地根据法律条款的文义和顺序原则上解释

---

[8] 参见朱晓喆：《增信措施担保化的反思与重构——基于我国司法裁判的实证研究》，载《现代法学》2022 年第 2 期。

[9] 参见朱晓喆：《增信措施担保化的反思与重构——基于我国司法裁判的实证研究》，载《现代法学》2022 年第 2 期。

为保证，应避免将增信措施泛担保化。[10]

三、种类

《民法典》第 388 条第 1 款第 2 句规定"担保合同包括抵押合同、质押合同和其他具有担保功能的合同"，根据增信措施的定义和功能，其范围包括典型的意定担保即保证、抵押、质押等，也包括其他具有担保功能的非典型担保。根据《民法典》的立法审议说明和《民法典担保制度解释》第 68 条和第 70 条的规定，其他具有担保功能的非典型担保包括融资租赁、保理、所有权保留、让与担保、保证金（账户）担保。

除了上述典型担保和非典型担保之外，交易实践中还存在大量的具有担保功能之实而无担保之名的协议或承诺，主要有以下几种形态。[11]

（一）差额补足承诺函

差额补足承诺函，简称差额补足函，又称差额补偿函或差额支付函。它是指在投资人无法实现合同投资预期的情况下，由融资人或相关第三方按照协议或承诺，向投资人支付未实现投资预期的差额部分，以保障投资预期的一种外部增信措施，在基金、信托、资管等项目中很常见。从法律关系上描述，它是指补足义务人包括债务人或第三人，在投资人或债权人的本金和收益达不到约定条件的情况下，就其差额承担补足付款的责任。实践中，差额补足可以采取两方以上当事人协议的方式，也可以是一方向另一方出具承诺函；换言之，差额补足可能是双方合同行为或是单方行为。

根据补足对象分类，差额补足主要包括以下几种。

（1）对预期收益的差额补足。在结构化私募融资产品中，存在优先级投资人

---

[10] 参见刘保玉、梁远高：《"增信措施"的担保定性及公司对外担保规则的适用》，载《法学论坛》2021 年第 2 期。

[11] 参见朱晓喆：《增信措施担保化的反思与重构——基于我国司法裁判的实证研究》，载《现代法学》2022 年第 2 期。

和劣后级投资人，私募基金在《投资协议》中常常约定了优先级投资人的预期收益率，保证在投资到期时优先级投资人能获取足额的投资收益，如无法支付的，由劣后级投资人（一般为投资项目的实际控制人）或第三方（一般为劣后级投资人的关联方）承担差额补足义务。对于有限合伙型私募基金而言，由部分合伙人承担差额补足义务可能会违反《合伙企业法》禁止由部分合伙人承担全部亏损的规定而导致无效，对于公司型私募基金而言，管理人如作出差额补足或保底承诺，又构成刚兑条款导致无效。因此，实践中常由第三方承担差额补足义务。

（2）对还本付息债务的差额补足。对于私募债权基金，在私募基金向借款人出借资金后，通常会要求借款人的关联方承担差额补足义务。

（3）对投资分红的差额补足。私募股权基金投资公司股权的，某些案例中会要求被投资公司按照约定比例定期分红，直至分红款完全覆盖私募基金的股权受让款或增资款以及前述款项按照一定比例计算获得的溢价。如果被投资公司的分红不足以覆盖前述款项的，由被投资公司的控股股东或实际控制人承担差额补足义务。

（4）对资金归集的差额补足。对资金归集的差额补足所保障的主给付义务为资金归集义务。资金归集义务要求被投资公司将资金在指定的时间之前归集进入其自己开立的监管账户之中，作为私募基金对被投资公司的一项监管措施。[12]

根据交易性质分类，差额补足主要包括以下几类。

（1）股权交易的差额补足。股权投资交易中，差额补足承诺通常作为对赌交易的一个环节。若标的公司未完成业绩承诺或未能上市，其控股股东或者其他利益相关方应履行承诺，对投资方无法收回的投资或收益差额承担补足责任。

（2）债权交易的差额补足。债权交易中的差额补足与股权交易中的差额补足不完全一样。增信承诺具有无条件、无对价、立即承担差额补足责任的内容，具有连带保证合同的特征。如果没有这些条件，约定了其他条件，则应当根据实际

---

[12] 参见崔建远：《论人的担保的新类型》，载《甘肃社会科学》2022年第1期。

约定的内容判断，确定增信措施的具体性质。[13]

（二）收益权转让回购协议

收益权转让回购协议，又称为"回购承诺函"或"代为履行到期回购义务承诺函"，通常是由投融资双方签订协议，规定融资方通过向投资方暂时售出一笔特定的金融资产而换取相应的即时可用资金，并承诺在一定期限后按约定价格购回这笔金融资产的安排。第三方代为履行的回购义务，顾名思义，就是指在约定的期限届至或某种条件成就时，由合同关系外的第三方代为履行回购义务的交易安排。《九民纪要》中所称的第三方到期回购，是指"由第三方向信托公司承诺若融资方不依约回购信托公司持有的特定资产收益权，则由其承担按约定价格回购的义务"。回购安排通常应用于债务融资类交易（包括"明股实债"类）和股权投资类交易。一般情况下，这两类回购协议的效力均能得到法院的肯定。[14]

（三）维好协议

维好协议，是第三人为出资方承诺，对融资方的财务状况、报表结构等经营财务指标，承诺维持一定标准，在融资方流动性资产出现不足时，以适当方式向融资方提供流动资金的函件。常见于中国母公司的境外子公司的融资结构中，属于母公司约定为境外子公司提供流动性支持的一类增信文件。跨境融资交易中，维好协议是境内公司为境外关联公司发债增信的常用措施。维好协议与安慰函相比，增信措施更明确，担保性更强。[15]

实践中，维好协议的法律效力一般得到法院认可。在上海金融法院审理的维好协议案件中，哲源国际有限公司系上海华信国际集团有限公司（以下简称华信集团）设立于英属维京群岛的间接全资子公司。时和全球投资基金－时和价值投

---

〔13〕参见杨立新：《类保证：增信措施的性质与适用法律规则》，载《甘肃社会科学》2023 年第 2 期。

〔14〕参见刘保玉、梁远高：《"增信措施"的担保定性及公司对外担保规则的适用》，载《法学论坛》2021 年第 2 期。

〔15〕参见杨立新：《类保证：增信措施的性质与适用法律规则》，载《甘肃社会科学》2023 年第 2 期。

资基金（以下简称时和基金）购买了哲源国际有限公司发行的欧元债券，华信集团向时和基金出具维好协议。根据该协议的约定，华信集团向时和基金承诺，将采取措施使哲源国际有限公司维持合并净值及足够的流动性，以保障债券持有人利益，并明确该承诺并非担保，但如华信集团未能履行义务，则其应承担相应法律责任。该协议适用英国法律，相关争议由中国香港特别行政区法院管辖。时和基金以华信集团违反维好协议的约定为由诉至中国香港特别行政区法院，华信集团未应诉，中国香港特别行政区高等法院原讼法庭作出 HCA 1712/2018 号民事判决，判令华信集团向时和基金支付债券本金、利息及特定费用。判决生效后，华信集团未履行该判决项下义务，时和基金向上海金融法院申请认可和执行中国香港特别行政区高等法院的判决。上海金融法院于 2020 年 10 月 30 日作出（2019）沪 74 认港 1 号民事裁定：认可和执行中国香港特别行政区高等法院原讼法庭 HCA 1712/2018 号民事判决书。裁定作出后，申请人时和基金与被申请人华信集团均未提起复议。该案系全国首例涉境内公司针对境外关联公司发债出具"维好协议"之中国香港特别行政区法院生效判决在内地法院申请认可和执行的案件。因涉及维好协议对境内公司的执行问题，故受到离岸债券市场的较大关注。

（四）安慰函

安慰函是第三人作为关联方，为融资人的融资向债权人出具的表示愿意维持融资人正常运营、协助融资人履行义务的函件。在安慰函中，通常采取不明确的，具有笼统、模糊性的措辞方式，不直接约定第三人负有偿债义务，多为在道义和政策上的协助和支持。[16]

我国并无关于安慰函的法律明文规定。学理上多主张根据意思表示的解释，判定当事人使用的安慰函究竟是否具有法律约束力。人民法院通常也是根据当事人的承诺内容具体判定其效力。例如，在著名的"广东国际信托投资公司破产案"

---

[16] 参见刘保玉、梁远高：《"增信措施"的担保定性及公司对外担保规则的适用》，载《法学论坛》2021 年第 2 期。

中,广东省高级人民法院经审理认为:涉案的"安慰函"从形式上看,不是广东国际信托投资公司与特定债权人签订的,而是向不特定的第三人出具的介绍性函件;从内容上看,"安慰函"并无担保的意思表示,没有约定当债务人不履行债务时代为履行或承担还债责任。因此,"安慰函"不构成保证,不具有保证担保的法律效力,依据"安慰函"申报担保的债权全部被拒绝。如果安慰函表达受法律约束的意思,则具有法律约束力。例如,最高人民法院在"中国建设银行股份有限公司湖南省分行与湖南省高速公路管理局、湖南省高速公路集团有限公司合同纠纷案"中指出:"高管局并非仅承诺对宜连公司清偿债务承担道义上的义务或督促履行之责,其通过出具《承诺函》的方式为宜连公司向建行湖南分行的贷款提供担保,担保建行湖南分行实现案涉债权的意思表示明显,其内容符合《担保法》第 17 条的规定,故《承诺函》具有保证担保性质。"[17]

(五) 流动性支持函

流动性支持,是由第三方为筹资的债务人提供的,当债务人的自有资金无法偿付到期债务时,第三方为债务人提供资金,用于解决债务人偿付困难的方法。常见的是由第三方如融资人的大股东或实际控制人,为融资人出具"愿意为融资人履行合同提供流动性支持"等义务内容不甚明确的增信文件的做法,流动性支持通常以承诺函的方式出现。[18]

实务中,流动性支持函一般是由债务人(或融资人)的股东或实际控制人或其他第三方出具的一种增信文件,该增信文件约定或承诺的内容主要体现在同意为该债务人(或融资人)完全履行合同约定义务提供现金流动性支持,同时还会设置提供差额补足的前提条件,当达到或触发该前提条件时,出具流动性支持函的主体需要按照约定的限额和方式向支持对象提供现金上的补足。目前,信托行

---

[17] 朱晓喆:《增信措施担保化的反思与重构——基于我国司法裁判的实证研究》,载《现代法学》2022 年第 2 期。

[18] 参见杨立新:《类保证:增信措施的性质与适用法律规则》,载《甘肃社会科学》2023 年第 2 期。

业常见的流动性支持措施有承诺受让债权、发放贷款、购买特定资产、受让信托受益权、认购信托受益权等形式。[19]

关于流动性支持的方式，根据《证券公司流动性支持管理规定（征求意见稿）》第6条、第7条、第8条，大致有以下几种。

（1）公司自救。证券公司出现重大流动性风险时，应当采取资产变现、同业拆借、质押融资、申请银行贷款等方式自行筹集流动资金，并同步控制相关业务规模，避免流动性风险进一步扩大。

（2）股东支持。证券公司出现重大流动性风险时，应当积极向主要股东及其实际控制人寻求流动性支持。

（3）行业互助。中国证券业协会应当充分发挥自律组织的作用，积极引导证券公司之间通过购买资产、同业拆借等市场化手段化解重大流动性风险。

（4）投保基金救助。证券公司通过自救或者其他市场化方式仍然无法化解重大流动性风险的，可以申请使用投保基金。

《证券公司流动性支持管理规定（征求意见稿）》的起草说明中提到，调整流动性支持的安排应当奉行以下原则。

（1）全面性原则。投保基金救助、证券公司自救、股东支持、行业互助均为流动性救助方式。

（2）审慎稳健原则。使用投保基金进行流动性救助，须严格限定使用情形、使用顺序、使用程序，坚持"救急不救穷""先自救再投保基金救助""授权使用"，牢牢守住防范系统性风险的定位，避免投保基金被滥用。

（3）合理分配原则。对被撤销、关闭或者破产证券公司的债权人进行偿付是投保基金承担的首要职责，为实现前述职责与流动性救助职责的平衡，须限定投保基金用于对单一证券公司和所有证券公司进行流动性救助的资金比例。

（4）救助与约束匹配原则。为切实保障投保基金安全，防范道德风险，须强

---

[19] 参见黄明飞：《浅谈差额补足与隐性担保的界定》，载《中国商论》2021年第13期。

化使用约束,对使用了投保基金这一公共资源的证券公司,在使用成本、使用期限、使用自由度、高管薪酬、股东分红等方面进行约束,对其违规使用投保基金的行为,从严追究责任,体现救助与约束相匹配。[20]

关于流动性支持函的法律效力,则要区分情形作出判断,主要存在以下两种情形。

第一种情形认定流动性支持函有效。一般由债务人(或融资人)的股东或实际控制人或其他第三方出具流动性支持函,根据其所载内容判断构成何种担保方式或者独立合同,由于不存在合同无效法定事由,因此均认定有效。

第二种情形认定流动性支持函无效。《九民纪要》第92条规定:"信托公司、商业银行等金融机构作为资产管理产品的受托人与受益人订立的含有保证本息固定回报、保证本金不受损失等保底或者刚兑条款的合同,人民法院应当认定该条款无效。受益人请求受托人对其损失承担与其过错相适应的赔偿责任的,人民法院依法予以支持。实践中,保底或者刚兑条款通常不在资产管理产品合同中明确约定,而是以'抽屉协议'或者其他方式约定,不管形式如何,均应认定无效。"信托公司、商业银行等金融机构作为资产管理产品的受托人不论是在合同中约定含有刚兑性质的条款,还是另行出具流动性支持函,相关条款均属于无效条款。

本章接下来主要讨论诸如抵押、质押、保证、债务加入、远期回购、差额补足、让与担保等具有实质担保意义的增信措施,对于仅提供道义支持的维好协议、安慰函不详加探讨。

---

[20] 参见崔建远:《论人的担保的新类型》,载《甘肃社会科学》2022年第1期。

第二节
典型的增信措施

抵押、质押、保证作为典型意义的担保也是典型的增信措施。在房地产融资交易中,抵押、股权质押、保证基本是每个房地产项目融资必备的增信措施。

一、抵押

为了获取融资,房地产企业融资通常需要将各类不动产抵押作为融资增信措施。一般而言,常见的不动产抵押物包括建设用地使用权、已建成物业、在建工程三大类。具体阐述如下。

(一)建设用地使用权

《民法典》第344条规定:"建设用地使用权人依法对国家所有的土地享有占有、使用和收益的权利,有权利用该土地建造建筑物、构筑物及其附属设施。"第397条规定:"以建筑物抵押的,该建筑物占用范围内的建设用地使用权一并抵押。以建设用地使用权抵押的,该土地上的建筑物一并抵押。抵押人未依据前款规定一并抵押的,未抵押的财产视为一并抵押。"核心地段优质的土地使用权属于稀缺资源,变现性非常强,是各大房地产公司竞相追逐的目标。在房地产项目进行融资时,金融机构会要求房地产公司将项目的建设用地使用权作抵押担保。在房地产公司的现金流出现问题而违约时,金融机构通常会将房地产公司抵押

第三章
增信措施篇

的建设用地使用权进行拍卖处置。在设定抵押权时，金融机构需要着重核查以下事项。

一是红线范围内的地块是否为净地。在评估建设用地使用权的开发价值时，首要关注的是该地块是否为净地。净地状态对于确保开发进程的顺利进行至关重要，因为任何非净地因素，如待拆迁的房屋、待迁移的坟墓、待整改迁移的高压线或变电站等，都可能导致开发进度的延误，并显著增加开发成本。这些额外成本不仅会影响项目的营利性，还可能降低土地的整体开发价值。因此，无论是通过并购获得的土地，还是通过公开市场招拍挂出让的地块，金融机构在设定抵押前都会前往土地现场细致核查，以确保地块处于净地状态，无任何潜在的开发障碍。

二是地块是否有特殊的限制条件。在设定建设用地使用权抵押时，金融机构还需细致核查地块是否存在特殊的限制条件。这些条件可能包括地块位于水源保护区或风景保护区范围内，或是邻近军事基地等敏感区域。此外，地块还可能受到保障房建设比例、政府回购比例以及税务指标等特殊要求的约束。在土地存在这些特殊条件时，其开发价值可能会相应降低，同时开发难度也可能增加，这些因素都可能使潜在的权利人在决策时产生顾虑。因此，金融机构在核查过程中必须细致入微，确保对土地的特殊限制条件有充分的了解和评估。

三是关注地块开发进度。为了加快城市建设的步伐，地方政府在建设用地使用权出让合同中通常会设定明确的开发进度要求。若开发商未能按照合同约定的进度推进项目，不仅可能面临支付违约金的法律责任，甚至在严重情况下，建设用地使用权还可能被政府收回。因此，在设定建设用地使用权抵押时，金融机构必须仔细核查当前的开发进度，确保项目进展符合融资要求，从而保障自身权益不受损害。

（二）已建成物业

已建成物业，是指已取得合法有效的物业权证（包括房产证及土地使用权证）、已投入运营或虽未投入运营但已与管理公司签约或已与优质承租人签订长期租赁合同的、经营管理规范、租赁行为合法的物业,包括商业综合体、写字楼、商场、酒店、会展中心、旅游地产、住宅(用于出租)等多种形式。

已建成物业虽没有未完工风险,但对于抵押权人而言,其抵押仍主要可能存在三方面的风险:其一,由于抵押物多是商业用房和办公用房,本身现有商业地产评估体系并不完善,在评估过程中容易受到阶段性市场和环境因素的影响,在经济繁荣、房地产价格高涨时期,其评估价会相对较高。由于还款期限长,随着经济周期的变化,容易出现抵押物贬值的情况,抵押物变现的难度也会增加,即出现抵押不足和变现风险。其二,已建成物业的抵押状态不影响房屋的正常销售,但网签后交易过户时需要解押,有些地区需逐套解押,操作程序较为烦琐。其三,部分已建成物业可能已出租,并且签署了长期租约,根据买卖不破租赁的原则,法院在执行程序中较难进行处置。

(三) 在建工程

随着房地产行业的迅速发展,受到政策调控和市场波动等因素的影响,开发企业资金压力增大,融资需求增加,在建工程抵押因其具有良好的资金融通价值而成为房地产开发企业重要的融资担保措施之一。1995年实施的《担保法》并没有将在建工程抵押列为担保方式。《城市房地产抵押管理办法》第3条第5款规定:"本办法所称在建工程抵押,是指抵押人为取得在建工程继续建造资金的贷款,以其合法方式取得的土地使用权连同在建工程的投入资产,以不转移占有的方式抵押给贷款银行作为偿还贷款履行担保的行为。"《物权法》第180条明确规定了正在建造的建筑物可以办理抵押。《民法典》第395条沿袭了《物权法》的规定,将"正在建造的建筑物"纳入可抵押财产的范围,同时《民法典》第402条规定,"……正在建造的建筑物抵押的,应当办理抵押登记。抵押权自登记时设立"。可见,对在建工程抵押权的设立,同样采用了不动产权利设立与登记的相关规则。在建工程抵押通常具备以下几个特殊情形。

其一,《民法典担保制度解释》第51条第2款规定:"当事人以正在建造的建筑物抵押,抵押权的效力范围限于已办理抵押登记的部分。当事人按照担保合同的约定，主张抵押权的效力及于续建部分、新增建筑物以及规划中尚未建造的建筑物的，人民法院不予支持。"在建工程抵押权范围仅限于在抵押设立登记前已经建成并登记备案的在建工程和该在建工程占用范围内相应比例的土地使用权，不包括设立登记后新建成的楼层和占用范围外的土地使用权。若需追加，则需根据实际工程进度提交新的抵押物清单，对原有的抵押物进行变更。

其二，《民法典》第397条规定："以建筑物抵押的，该建筑物占用范围内的建设用地使用权一并抵押。以建设用地使用权抵押的，该土地上的建筑物一并抵押。抵押人未依据前款规定一并抵押的，未抵押的财产视为一并抵押。"第417条规定："建设用地使用权抵押后，该土地上新增的建筑物不属于抵押财产。该建设用地使用权实现抵押权时，应当将该土地上新增的建筑物与建设用地使用权一并处分。但是，新增建筑物所得的价款，抵押权人无权优先受偿。"根据土地房屋抵押的房地一体原则，不论在建工程抵押合同中是否约定一并抵押土地和在建建筑物，建筑物与土地都应一并进行处分。在房地分别抵押的情形下，应当按照《民法典担保制度解释》第51条第3款的规定确定清偿顺序，即抵押人将建设用地使用权、土地上的建筑物或者正在建造的建筑物分别抵押给不同债权人的，人民法院应当根据抵押登记的时间先后确定清偿顺序。

其三，工程在建时办理在建工程抵押权登记，工程竣工后未重新办理抵押登记，在建工程的抵押权仍继续存续。抵押权仅因抵押权的实现、抵押关系的解除和抵押物灭失等法定事由而消灭。押权人未按照《城市房地产抵押管理办法》（2021修正）第34条第2款规定重新办理房产抵押登记，并不必然导致在建工程抵押权消灭，此种情况下，抵押延续，且具有对抗第三人的效力。

二、股权质押

股权质押融资，是指房地产企业以其持有的股权作为信贷担保进行的融资行为。在具体操作过程中，房地产开发企业通常需要以项目公司或公司股东为出质人，以其所持有的可转让股权为质押标的物，与银行等金融机构签订书面股权质押合同，以此作为增信措施申请贷款，并以股权质押的形式保障债务履行。这种方式能够有效地拓展企业的融资渠道，尤其是在企业抵押物担保不足的情况下，通过股权质押融资可以缓解资金压力。

（一）房地产股权质押融资方式

在房地产市场融资日益多样化的今天，房地产开发企业在资金需求方面探索出了多种路径。其中，股权质押融资作为一种高效且灵活的融资方式，备受企业青睐。以下是两种常见的房地产股权质押融资方式。

第一，房地产开发公司直接与银行等金融机构进行股权质押融资。在具体操作过程中，房地产开发公司往往需要以公司股东为出质人，以其所享有的并可转让的公司股权为质押标的物，签订书面的股权质押合同后，将股东持有的公司股权质押给银行等金融机构申请贷款，以股权质押的形式保证债务的履行。第二，由公司股东采用股权质押形式，向担保机构提供反担保，进行股权质押融资。在股权质押融资中，房地产开发公司首先要向银行申请发放贷款，担保机构再向银行作出担保，最后由公司股东以股权质押的形式向担保机构提供反担保。

（二）股权质押的效力

《民法典》第443条第1款规定，以基金份额、股权出质的，质权自办理出质登记时设立。相较于《物权法》第226条的规定，《民法典》该条规定删去了"当事人应当订立书面合同"的内容，结合目前质权多样、登记机构多元的情况，不再分别具体表述各质权的设立时间，而是统一表述为"自办理出质登记时设立"，适应了时代发展的需要。股权质押的效力问题是司法审查的要点，主要是围绕股权质押未经登记以及股权重复质押的效力问题，笔者将裁判规则简要梳理如下。

其一，设立股权质押，应履行法定出质登记程序，未登记的，质权不能设立。但质权未设立不影响质押合同效力，出质人未履行出质登记义务的应承担相应的违约赔偿责任。在（2015）民二终字第70号案件中，最高人民法院二审认为：长城（宁夏）公司囿于其自身原因未能如约办理相应的股权质押登记，导致涉案股权质押并未有效设立。虽然长城（宁夏）公司导致股权质押未有效设立，但是并不影响《借款合同》中有关质押担保条款的效力。因此，在质押担保条款有效的前提下，依据《合同法》第107条（现为《民法典》第577条）的规定，长城（宁夏）公司应当承担未能履行设立股权质押义务的违约责任。

其二，已依法设立质权的股权重复质押的，不影响在前顺位质权的合法存续及权利行使，重复出质的行为不因未经在先质权人同意而当然无效，权利人可以依据登记的先后确立质权优先顺位。《民法典》第443条第2款规定："基金份额、股权出质后，不得转让，但是出质人与质权人协商同意的除外。出质人转让基金份额、股权所得的价款，应当向质权人提前清偿债务或者提存。"第414条规定："同一财产向两个以上债权人抵押的，拍卖、变卖抵押财产所得的价款依照下列规定清偿：（一）抵押权已经登记的，按照登记的时间先后确定清偿顺序；（二）抵押权已经登记的先于未登记的受偿；（三）抵押权未登记的，按照债权比例清偿。其他可以登记的担保物权，清偿顺序参照适用前款规定。"我国法律并未禁止股权的再出质，《民法典》默认可以登记的担保物权与抵押权一样存在清偿顺序，也即默认该种担保物权可以向两个以上债权人提供担保。根据《民法典》第443条的规定，股权作为一种可以登记的担保物权，亦能够向两个以上债权人出质，并适用其第414条关于清偿顺序的规定。因此，《民法典》施行后，股权重复质押的法律基础依然存在。若当事人成功办理了重复质押登记，则质权设立，各质权人可以按照质押登记的先后确定清偿顺序。

需要提示的是，部分省市的地方规范性文件中明确禁止股权重复质押，其可能在办理登记层面存在一定障碍。例如，《山东省公司股权出质登记暂行办法》第3条规定："用于出质的股权，有下列情形的，不得申请办理出质登记……（五）以已经办理出质登记的股权再次出质的。"《天津市公司股权出质登记管理试行办法》第5条第1款规定："出质人应当以依法可以转让的股权申请股权出质登记。对于已经被人民法院冻结或者已经办理出质登记的股权，不得再申请办理股权出质登记。"

三、保证

房地产融资实务中，金融机构要求的常见的保证担保措施包括房地产集团公司提供保证担保、项目公司提供保证担保和房地产集团公司的实际控制人提供保证担保。保证担保，是指保证人与贷款人约定，当借款人违约或者无力归还贷款时，保证人按约定履行债务或承担责任的行为。具有代为清偿债务能力的法人及其他组织或公民可以做保证人。

（一）常见的保证方式

保证担保又分为一般保证和连带责任保证。《民法典》第687条规定："当事人在保证合同中约定，债务人不能履行债务时，由保证人承担保证责任的，为一般保证。一般保证的保证人在主合同纠纷未经审判或者仲裁，并就债务人财产依法强制执行仍不能履行债务前，有权拒绝向债权人承担保证责任……"第688条规定："当事人在保证合同中约定保证人和债务人对债务承担连带责任的，为连带责任保证。连带责任保证的债务人不履行到期债务或者发生当事人约定的情形时，债权人可以请求债务人履行债务，也可以请求保证人在其保证范围内承担保证责任。"一般保证和连带责任保证的区别具体如下。

（1）保证责任的承担方式不同。连带责任保证是指保证人与债务人对债务的履行承担连带责任，债权人可以选择向债务人或保证人请求履行债务；而一般保证则是保证人在债务人不能履行债务时才需要承担保证责任。

（2）保证的效力不同。连带责任保证的效力较强，债权人可以直接向保证人追偿，而无须先向债务人追偿；一般保证的效力较弱，债权人必须先向债务人追偿，债务人无法偿还时，才能向保证人追偿。

（3）抗辩权不同。一般保证中的保证人享有先诉抗辩权，而连带责任保证中的债务人没有先诉抗辩权，即不能以债权人是否催告主债务人为是否履行保证义务的抗辩理由。

（4）保证的风险不同。连带责任保证的风险较大，因为保证人可能需要承担全部债务；而一般保证的风险较小，因为保证人只在债务人无法偿还时才需要承担责任。

（5）对债权人的保护程度不同。连带责任保证对债权人的保护程度较高，因为债权人可以直接向保证人追偿；而一般保证对债权人的保护程度较低，因为债权人必须先向债务人追偿。

基于上述一般保证与连带责任保证之明显的区别，在房地产融资领域，通常由公司、股东或实控人提供连带责任保证担保，极少有一般保证的担保形式。

（二）保证期间

保证期间，又称"保证责任的存续期间""承担保证责任的期间"，是指保证合同的当事人之间约定，或者依法律规定保证人在此期限内才承担保证责任，超过该期限，保证人不再承担保证责任的期间。司法裁判机关在审理房地产融资纠纷案件时，对涉及保证担保的相关事项，首先会审查是否已超出保证期间，审查要点如下。

1. 保证期间的起点和终点。《民法典》第692条规定："保证期间是确定保证人承担保证责任的期间，不发生中止、中断和延长。债权人与保证人可以约定保证期间，但是约定的保证期间早于主债务履行期限或者与主债务履行期限同时届满的，视为没有约定；没有约定或者约定不明确的，保证期间为主债务履行期限届满之日起六个月。债权人与债务人对主债务履行期限没有约定或者约定不明确的，保证期间自债权人请求债务人履行债务的宽限期届满之日起计算。"房地产融资过程中签署的保证合同如未约定保证期间的起点，一般从主债务履行期限届满之日开始计算。如果约定的保证期间早于主债务履行期限的，视为没有约定，此种情况下，保证期间为主债务履行期限届满之日起6个月。

2. 债权人如何在保证期间内行使权利。对于连带责任保证来说，债权人只有在保证期间内对保证人主张承担保证责任，保证人才承担保证责任，否则，保证责任消灭。法律并未规定具体的请求方式，但可以明确的是，向连带责任保证人主张权利，法律并未要求必须通过诉讼或仲裁的方式进行。而对于一般保证，由于一般保证人享有先诉抗辩权，债权人必须在保证期间内通过对债务人提起诉讼或者申请仲裁的方式行使保证权。如果债权人在保证期间内未对债务人提起诉讼或申请仲裁，而是以除此之外的其他方式主张权利，其主张权利的方式并不符合《民法典》第693条之规定，保证人的保证责任消灭。

3. 保证期间与诉讼时效。保证期间是保证人承担保证责任的期间，是固定不变的期限，不发生中止、中断和延长。保证债务的诉讼时效是债权人向人民法院请求保护民事权利的时效期间，诉讼时效可以中止、中断与延长。保证期间与保证债务的诉讼时效虽有区别，但二者也存在一定的衔接关系。关于保证期间与保证债务诉讼时效的关系，《民法典》作出了具体规定。

对于一般保证而言，《民法典》第694条第1款规定："一般保证的债权人在保证期间届满前对债务人提起诉讼或者申请仲裁的，从保证人拒绝承担保证责任的权利消灭之日起，开始计算保证债务的诉讼时效。"那么，何为"从保证人拒绝承担保证责任的权利消灭之日"呢？依据《民法典担保制度解释》第28条的规定："一般保证中，债权人依据生效法律文书对债务人的财产依法申请强制执行，保证债务诉讼时效的起算时间按照下列规则确定：（一）人民法院作出终结本次执行程序裁定，或者依照民事诉讼法第二百五十七条第三项、第五项的规定作出终结执行裁定的，自裁定送达债权人之日起开始计算；（二）人民法院自收到申请执行书之日起一年内未作出前项裁定的，自人民法院收到申请执行书满一年之日起开始计算，但是保证人有证据证明债务人仍有财产可供执行的除外。一般保证的债权人在保证期间届满前对债务人提起诉讼或者申请仲裁，债权人举证证明存在民法典第六百八十七条第二款但书规定情形的，保证债务的诉讼时效自债权人知道或者应当知道该情形之日起开始计算。"

相较于一般保证，连带责任保证中的保证人不享有先诉抗辩权，保证期间与保证债务诉讼时效的关系没有一般保证那么复杂。《民法典》第693条第2款规定："连带责任保证的债权人未在保证期间请求保证人承担保证责任的，保证人不再承担保证责任。"故连带责任保证的债权人在保证期间请求保证人承担保证责任的，从债权人请求保证人承担保证责任之日起开始计算保证债务的诉讼时效。相较于一般保证，此处债权人的行权方式法律并没有作出诉讼或仲裁的限定。

第三节
债务加入

在融资领域，为使债权人的债权得以充分实现，当事人约定以第三人加入债务为"增信措施"的情况已颇为常见。《民法典》第552条专门对"债务加入"这种并存式的债务承担进行明确规范。债务加入表现形式多样，且其与连带责任保证、第三人代为履行、债务移转等制度存在部分相似之处，使纠纷定性成为难点并可能引发各方责任难以界定的问题。有鉴于此，在《民法典》将债务加入正式确立为一项民事法律制度的背景下，本书对债务加入的发展历程、基本概念、构成要件、效力、法律后果进行系统化梳理分析，并将债务加入与类似民事法律制度进行比较，最后就债务加入的实务操作问题提出合理建议，为房地产企业融资提供有效的风险防控建议。

一、发展历程、基本概念和构成要件

（一）发展历程

根据民法债务承担理论，债务承担有两种主要类型：一是免责的债务承担，即我们通常所称的"债务转移"；二是并存的债务承担，即通常所称的"债务加入"。《合同法》第84条，辅以第85条的债务人抗辩和第86条从债务承担共三个条款对债务转移作了明确规定，但《合同法》并未对"债务加入"作出明确规

第三章
增信措施篇

范。在很长一段时间内，债务加入制度在我国民事法律体系中并未被明确设立，仅在相关纪要中有部分提及。

2005年9月26日，江苏省高级人民法院审判委员会审议通过的《江苏省高级人民法院关于适用〈中华人民共和国合同法〉若干问题的讨论纪要（一）》（苏高发审委〔2005〕16号，已失效）第17条规定："债务加入是指第三人与债权人、债务人达成三方协议或第三人与债权人达成双方协议或第三人向债权人单方承诺由第三人履行债务人的债务，但同时不免除债务人履行义务的债务承担方式。"这是法院首次在规范性文件中对债务加入作出明确界定。

2019年11月8日，最高人民法院印发的《九民纪要》（法〔2019〕254号）也提及了债务加入，其中第23条规定："法定代表人以公司名义与债务人约定加入债务并通知债权人或者向债权人表示愿意加入债务，该约定的效力问题，参照本纪要关于公司为他人提供担保的有关规则处理。"不过《九民纪要》提及的"债务加入"限于类似"公司担保"情形的效力问题，而非将债务加入作为一般民事法律制度予以确立。

债务加入制度在我国民事法律体系中正式确立于2021年1月1日施行的《民法典》。《民法典》第552条规定："第三人与债务人约定加入债务并通知债权人，或者第三人向债权人表示愿意加入债务，债权人未在合理期限内明确拒绝的，债权人可以请求第三人在其愿意承担的债务范围内和债务人承担连带债务。"《民法典》正式将债务加入制度纳入法典，填补了债法的一项空白，进一步完善了债务承担制度体系。这不仅有利于债权人权利的实现，也为司法实践中准确认定债务承担类型、妥善处理相关纠纷提供了明确的法律依据。

值得一提的是，虽然在《民法典》颁布之前，我国法律规范对债务加入并未明确予以规定，但经济生活及司法实践中对债务加入制度已长期应用，笔者选取《民法典》颁布之前，最高人民法院在不同时期作出的代表性案例简要介绍如下。

在（2010）民提字第153号案件（判决作出时间为2011年6月28日）中，最高人民法院认为："中岱集团公司在其先后两次向达宝公司出具的承诺书中均表达了对中岱电讯公司的债务负责偿还的意愿，在第二次的承诺书（时间为2006年6月9日）中还明确其承担责任的范围为退还达宝公司交纳的土地出让金即上述转让款3000万元和达宝公司与中岱电讯公司签订的资金费用，又因达宝公司在接受中岱集团公司意愿的同时，并未放弃对中岱电讯公司、中珊公司责任的追究，故中岱集团公司的行为属于债务加入，其应依承诺内容向达宝公司承担退款3000万元及赔偿预期利益损失的责任。"

在（2014）民二终字第138号案件（判决作出时间为2014年10月1日）中，最高人民法院认为："上诉人（原审被告）李某生既不是以《借款合同》的借款人身份签订《借款合同》，也不是以保证人的身份承诺承担保证责任，而是加入原债务人益安煤矿与债权人中翔集团之间的债务关系中，其与原债务人益安煤矿共同承担对债权人的债务的行为，符合债务加入的特征，李某生与益安煤矿成为共同债务人，应共同承担还款责任。"

在（2018）最高法民终867号案件（判决作出时间为2018年11月13日）中，最高人民法院认为："上诉人（原审被告）中城建公司在《承诺函》中就河南中城建公司向安信公司支付案涉回购总价款的义务，构成债务加入。"

（二）基本概念和构成要件

纵观上述债务加入的整个发展历程，并结合相关司法裁判规则，再根据《民法典》第552条对债务加入的规定，债务加入的基本概念和构成要件已非常清晰明确。《中华人民共和国民法典合同编理解与适用（一）》将债务加入定义为："并存的债务承担，学理上又称为债务加入，是指债务人并不脱离原合同关系，第三人加入债的关系后，与债务人共同向债权人履行债务。"[21] 具体而言，债务加入是指第三人承诺由其履行债务人的债务（不仅包括已有债务，亦包括或然债务），但同时不免除债务人履行义务的一种并存债务承担方式；第三人既可与债务

---

[21] 参见最高人民法院民法典贯彻实施工作领导小组主编：《中华人民共和国民法典合同编理解与适用（一）》，人民法院出版社2020年版，第581页。

人约定加入债务,也可通过向债权人单方允诺加入债务;第三人加入债务需通知债权人,无须债权人明确同意,但债权人有拒绝权;第三人在其愿意承担的债务范围内与债务人对债权人承担连带清偿责任。

关于债务加入的构成要件,《中华人民共和国民法典合同编理解与适用(一)》认为债务加入的构成要件主要包括以下4个方面:(1)原债权债务关系有效存在;(2)第三人与债务人约定第三人作为新债务人加入该债的关系来承担债务;(3)原债务人的债务并不减免;(4)将此债务加入的情形通知债权人,或者第三人向债权人表示愿意加入债务,债权人未在合理期限内明确拒绝。[22] 笔者根据《民法典》第552条之规定,并结合法学理论界观点及司法审判实践中的要点,对债务加入的构成要件进一步细化为以下几个方面。

其一,原债权债务关系合法、有效。由于债务加入系在不改变原债务的情况下增加债务承担主体,如果原债权债务根据法律规定被认定无效或者可撤销,则第三人没有可履行的债务,也无所谓债务加入。

其二,原债务具有可移转性。如原债务涉及人身属性而不能转移、不能由他人履行,或者原债务人与债权人约定不可由他人履行,则即便第三人作出加入债务的意思表示,原则上债务加入也不能成立。

其三,第三人具有债务加入的意思表示,且债权人未拒绝。如《民法典》第552条所规定的,构成第三人债务加入存在三种情形:一为第三人与债务人达成债务加入的意思并通知债权人,二为第三人向债权人表示愿意加入债务,三为第三人与债务人、债权人同时达成债务加入的意思表示。不论哪种情形均要求第三人有债务加入的意思表示。除此之外,如债权人明确表示反对,即便第三人有加入债务的意思表示,债务加入也无法成立。值得注意的是,该条规定债务加入的成立并不要求必须经过债务人的明示同意。

其四,债务加入应当通知债权人。第三人加入债务,虽不需债权人同意,但

---

[22] 参见最高人民法院民法典贯彻实施工作领导小组主编:《中华人民共和国民法典合同编理解与适用(一)》,人民法院出版社2020年版,第581页。

应当通知债权人，如果未通知债权人则对债权人不发生效力，债权人可以拒绝第三人的债务加入行为。

其五，原债务人不脱离债务关系，与债务加入人无先后清偿顺序。第三人加入债务后，原债务人与第三人就同一债务负有履约义务，原债务人并没有因第三人加入债务而免除其履行义务，债务加入在性质上具有担保债权实现的功能，但与保证担保有着本质区别。

其六，第三人承担的债务不应超出原债务的范围。债务加入系第三人对原债务全部或部分的承担，如果第三人承担债务超出原债务范围，则就超出的部分属于债务加入人与债权人之间基于意思表示而形成的新债务，而非债务加入。

其七，特殊情况下债务加入的效力参照担保制度。根据《九民纪要》第23条以及《民法典担保制度解释》第12条的规定，人民法院在认定该行为的效力时，可以参照关于公司为他人提供担保的有关规则处理。除了几种特定情况下，公司作出债务加入意思表示无须内部机关决议之外，原则上公司作为债务加入人对外与原债务人共同承担债务的需要公司内部机关决议，具体下文再行阐述。

在满足上述构成要件的情况下构成债务加入，就债务加入的效果而言，债务加入人在其愿意承担且经债权人明示或默示同意的债务范围内承担责任；原债务人仍承担债务且债务范围不发生变化；债务加入人和债务人在债务加入人应承担的债务范围内承担连带责任。

二、债务加入与类似民事法律制度之辨析

债务加入、债务转移、第三人代为履行及连带责任保证均为在第三人履行完毕相应责任范围内的债务后，导致原债权债务关系在对应范围内消灭的制度。四者存在一定相似性，但在责任承担方式和法律后果上又有所不同。对债务加入制度与债务转移、第三人代为履行及连带责任保证加以辨析，更有助于强化对债务加入制度的理解。

(一) 债务加入与债务转移

债务转移即"免责的债务承担",《民法典》第551条规定:"债务人将债务的全部或者部分转移给第三人的,应当经债权人同意。债务人或者第三人可以催告债权人在合理期限内予以同意,债权人未作表示的,视为不同意。"据此,债务转移是指债权人或者债务人与第三人之间达成转让债务的合意,由第三人取代原债务人承担全部债务,原债务人退出债的关系。尽管债务转移与债务加入具有一定的相似性,但债务转移的法律后果除了第三人成为合同当事人之外,原债务人不再就已转移的全部或部分债务承担任何义务,债务人实际退出已转移的债务,这与债务加入中第三人与原债务人连带承担义务有本质差异。债务转移与债务加入二者在构成要件、法律后果等诸多方面均有区别,具体见表3–1。

表 3–1 债务转移与债务加入之差别

对比项	债务转移	债务加入
是否需债权人同意	需要	不需要
债权人默示	视为不同意	视为同意
原债务人是否脱离债务	是	否
抗辩权	新债务人可以主张	债务加入人可以主张
抵销权	新债务人不可主张	债务加入人不可主张
从债务是否受影响	未经保证人书面同意转移债务的,保证人不承担保证责任	保证人的保证责任不受影响
法律后果	债务全部或部分转移给第三人	第三人与债务人在第三人愿意承担的债务范围内承担连带责任

关于债务转移与债务加入的问题,在明晰了上述异同之处后,笔者重点强调以下三个问题。

(1) 在司法实践中,当事人可能对于是债务转移还是债务加入的意思表示不清晰,对于该种情况如何认定的问题,法工委在《民法典》释义中的观点是在债务转移与债务加入的意思表示不明确时,考虑到债权人对债务人资历与履行能力的信赖，从保护债权人利益的价值出发，债务人不应轻易地从原债务中脱离，可以推定为债务加入，即债务人应当继续对债权人承担清偿责任。在（2019）最高法民再316号案件中，最高人民法院认为："第三人以自己的名义另行向债权人出具债务凭据并承诺由其偿还，债权人同意第三人承担还款责任，但双方没有约定原债务人脱离债权债务关系，债权人没有明确表示免除原债务人的还款义务，也没有其他证据或行为表明债权人同意由第三人独立承担原债务人债务，故应认定为并存式债务承担，即应当认定为债务加入。"

（2）在抗辩权和抵销权的适用上，债务转移与债务加入的处理规则一致。就抗辩权而言，根据《民法典》第553条的规定，债务人转移债务的，新的债务人可以主张原债务人对债权人的抗辩。根据上述规定，在免责的债务转移方式中，第三人取代原债务人成为新的债务人，除了法律另有规定、当事人另有约定以及根据债务性质不得转移的情形外，第三人基于原债权债务关系，当然取得原债务人对债权人的抗辩权。就抵销权而言，《民法典》第553条明确规定了债务转移的情况下，原债务人对债权人享有的债权，新债务人不得向债权人主张抵销，《中华人民共和国民法典合同编理解与适用（一）》中补充了一种例外情况，即如债务人将其对债权人的债权一并转让给第三人，则该第三人作为新债务人享有对债权人的抵销权。[23] 同时，该条关于新债务人抗辩权和抵销权的规定，在债务加入中，应当被适用。因此，债务加入人可以援引原债务人的同时履行抗辩权、先诉抗辩权、合同撤销抗辩权、债权无效抗辩权、诉讼时效抗辩权等，但不得援引原债务人对债权人的抵销权。

（3）从目前的司法裁判规则来看，债务加入人承担连带债务后，不得向保证人追偿。原因在于债务加入不构成债权转移，现行法律并未规定债务加入人承担连带债务后可以向保证人追偿，故债务加入人向债权人的保证人追偿并无合理依据。在（2021）最高法民申1642号案件中，最高人民法院认为："根据法律规定，

---

［23］参见最高人民法院民法典贯彻实施工作领导小组主编：《中华人民共和国民法典合同编理解与适用（一）》，人民法院出版社2020年版，第585页。

在债务加入法律关系中，债务加入人承担连带债务后，不构成债权转移，其与债务人之间的关系，按照其与债务人之间法律关系的性质处理，法律未规定债务加入人承担连带债务后可以向债务人的保证人追偿。故成都银行西安分行无权向杨某恒、杨某晓追偿，成都银行西安分行关于原审判决认定成都银行西安分行作为债务加入人在向债权人马某卫清偿剩余债务后，不能取得对债权人马某卫的保证人杨某恒、杨某晓的追偿权有误的再审请求，本院不予支持。"

（二）债务加入与第三人履行债务

《民法典》第 523 条规定了"第三人履行债务"，内容为："当事人约定由第三人向债权人履行债务，第三人不履行债务或者履行债务不符合约定的，债务人应当向债权人承担违约责任。"债务加入与第三人履行债务具体区别见表 3-2。

表 3-2　债务加入与第三人履行债务之区别

对比项	债务加入	第三人履行债务
第三人的法律地位	第三人成为债务主体	第三人并不成为债权债务关系中的一方主体
对第三人的法律约束力	对债务加入人具有合同约束力，债务加入人必须履行债务	第三人并非债务人，不受合同约束，可选择履行或不履行债务
债权人的请求权	可以向债务人及债务加入人主张连带责任	在第三人未依约履行债务时，债权人仅能向债务人主张权利

基于上述差异，笔者认为，在第三人未明确其行为构成债务加入，且各方没有债务人退出债务的合意之前提下，应视为第三人履行债务而非债务加入。

（三）债务加入与第三人代为履行

《民法典》第 524 条规定的"第三人代为履行制度"是一项新制度，内容为："债务人不履行债务，第三人对履行该债务具有合法利益的，第三人有权向债权人代为履行；但是，根据债务性质、按照当事人约定或者依照法律规定只能由债务人履行的除外。债权人接受第三人履行后，其对债务人的债权转让给第三人，但是债务人和第三人另有约定的除外。"债务加入与第三人代为履行具有一定的相似性，都可能因第三人替代债务人清偿债务而使债务全部或部分消灭。但二者也有明显的区别，见表3-3。

表3-3 债务加入与第三人代为履行之区别

对比项	债务加入	第三人代为履行
第三人的法律地位	第三人成为债务人	第三人并非债务人，而是与债务的清偿具有利害关系的人
第三人与债务人的关系	第三人与原债务人对债权人承担连带责任	第三人与原债务人之间无连带之债
债权人的请求权	债权人可以直接向第三人请求履行	债权人不享有请求第三人履行债务的权利
第三人清偿后的法律后果	第三人与原债务人的关系按照二者之间的约定处理	第三人清偿债务后发生法定的债权转让，即债权人对原债务人的债权转让给第三人

（四）债务加入与连带责任保证

根据《民法典》第688条的规定，连带责任保证，是指保证人与主债务人对主债务的履行承担连带责任的保证。《民法典担保制度解释》第12条规定："法定代表人依照民法典第五百五十二条的规定以公司名义加入债务的，人民法院在认定该行为的效力时，可以参照本解释关于公司为他人提供担保的有关规则处理。"在债务加入中，第三人与债务人承担连带责任，而连带责任保证人与债务人亦承担连带责任；在公司作为第三人的情况下，无论是债务加入还是保证，均需按照《公司法》对外担保规则审查公司内部决议。具体而言，债务加入与连带责任保证主要存在以下相同与不同之处，见表3-4。

表3-4 债务加入与连带责任保证之异同

对比项	债务加入	连带责任保证
形式	非要式	采用书面形式
与原债务的关系	独立于原债务，具有同一性	从属于主债务
第三人地位	债务人	保证人

续表

对比项	债务加入	连带责任保证
保证期间	不适用	适用
责任范围	第三人在加入债务时愿意承担的债务范围	不得超出主债务范围
可否另行约定违约责任	可以约定	不得另行约定保证人的违约责任
向第三人主张履行债务的时点	债务履行期限届满即可，无论债务人是否履行债务	债务人不履行债务时
偿债顺序	无偿债顺序	一般保证人享有先诉抗辩权
债权人主张权利的期限	仅有诉讼时效的限制	保证期间、诉讼时效
对债务人的追偿权	第三人与债务人有约定的情况下，从约定	除有特别约定外，有对债务人的追偿权
约定不明的情况下判断标准	对债务履行有直接和实际的利益	按照一般保证承担保证责任
债务转让是否需经同意	不需要债务加入人的同意	需保证人同意
抵销权、撤销权等抗辩权	可援引抗辩权，不可援引抵销权	债务人对债权人享有抵销权或者撤销权的，保证人可以在相应范围内拒绝承担保证责任
是否需要公司内部决议（第三人为公司时）	是	是

尽管存在上述差异，但由于债务加入和连带责任保证在责任形式、部分生效要件、法律后果、制度功能上具有一定的相似性，对于当事人之间约定不甚明确的情况下如何作出认定也是司法裁判案件的争议焦点之一。对于债务人来说，相关约定定性为保证则可增大可抗辩的余地；而对于债权人来说，相关约定定性为债务加入则更有利于保障债权的实现。针对前述问题，我国司法实践经常采用"利益标准"对此作出区分，即第三人如果对债务履行有直接和实际的利益，则构成债务加入，否则构成保证担保。而《中华人民共和国民法典合同编理解与适用（一）》提出应从文义优先原则、第三人愿意承担的债务内容与原债务是否具有统一性、当事人有无认可履行顺位的真实意思表示三个方面判断是构成保证还是债

务加入。《民法典担保制度解释》第 36 条第 3 款规定："前两款中第三人提供的承诺文件难以确定是保证还是债务加入的，人民法院应当将其认定为保证。"也就是说当意思表示经解释仍无法确定其准确含义、不能确定双方间系债务加入关系还是保证合同关系时，可以适用前述规定，推定双方之间构成保证关系。笔者选取以下几个"债务加入"与"连带责任保证"表意不明时的典型案例，供读者参考。

在（2018）最高法民终 867 号案件中，最高人民法院认为："债务加入下承担人的债务，是与原债务并立的自己债务；而保证债务则为保证他人的债务，是附属于主债务的债务。再如，承担人在承担债务后对债权人有清偿或者其他免责行为时，对于原债务人有无求偿权及其求偿范围，依据承担人与债务人之间内部法律关系而确定；而《中华人民共和国担保法》第 31 条规定，保证人承担保证责任后，有权向债务人追偿。故，在当事人意思表示不明时，应斟酌具体情况综合判断，如主要为原债务人的利益而为承担行为的，可以认定为保证，承担人有直接和实际的利益时，可以认定为债务加入。"

在（2019）最高法民再 316 号案件中，最高人民法院认为："债务承担人与债权人约定债务承担时，未明确约定原债务人是否脱离债权债务关系的，构成并存式债务承担。张某双以自己的名义另行向张某良出具债务凭据并承诺由其偿还，张某良同意张某双承担还款责任，但双方没有约定午时阳光公司脱离债权债务关系，张某良没有明确表示免除午时阳光公司的还款义务，也没有其他证据或行为表明张某良同意由张某双独立承担午时阳光公司的债务，故本案应认定为并存式债务承担。案涉《还款计划保证协议书》虽名含'保证'字样，但名不符文，根据《中华人民共和国合同法》第 125 条第 1 款关于'当事人对合同条款的理解有争议的，应当按照合同所使用的词句、合同的有关条款、合同的目的、交易习惯以及诚实信用原则，确定该条款的真实意思'的规定，案涉《还款计划保证协议书》的性质不是保证合同，而是债务加入协议。"

在（2020）鄂民申 3591 号案件中，湖北省高级人民法院认为："本案争议在于某阳出具函件意思表示的性质是债务加入还是连带责任保证。保证，尤其连带责任保证，在以担保原债务人的债务为目的这一点上，与债务加入性质相同。在债权人与承担人达成合意、成立债务加入的情形下，两者更难区分。但实践中，仍有区分的必要和标准，在当事人意思表示不明时，应斟酌具体情况综合判断，如主要为原债务人的利益而为承担行为的，可以认定为保证，承担人有直接和实际的利益的，可以认定为债务加入。"

在（2021）京01民终9387号案件中，北京市第一中级人民法院认为："从案涉《承诺书》的签订背景、文义表述、利益关系等分析来看，能够认定《承诺书》的性质属于债务加入。从《承诺书》载明的承诺人王某成与债务人王某的关系上看，《承诺书》明确了王某成愿意承担还款义务系基于王某成与王某之间的父子关系，即出具该《承诺书》系基于直系亲属的'子债父偿'原因，可以佐证承诺人具有债务加入的原因。综上，本院认为，案涉《承诺书》属于承诺人承诺由其履行债务人的债务的并存债务承担，属债务加入。"

三、债务加入的效力

在金融领域，公司通过债务加入提供增信措施促进资金融通极为常见。在司法实践中有相当一部分纠纷集中在公司法定代表人、实际控制人等滥用公司法人独立地位和股东有限责任，未经公司内部决议代表公司作出债务加入承诺的问题。对于公司债务加入行为是需要经股东会或董事会决议，未经内部决议是否有效的问题也经历了不同阶段的司法规则演变。

（一）关于公司债务加入效力认定的演变过程

1. 《九民纪要》颁布前无明确法律规范，司法裁判规则不统一

《九民纪要》颁布前，关于债务加入的效力问题并无任何法律规范加以明确。彼时的司法裁判规则基本倾向于只要相关协议加盖公司公章，债务加入即为有效，无须经公司内部程序。但也有部分法院参照《公司法》第15条的规定审查债务加入是否经过内部决议进而认定其效力。《九民纪要》颁布前"债务加入"不同裁

判观点的参考案例如下。

债务加入无须内部机关决议。在（2017）苏民再 300 号案件中，江苏省高级人民法院认为："从本案借条出具过程来看，系张某军、胡某早、葛某永三方基于借贷资金往来情况进行结算，在此情形下天泉公司法定代表人胡某早向张某军出具了借条，后在张某军要求下胡某早加盖了公司印章，现有证据也未能证明该款项系用于胡某早个人消费，因此作为债权人有理由相信胡某早系代表公司愿意承担本案所涉债务，至于其是否经过股东会决议系天泉公司内部管理存在疏漏，作为债权人的合理信赖应予保护。此外，天泉公司加盖公章的行为属于债务加入的行为，对于公司债务加入的行为，《公司法》并未规定需要债权人审查公司股东会决议。"

债务加入需内部机关决议。在（2017）京民初 86 号案件中，北京市高级人民法院认为："公司承诺债务加入这一直接承担责任的行为更应当经股东会决议。如果不对公司加入股东债务的行为进行一定的规制，则无疑会放纵当事人通过债务加入的形式规避新《公司法》第 15 条的规定，使该条形同虚设……故虽然《公司法》并未就公司加入股东债务作出规定，但依据新《公司法》第 15 条的立法宗旨，本院适用该条规定处理案涉乐视网加入其股东乐视控股债务的效力问题。"

2. 《九民纪要》颁布后确立了债务加入准用担保规则

在《九民纪要》颁布之前，就债务加入是否需经公司内部决策的问题，实践中存在争议。因此，《九民纪要》在规定公司担保效力规则时，一并确立了债务加入准用担保规则。债务加入未经公司机关决议，法定代表人或代理人属越权代表，债权人不构成善意，公司债务加入的承诺或合同无效。同时，《九民纪要》第 19 条也明确规定了 4 种无须机关决议的例外情况：（1）公司是以为他人提供担保为主营业务的担保公司，或者是开展保函业务的银行或者非银行金融机构；（2）公司为其直接或者间接控制的公司开展经营活动向债权人提供担保；（3）公司与主债务人之间存在相互担保等商业合作关系；（4）担保合同系由单独或者共同持有公司 2/3 以上有表决权的股东签字同意。存在前述任一种情形时，即便债权人知道或者应当知道第三人加入债务没有公司机关决议，也应当认定债务加入符合公司的真实意思表示，债务加入行为有效。

3.《民法典担保制度解释》对债务加入效力问题作了进一步明确

《民法典担保制度解释》第12条沿袭了《九民纪要》第23条的规定，规定法定代表人依照《民法典》第552条的规定以公司名义加入债务的，可以参照《民法典担保制度解释》关于公司为他人提供担保的有关规则处理。当然，《民法典担保制度解释》也明确规定了无须机关决议的例外情况：（1）金融机构开立保函或者担保公司提供担保；（2）公司为其全资子公司开展经营活动提供担保；（3）担保合同系由单独或者共同持有公司2/3以上对担保事项有表决权的股东签字同意。同时，特别指出上市公司对外提供担保，不适用前述第2项、第3项的情形。

承上所述，《九民纪要》及《民法典担保制度解释》规定债务加入效力准用担保规则的原理在于债务加入人承担的责任比担保人承担的责任更重，根据举轻以明重的原理，既然为他人提供担保都要按照《公司法》第15条的规定经过公司有权机关决议通过，那么债务加入人如果是公司，其加入债务，当然也应当遵守《公司法》第15条的规定。对比《九民纪要》及《民法典担保制度解释》关于"无须机关决议的例外情况"之规定可以发现，两者最大的区别在于《民法典担保制度解释》将《九民纪要》规定的"公司为其直接或者间接控制的公司开展经营活动向债权人提供担保"调整为"公司为其全资子公司开展经营活动提供担保"，删除了"公司与主债务人之间存在相互担保等商业合作关系"的内容，同时新增对上市公司的特别规定。

（二）关于债务加入效力的司法裁判要点

承上所述，《民法典》及《民法典担保制度解释》颁布后，对于债务加入的效力认定有了更为明确的法律规范，法院在认定债务加入的效力时参照《民法典担保制度解释》关于公司为他人提供担保的规则处理。为了便于参照适用，笔者将《民法典担保制度解释》关于担保效力的相关规定汇总如表3-5所示。

表 3-5 《民法典担保制度解释》关于担保效力的规定

条款	内容
	机关法人、居委/村委、以公益为目的的机构提供担保的情况
第 5 条	机关法人提供担保的，人民法院应当认定担保合同无效，但是经国务院批准为使用外国政府或者国际经济组织贷款进行转贷的除外。 居民委员会、村民委员会提供担保的，人民法院应当认定担保合同无效，但是依法代行村集体经济组织职能的村民委员会，依照村民委员会组织法规定的讨论决定程序对外提供担保的除外。
第 6 条	以公益为目的的非营利性学校、幼儿园、医疗机构、养老机构等提供担保的，人民法院应当认定担保合同无效，但是有下列情形之一的除外： （一）在购入或者以融资租赁方式承租教育设施、医疗卫生设施、养老服务设施和其他公益设施时，出卖人、出租人为担保价款或者租金实现而在该公益设施上保留所有权； （二）以教育设施、医疗卫生设施、养老服务设施和其他公益设施以外的不动产、动产或者财产权利设立担保物权。 登记为营利法人的学校、幼儿园、医疗机构、养老机构等提供担保，当事人以其不具有担保资格为由主张担保合同无效的，人民法院不予支持。
	公司法定代表人越权担保的情况
第 7 条	公司的法定代表人违反公司法关于公司对外担保决议程序的规定，超越权限代表公司与相对人订立担保合同，人民法院应当依照民法典第六十一条和第五百零四条等规定处理： （一）相对人善意的，担保合同对公司发生效力；相对人请求公司承担担保责任的，人民法院应予支持。 （二）相对人非善意的，担保合同对公司不发生效力；相对人请求公司承担赔偿责任的，参照适用本解释第十七条的有关规定。 法定代表人超越权限提供担保造成公司损失，公司请求法定代表人承担赔偿责任的，人民法院应予支持。 第一款所称善意，是指相对人在订立担保合同时不知道且不应当知道法定代表人超越权限。相对人有证据证明已对公司决议进行了合理审查，人民法院应当认定其构成善意，但是公司有证据证明相对人知道或者应当知道决议系伪造、变造的除外。
	上市公司/上市公司公开披露的控股子公司提供担保的情况
第 8 条	有下列情形之一，公司以其未依照公司法关于公司对外担保的规定作出决议为由主张不承担担保责任的，人民法院不予支持： （一）金融机构开立保函或者担保公司提供担保； （二）公司为其全资子公司开展经营活动提供担保； （三）担保合同系由单独或者共同持有公司三分之二以上对担保事项有表决权的股东签字同意。 上市公司对外提供担保，不适用前款第二项、第三项的规定。

续表

条款	内容
第 9 条	相对人根据上市公司公开披露的关于担保事项已经董事会或者股东大会决议通过的信息，与上市公司订立担保合同，相对人主张担保合同对上市公司发生效力，并由上市公司承担担保责任的，人民法院应予支持。 　　相对人未根据上市公司公开披露的关于担保事项已经董事会或者股东大会决议通过的信息，与上市公司订立担保合同，上市公司主张担保合同对其不发生效力，且不承担担保责任或者赔偿责任的，人民法院应予支持。 　　相对人与上市公司已公开披露的控股子公司订立的担保合同，或者相对人与股票在国务院批准的其他全国性证券交易场所交易的公司订立的担保合同，适用前两款规定。
	一人有限责任公司为其股东提供担保的情况
第 10 条	一人有限责任公司为其股东提供担保，公司以违反公司法关于公司对外担保决议程序的规定为由主张不承担担保责任的，人民法院不予支持。 　　公司因承担担保责任导致无法清偿其他债务，提供担保时的股东不能证明公司财产独立于自己的财产，其他债权人请求该股东承担连带责任的，人民法院应予支持。
	分支机构提供担保的情况
第 11 条	公司的分支机构未经公司股东（大）会或者董事会决议以自己的名义对外提供担保，相对人请求公司或者其分支机构承担担保责任的，人民法院不予支持，但是相对人不知道且不应当知道分支机构对外提供担保未经公司决议程序的除外。 　　金融机构的分支机构在其营业执照记载的经营范围内开立保函，或者经有权从事担保业务的上级机构授权开立保函，金融机构或者其分支机构以违反公司法关于公司对外担保决议程序的规定为由主张不承担担保责任的，人民法院不予支持。金融机构的分支机构未经金融机构授权提供保函之外的担保，金融机构或者其分支机构主张不承担担保责任的，人民法院应予支持，但是相对人不知道且不应当知道分支机构对外提供担保未经金融机构授权的除外。 　　担保公司的分支机构未经担保公司授权对外提供担保，担保公司或者其分支机构主张不承担担保责任的，人民法院应予支持，但是相对人不知道且不应当知道分支机构对外提供担保未经担保公司授权的除外。 　　公司的分支机构对外提供担保，相对人非善意，请求公司承担赔偿责任的，参照本解释第十七条的有关规定处理。
	公司对外担保无须机关决议的特殊情况
第 8 条	有下列情形之一，公司以其未依照公司法关于公司对外担保的规定作出决议为由主张不承担担保责任的，人民法院不予支持： 　　（一）金融机构开立保函或者担保公司提供担保； 　　（二）公司为其全资子公司开展经营活动提供担保； 　　（三）担保合同系由单独或者共同持有公司三分之二以上对担保事项有表决权的股东签字同意。 　　上市公司对外提供担保，不适用前款第二项、第三项的规定。

虽然上述《民法典担保制度解释》分不同的情况对公司提供担保的效力作出了明确的规定，司法实践参照前述规定对债务加入效力问题的认定规则也相对趋于统一。由于实践情况千差万别，在规范具体适用时仍有所区别，笔者针对"影响债务加入效力的重要因素"以及"债务加入无效的民事责任承担"两个重点问题，选取司法实践中具有典型意义的案例具体分析如下。

（1）法定代表人越权代表公司订立债务加入合同的，债权人善意与否需参照公司关联担保和非关联担保的效力标准予以认定

《最高人民法院民法典担保制度司法解释理解与适用》对公司法定代表人越权担保的效力问题，区分了"关联担保"和"非关联担保"两种情况，对于股东会决议或是董事会决议是否符合"适格决议"的标准作了明确分析，[24] 具体见表3－6。

表3－6 公司法定代表人越权担保的判断

项目	法定/章程规定的决议形式	实际决议形式	是否越权
关联担保	股东会决议（《公司法》第15条法定）	经股东会决议	非越权担保
		未经股东会决议	越权担保
		经董事会决议	越权担保
非关联担保	章程未规定	董事会/股东会均可	非越权担保
	章程规定由董事会决议	董事会决议	非越权担保
		股东会决议	非越权担保
	章程规定由股东会决议	股东会决议	非越权担保
		董事会决议	越权担保

对于关联担保，根据《公司法》第15条第2款的规定必须经股东会决议，法定代表人未经股东会决议的构成越权代表。对于非关联担保，实务中往往存在问题的是"公司章程规定的决议机关与实际作出决议的机关不同"，此时，债权人善

---

[24] 参见最高人民法院民事审判第二庭：《最高人民法院民法典担保制度司法解释理解与适用》，人民法院出版社2021年版，第134页。

意与否的问题该如何认定呢？《最高人民法院民法典担保制度司法解释理解与适用》对于前述情况也分别作出阐释。概言之，对于公司章程规定由董事会决议的，根据"举轻以明重"的解释规则，股东会决议当然适格。而对于章程规定由股东会决议，实际上由董事会作出决议的，《民法典担保制度解释》未沿袭《九民纪要》关于相对人仅负形式审查义务的规定，而是规定相对人负有合理审查义务，包括审查章程的义务，在章程明确规定对外担保需由股东会或股东会决议的情况下，法定代表人仅提交董事会决议的，债权人不属于善意相对人。

参照上述《最高人民法院民法典担保制度司法解释理解与适用》对于担保效力问题的阐释，当债务加入人为公司时，债权人也应注意审查公司章程规定的决议机关，否则可能有债务加入无效的风险。司法实践中，决议不适格导致的债务加入效力问题的纠纷颇多，自《民法典担保制度解释》颁布后，司法领域基本参照上述情况裁决。

在（2019）最高法民申 5503 号案件中，最高人民法院认为："现代房地产公司和天房伟业公司之间约定了在担保人不能清偿全部借款时，现代房地产公司对主债务未清偿的部分承担连带责任。该约定符合债务加入的法理，构成债务加入。相较于案涉担保责任而言，债务加入属于法律后果更为严重的责任形式，举轻以明重，在当事人双方约定现代房地产公司提供物保尚需要经过该公司股东会决议的情况下，该公司以债务加入方式承担主债务的连带清偿责任更应该经过该公司股东会决议同意。在没有现代房地产公司相关股东会决议的情况下，不能认为约定该内容的条款已经生效。鉴于现代房地产公司并未就该事项作出决议表示同意，故该条款并未生效，现代房地产公司无须按照该约定在案涉抵押物价值范围内承担连带清偿责任。"

在（2019）最高法民终 1451 号案件中，最高人民法院认为："至于昆丰集团公司时任法定代表人刘某彦在《会议纪要》上签字确认昆丰集团公司欠付案涉借款 5000 万元的问题，《会议纪要》系昆丰集团公司时任法定代表人刘某彦以昆丰集团公司名义向瓮福农资公司表示承担兴隆公司的债务，该行为在性质上属于债务加入。该债务加入相比为他人提供担保,可能会对昆丰集团公司及其股东的权益造成更为不利的影响,故该债务加入的意思表示同样需要参照《中华人民共和国公司法》第15条规定的精神,按照该公司章程的规定,由公司股东会或者董事会决议。刘某彦以昆丰集团公司法定代表人名义作出上述债务加入的意思表示,属于越权代表;基于上述法律规定,瓮福农资公司知道或应当知道刘某彦在《会议纪要》上签字确认加入债务系超越代表权限,故该《会议纪要》亦应认定为无效。"

(2) 如公司为其全资子公司开展经营活动提供债务加入以及公司为其直接或间接控制的公司开展经营活动向债权人提供债务加入是否需要内部机关决议

根据《九民纪要》第19条第2项的规定,公司为其直接或间接控制的公司开展经营活动向债权人提供担保无须机关决议。而《民法典担保制度解释》第8条规定:"有下列情形之一,公司以其未依照公司法关于公司对外担保的规定作出决议为由主张不承担担保责任的,人民法院不予支持:……(二)公司为其全资子公司开展经营活动提供担保……"关于前述两种无须机关决议的例外情况,司法实践中并非严格按照文义要求裁决,而是根据不同案件的实际情况兼顾"公司利益原则"作出实质性认定。

《九民纪要》颁布后,法院裁判观点如下。

(1) 受同一股东实际控制的两公司,一方为另一方提供担保属于"公司为其直接或者间接控制的公司开展经营活动向债权人提供担保"的情形。例如,在(2019)最高法民终1529号案件中,最高人民法院认为:"本案担保人之一上海华信出资100%成立本案主债务人华信装备公司,出资60.78%控股本案上诉人安徽华信……本案中安徽华信为华信装备公司提供担保,属于'公司为其直接或者间接控制的公司开展经营活动向债权人提供担保'的情形。符合这一情形的,公司担保无须经过股东会决议,即便债权人知道或者应当知道没有公司股东会决议,也应当认定担保合同符合公司的真实意思表示,合法有效。安徽华信的该项上诉理由不能成立。"

（2）公司为其关联公司提供担保不属于"公司为其直接或者间接控制的公司开展经营活动向债权人提供担保"的情形。在（2021）粤民终982号案件中，法院认为："济南高新公司是上市公司，而天业国际公司是济南高新公司的关联公司，并无证据证明济南高新公司直接或间接控制天业国际公司，济南高新公司为天业国际公司提供担保，并不符合《九民纪要》［法（2019）254号］第19条［无须机关决议的例外情况］第2项的规定。除上述第19条规定的公司决议例外情形，在公司为他人提供担保领域，不存在其他任何公司决议例外事由，人民法院须从严把握。"

《民法典担保制度解释》颁布后，法院裁判观点如下。

（1）综合案件情况足以认定担保公司系为自身直接或间接控制的公司开展经营活动向债权人提供担保，不损害公司利益的，担保未经决议亦有效。例如，在（2020）沪74民初1806号案件中，上海金融法院认为："根据《中华人民共和国公司法》第15条的规定，公司向其他企业投资或者为他人提供担保，依照公司章程的规定，由董事会或者股东会、股东会决议。本案中，和润公司的担保经股东会决议，合法有效。中民投公司的担保虽未经董事会或者股东会、股东会直接决议，但工银租赁公司认为，中民投公司董事局已就对外担保事宜授权其总裁处理。上述意见可与中民投公司出具的情况说明相互印证，且中民投公司的担保系为自身直接或间接控制的公司开展经营活动向债权人提供，并不损害公司利益。工银租赁公司对上述担保进行了基本的审查，并有合理理由相信上述担保系中民投公司的真实意思表示，故本院认定中民投公司签订的《保证合同》对其具有拘束力。中民投公司、和润公司均应根据《保证合同》的约定，对中民租赁公司的前述债务承担连带清偿责任。"

（2）子公司为其母公司全资控股的另一子公司提供担保符合公司利益，无须机关决议。在（2021）京民终606号案件中，北京市高级人民法院认为："即便债权人知道或应当知道没有公司机关决议，也应认定担保合同符合公司真实意思表示的，担保合同亦有效，如公司为其全资子公司开展经营活动提供担保以及公司为其直接或间接控制的公司开展经营活动向债权人提供担保。"

（3）公司为其控制的孙公司经营活动提供担保，无须机关决议。在（2021）陕07民初48号案件中，陕西省汉中市中级人民法院认为："凯风公司系汉中天盛商业运营有限责任公司的全资子公司，而汉中天盛商业运营有限责任公司又系被告汉文投公司的全资子公司，即凯风公司系汉文投公司全资控股的孙公司，汉文投公司和凯风公司之间存在控制与被控制关系。汉文投公司为其控制的孙公司的经营活动提供支付担保，无论债权人是否知道没有机关决议，该支付担保也符合汉文投公司的真实意思表示，应为合法有效的担保。被告汉文投公司辩称担保无效的辩解理由不能成立，本院不予支持。"

虽然上述案例并未严格按照法律规定的形式要件对债务加入或担保行为是否需要决议作出判定，但是在《民法典》时代背景下，债权人对债务加入人提供债务加入是否具备有效的公司内部决议应更为充分地履行"合理审查"义务。债务加入及担保无须公司内部决议的例外情形非常明确，可以预估的是，债务加入效力认定的裁判口径将趋于一致。

境内上市公司属于公众公司，涉及众多投资者的利益。因此，《民法典担保制度解释》第9条及《九民纪要》第20条均明确规定对上市公司提供担保的生效条件包括履行内部程序。参照境内上市公司担保相关规则，上市公司拟达成有效的债务加入亦需要履行内部程序、满足特定要求。结合《最高人民法院民法典担保制度司法解释理解与适用》的解析，对于境内上市公司作为债务加入方的三种特殊情形总结如下。

其一，参照《民法典担保制度解释》第9条的规定，境内上市公司提供债务加入不仅需要依据《公司法》第15条的规定提供股东会或董事会的决议，还需要对决议公开披露。实际操作中，如债权人未审查是否同时满足前述两个条件，相应的后果也有所不同。具体如表3-7所示。

表 3-7 境内上市公司债务加入的公示要求

公开披露	提供董事会/股东会决议	效力
√	×	有效
	√	
×	×	无效
	√	

注：表中"√"表示肯定，"×"表示否定。

需特别说明的是，境内上市公司对外担保，虽然进行了公告，但公告中并未表明经股东会或董事会决议通过的内容，该担保对境内上市公司不发生效力。根据《最高人民法院民法典担保制度司法解释理解与适用》之阐释，如事实上担保事项未经上市公司董事会或股东会决议通过，并且公告信息中亦不包括该担保已经前述决议通过的内容，而仅有该上市公司同意为某债务人的多少债务担保的公告，该公告对上市公司不发生效力。不过，如担保事项事实上未经决议通过，但是上市公司在公告信息中虚假陈述其已经董事会或股东会决议通过，该担保对于上市公司发生效力。同理，如债务加入未经上市公司董事会或股东会决议通过，上市公司公告仅作出上市公司同意债务加入的意思表示，但未明确表明该债务加入已经董事会或股东会决议通过的，该债务加入无效。

在（2020）鄂民终 524 号案件中，湖北省高级人民法院认为："现无任何证据证明，欧浦公司就其为中基公司提供担保形成股东会决议，所以案涉 2017 年 5 月 16 日《担保函》即使由欧浦公司时任法定代表人陈某豪亲自盖章，亦构成越权代表。天风证券公司作为上市公司和专业金融机构，在接受欧浦公司为其股东中基公司提供担保时，明知应当要求欧浦公司提供其股东会对案涉担保事项的决议，但天风证券公司并未举证证明其曾对欧浦公司提过上述要求，并且，欧浦公司作为上市公司，其就案涉担保召开股东会的召集、决议等情况可以通过公开渠道查询，而欧浦公司已举证证明，其相关公告中不存在与案涉担保相关的内容，由此进一步证明天风证券公司不构成善意相对人。因此，一审认定案涉《担保函》未经欧浦公司追认，对其不发生法律效力，对天风证券公司要求欧浦公司承担连带保证责任的诉请不予支持，于法有据，并无不当。"

在（2021）粤民终982号案件中，广东省高级人民法院认为："根据济南高新公司二审提交的《四川省成都市蜀都公证处询问笔录》，当时富奥康公司、天业国际公司、济南高新公司三方均有提交公司章程，富奥康公司作为专业的基金管理公司并未依济南高新公司的章程规定审查其股东会决议，因此无论其当时是否审查了济南高新公司的董事会决议，以及董事会决议是否合法有效，均不足以认定富奥康公司已尽合理的审查义务，且富奥康公司作为专业的基金管理公司，亦应知晓济南高新公司作为上市公司，其股东会或董事会作出的决议以及对外提供担保均应依照相关规定进行公开披露，富奥康公司在济南高新公司未依规披露案涉担保的相关事项时，理应知晓该担保存在违规之处，但其仍签订案涉《保证合同》并发放案涉融资款项，一审法院因此认定富奥康公司不属于《中华人民共和国合同法》第五十条所保护的善意相对人，时任济南高新公司法定代表人曾某秦超越权限对外签订的《保证合同》对济南高新公司不发生法律效力并无不当，本院予以维持。"

其二，《民法典担保制度解释》第8条规定的3种无须机关决议有效的情形，上市公司不适用其中的"（二）公司为其全资子公司开展经营活动提供担保；（三）担保合同系由单独或者共同持有公司三分之二以上对担保事项有表决权的股东签字同意"。因此，如上市公司在前述两种情况下提供债务加入，仍需决议及披露。

在（2020）京民终670号案件中，北京市高级人民法院认为："盛京银行上诉所称的理由，并不适用于作为上市公司的赫美集团的对外担保。在为他人提供担保方面，上市公司对外担保的合同必须公开披露。根据深圳证券交易所和上海证券交易所的上市规则，上市公司所有为他人提供担保的事项，因影响到广大中小投资者的利益和整个证券市场的健康发展，都必须公开披露……故在赫美集团没有公开披露《最高额保证合同》的情况下，即使担保事项已经持有赫美集团三分之二以上表决权的股东书面签字盖章同意，盛京银行与赫美集团签订的《最高额保证合同》亦非善意，《最高额保证合同》对赫美集团亦不发生法律效力。一审法院认定赫美集团因内部管理不规范、存在过错，对每克拉美公司不能清偿债务的二分之一向盛京银行承担赔偿责任，并无不当。盛京银行的相关上诉意见，于法无据，本院不予支持。"

其三，根据《民法典担保制度解释》第9条第2款的规定以及《最高人民法院民法典担保制度司法解释理解与适用》之阐释，在担保合同对境内上市公司不发生效力的情况下，境内上市公司既不承担担保责任，也不承担赔偿责任。上市公司与非上市公司在担保无效的法律后果上具有明显区别。在《民法典》施行后，相对人与境内上市公司订立担保合同，如该担保合同无效，那么上市公司既不承担担保责任，也不承担任何赔偿责任。需要说明的是，根据《时间效力的若干规定》第2条的规定，前述规定不具有溯及力。在《民法典》施行前，如担保合同被认定为无效，境内上市公司应当视情况承担不超过主债务人不能履行部分的1/2或1/3的民事赔偿责任。同理，在上市公司债务加入无效的情况下，亦应区分事实是发生在《民法典》生效前还是生效后，以便判断上市公司责任承担问题。

《民法典》施行前，在（2019）京04民初1044号案件中，北京市第四中级人民法院认为："《最高人民法院关于适用〈中华人民共和国担保法〉若干问题的解释》第七条规定：'主合同有效而担保合同无效，债权人无过错的，担保人与债务人对主合同债权人的经济损失，承担连带赔偿责任；债权人、担保人有过错的，担保人承担民事责任的部分，不应超过债务人不能清偿部分的二分之一。'王某越权代表赫美集团签订《最高额保证合同》，且赫美集团提供证据证明其对外担保均需经股东会决议并公告，故赫美集团内部管理不规范，对于案涉《最高额保证合同》无效，亦存在过错。依照《最高人民法院关于适用〈中华人民共和国担保法〉若干问题的解释》第七条之规定，综合考虑双方当事人过错和全案情况，赫美集团应对每克拉美公司不能清偿在案涉《借款合同》项下债务的二分之一向盛京银行承担赔偿责任。"

《民法典》施行后，在（2022）鲁01民终250号案件中，山东省济南市中级人民法院认为："关于高新发展公司与九州证券股份有限公司签订保证合同效力问题，根据《中华人民共和国公司法》第15条第2款规定，公司为公司股东或者实际控制人提供担保的，必须经股东会或者股东会决议。《民法典担保制度解释》第9条第2款规定，相对人未根据上市公司公开披露的关于担保事项已经董事会或者股东会决议通过的信息，与上市公司订立担保合同，上市公司主张担保合同对其不发生效力，且不承担担保责任或者赔偿责任的，人民法院应予支持。本案中，高新发展公司系上市公司，天业公司系高新发展公司股东。九州证券股份有限公司应根据高新发展公司公开披露的关于担保事项需经股东会决议通过的信息与其订立担保合同，退一步讲，即使浦裔公司提供的董事会决议，也不能提供经合法流程形成的股东会决议，且提供证券交易所发布的公告。对此，浦裔公司和九州证券股份有限公司未尽合规审查义务，故该保证合同依法对高新发展公司不发生效力，高新发展公司不承担保证责任的辩称意见一审法院予以采信。"

（三）债务加入无效的民事责任承担

根据《九民纪要》第20条、第23条的规定，债务加入因欠缺公司决议程序而不具有法律约束力后的民事责任可以参照担保无效的规定处理。参照《民法典担保制度解释》第17条的规定，主合同有效而债务加入无效的，应当根据债权人与债务加入人的过错，区分不同情形确定各方应承担的民事责任，见表3-8。

表3-8 债务加入无效的民事责任承担

情形	责任承担
债权人与债务加入人均有过错	各承担1/2的责任
债权人无过错，债务加入人有过错	债务加入人对债务人不能清偿的部分承担赔偿责任
债权人有过错，债务加入人无过错	债务加入人不承担赔偿责任

在司法实践中，法院倾向于根据各方当事人对债务加入无效的过错程度酌定分配相应责任，各方当事人均存在过错且难分主次的，一般平均分担责任。而对

于专业投资机构或金融机构，由于它们本身具备一定的行业管理能力和经验，如存在未审查机关决议的情况，由法院认定投资机构承担主要责任。

在（2019）最高法民终1451号案件中，最高人民法院认为："昆丰集团公司时任法定代表人刘某彦在未按公司章程规定经股东会决议的情况下，擅自决定为他人提供担保，是《债务确认书》无效的原因之一。刘某彦以昆丰集团公司法定代表人名义签订《债务确认书》《会议纪要》的行为属职务行为，昆丰集团公司应对刘某彦的职务行为后果承担责任，昆丰集团公司对《债务确认书》《会议纪要》关于连带责任约定无效具有过错，应承担相应责任。对于刘某彦签订《债务确认书》《会议纪要》的权限，瓮福农资公司未尽谨慎审查义务，其亦具有过错，同样应承担相应责任。根据《最高人民法院关于适用〈中华人民共和国担保法〉若干问题的解释》第七条规定：'主合同有效而担保合同无效，债权人无过错的，担保人与债务人对主合同债权人的经济损失，承担连带赔偿责任；债权人、担保人有过错的，担保人承担民事责任的部分，不应超过债务人不能清偿部分的二分之一。'本案中，昆丰集团公司与瓮福农资公司的上述过错程度大致相当，故本院酌定对于债务人兴隆公司不能清偿的部分，昆丰集团公司承担50%的赔偿责任。"

在（2021）最高法民终355号案件中，最高人民法院认为："在订立《承诺书》时，聚丰公司没有尽到审查鸿运公司股东会决议的审慎义务，因此债务加入协议对鸿运公司无法律约束力。根据《全国法院民商事审判工作会议纪要》第20条的规定，债务加入因欠缺公司决议程序而不具有法律约束力后的民事责任可以参照担保无效的规定处理。如前所述，签订《承诺书》时，鸿运公司对公司公章管理不善，使孟某彪具备代为缔约的合理外观；聚丰公司未审查鸿运公司的决议文件，亦未尽到应有的注意义务，双方对于《承诺书》的不具有法律效力均负有过错。参照《最高人民法院关于适用〈中华人民共和国民法典〉有关担保制度的解释》第7条、第17条规定，本院酌定鸿运公司应承担借款人孟某彪、孟某明不能清偿债务部分50%的赔偿责任。"

在（2021）京民申1119号案件中，北京市高级人民法院认为："从公平原则出发,参照《中华人民共和国担保法》及相关司法解释中关于担保无效后担保人具有过错情况下应承担法律后果的条款,酌情确定钧义志成公司应在二分之一范围内对段某星不能还款部分承担清偿责任,并无不当。"

在(2019)粤民终2439号案件中,广东省高级人民法院认为:"广发信德作为专业投资机构,明知三禾永佳系目标公司山东永佳的股东,但并未审查山东永佳股东会作出的同意山东永佳债务加入条款的决议,故广发信德并非善意相对人,山东永佳债务加入条款无效,该条款对山东永佳没有约束力。参照法律依据关于'主合同有效而担保合同无效,债权人无过错的,担保人与债务人对主合同债权人的经济损失,承担连带赔偿责任;债权人、担保人有过错的,担保人承担民事责任的部分,不应超过债务人不能清偿部分的二分之一'的规定,广发信德作为专业投资机构,未审查山东永佳相关股东会决议,应当对山东永佳债务加入条款无效承担主要责任,山东永佳的法定代表人越权代表该公司签署债务加入条款,公司经营管理存在严重疏漏,应当对债务加入条款无效承担次要责任。综上,本院酌定山东永佳对三禾永佳在涉案《股权转让协议》及《补充协议》项下违约责任三分之一的份额承担补充责任。"

四、注意事项

基于《民法典》及《民法典担保制度解释》对于债务加入制度的规定以及前文债务加入制度在司法实践领域的裁判规则,笔者对实务中如何应用债务加入及注意事项总结如下。

1. 债务加入的约定需准确、明晰。因债务加入与连带责任保证、第三人履行债务、第三人代为履行等制度存在相似性又存在一定的差异,故债权人、债务人及第三人在作出意思表示及签署相关书面文件时,应准确表达各方的真实意思,准确使用债务加入、保证担保、代为履行、债务转移等法律概念,避免因措辞不准确、不恰当而导致自身权益受到不利影响。另外,在所有形成债务加入法律关系的合意中,债权人、债务人与第三人之间的三方债务加入协议是效力最为确定、产生纠纷可能性最小的一种合意形式，在司法实践中也是最能够获得认可的一种债务加入协议形式。因此，建议由债权人、债务人、第三人签署三方的债务加入协议。

2. 债务加入人的追偿权需有明确的书面协议。第三人在债务加入中的追偿权尚存争议，从尽量明晰各方权利义务关系、减少纠纷的角度出发，我们建议第三人在加入债务之前，应与债务人一并明确约定第三人追偿权的享有和行使问题，否则第三人可能会面对实际履行债务后无法向债务人追偿的情况，导致自身利益受损。从债权人角度出发，还可以通过约定第三人追偿权不得作为债务人或者第三人抗辩理由的方式，避免第三人追偿权问题对债权安全可能造成的影响。

3. 公司作为债务加入人的，需注意审查公司章程规定的内部决议机关。前文已经述及，《九民纪要》第23条规定了法定代表人以公司名义表示加入债务的效力问题参照该纪要关于公司为他人提供担保的有关规则处理，而该纪要关于公司为他人提供担保的有关规则中提出了在关联担保、非关联担保的不同情况下债权人对提供担保的公司决议的审查义务，且债权人是否尽到审查义务将直接影响公司对外担保效力。有鉴于此，我们建议，在拟加入债务的第三人为公司的情况下，从债权人角度而言，应确认第三人已经参照《九民纪要》第23条之规定履行了必要的公司内部决议程序。具体来说，如公司为履行股东或实际控制人的债务而加入债务，应审查公司章程和相应的股东会决议，审查重点包括：股东会决议中是否排除前述关联股东表决权，表决权比例是否达到法律及章程规定的标准，决议是否具备有效的形式要件，等等。对于公司加入股东、实际控制人以外的非关联方之债务的，债权人应当首先审查第三方公司的公司章程，加入债务由股东会或董事会作出决议，表决权比例、通过人数要符合公司章程的规定等。债务加入人为上市公司时，应重点审查其披露债务加入事项的公告信息。另外，债权人也应注意审查是否存在《民法典担保制度解释》第8条规定的债权人不负有审查公司决议义务的情形。

4. 对于上市公司提供债务加入的，应严格审查公告及决议等事项。上市公司提供债务加入时，不仅需依据《公司法》由董事会或股东会作出决议，而且还要对决议公开披露。上市公司董事会或者股东会审议批准的债务加入，必须在证券交易所的网站和符合中国证监会规定条件的媒体及时披露，披露的内容包括董事会或者股东会决议、截止信息披露日上市公司及其控股子公司承担债务的总额等信息，并明确表明该债务加入已经董事会或股东会决议通过。另外，要注意部分免除决议情形并不适用于上市公司，即上市公司为其全资子公司开展经营活动提供债务加入或债务加入合同系由单独或者共同持有公司 2/3 以上对该事项有表决权的股东签字同意的，上市公司依然要根据公司章程的规定出具相关决议。

《民法典》正式将债务加入制度明文入典，填补了债务承担制度立法上的空白，为司法实践中妥善处理相关纠纷提供了明确的法律依据和适用支撑，也满足了日益更新变化的市场经济交易模式之需求。在金融融资领域，债务加入作为一种有效的增信手段，能保障债权人实现债权，相信债务加入未来在商业领域可适用的空间会越来越大。不过，从防范交易风险的角度考虑，我们建议房地产企业在签订债务加入协议时要高度重视合同效力及风险防范，以减少不必要的纠纷，维护自身合法权益。

第四节
远期回购

在房地产融资领域，当事人常常通过远期回购等合同条款实现保本保收益的交易目的，而其性质与目的在司法实践中尚存争议，甚至出现同案不同判的局面。本节将结合现行规定与司法实践对远期回购的概念、性质与效力进行分析与梳理，最后对现行法律规制提出笔者的看法，并为房地产企业就实践中远期回购交易设计提出合理建议。

一、概述

远期回购一般指在满足一定期限或条件时，由投资交易第三方回购投资主体持有的投资标的股权或权益，这一安排具有一定的保本保收益特征。实践中，就基础法律关系来看，远期回购可能与股权交易、信托计划、资管计划等在特殊目的载体（SPV）中相互结合。基础法律关系可能包含借贷、股权投资等形式。就行权条件来看，明股实债类投资一般以投资满一定期限为触发条件，而对赌型回购则以被投资企业的业绩指标或者约定事件为触发条件。

为方便叙述，本节中，远期回购仅限于投资人以投资本金的远期有效退出以及固定利息的刚性兑付为投资前提的增信方式，对赌型回购不在讨论范围之内。此类远期回购交易模式的优势在于能够充分满足各方的利益诉求。投资方可以在风险较低的情况下获得比较稳定的回报。融资方成本固定，可在不占用银行贷款授信额度的情况下获得融资,还能有效降低资产负债率。但是该种交易模式也存在风险,一旦融资方出现经营不善、到期回购困难等问题将可能产生纠纷。

二、监管规则

就相关法律规定来看,现行法律和行政法规并未直接对商事交易下的远期回购进行规制,但是出于维护金融系统安全,维持金融市场稳定,防范金融行业系统性风险的考虑,金融监管部门对于政府及金融机构作出的附加回购承诺及附加保本收益承诺的投资模式始终持审慎甚至反对的态度,具体监管规定如表3-9所示。

表3-9 远期回购相关监管规则

文件名称	相关条文
《财政部关于推进政府和社会资本合作规范发展的实施意见》(财金〔2019〕10号,已失效)	各级财政部门要将规范运作放在首位,严格按照要求实施规范的PPP项目,不得出现以下行为:(一)存在政府方或政府方出资代表向社会资本回购投资本金、承诺固定回报或保障最低收益的……
《资管新规》(银发〔2018〕106号)	金融机构不得为资产管理产品投资的非标准化债权类资产或者股权类资产提供任何直接或间接、显性或隐性的担保、回购等代为承担风险的承诺。
《中国保监会关于保险资金设立股权投资计划有关事项的通知》(保监资金〔2017〕282号,已失效)	三、股权投资计划取得的投资收益,应当与被投资未上市企业的经营业绩或私募股权投资基金的投资收益挂钩,不得采取以下方式承诺保障本金和投资收益:(一)设置明确的预期回报,且每年定期向投资人支付固定投资回报;(二)约定到期、强制性由被投资企业或关联第三方赎回投资本金……
《政府出资产业投资基金管理暂行办法》	国家发展改革委建立并完善政府出资产业投资基金绩效评价指标体系。评价指标主要包括:……(三)基金投资是否存在名股实债等变相增加政府债务的行为……
《证券期货经营机构私募资产管理计划备案管理规范第4号》	证券期货经营机构设立私募资产管理计划,投资于房地产价格上涨过快热点城市普通住宅地产项目的,暂不予备案,包括但不限于以下方式:……(四)以名股实债的方式受让房地产开发企业股权……

文件名称	相关条文
《中国银监会办公厅关于加强信托公司房地产、证券业务监管有关问题的通知》（银监办发〔2008〕265号）	严禁以投资附加回购承诺、商品房预算团购等方式间接发放房地产贷款。 严禁以购买房地产开发企业资产附回购承诺等方式变相发放流动资金贷款。

三、法律性质

在发生纠纷时，远期回购义务性质的认定对回购方责任承担有直接影响。在实践中，由于远期回购交易中投资人关注的是本金的回购而非公司业绩或股价变化，且回购的发生具有确定性，因此整体交易更接近债权投资，股债界限变得模糊不清。此种情形下，远期回购的性质需要根据具体情况进行个案判断。

（一）远期回购性质的法律规定

《九民纪要》第91条对代为履行回购义务与差额补足、流动性支持等增信措施的性质进行了界定，《民法典担保制度解释》第36条[25]延续了《九民纪要》第91条的精神。远期回购作为增信措施仍属于《民法典担保制度解释》第36条的调整范畴。根据该规定，远期回购可以分为保证、债务加入和无名合同等类型。

具体而言：（1）回购合同有保证的意思表示的，以保证关系处理。（2）回购合同具有债务加入或共同承担债务的意思表示的，以债务加入关系处理；回购合同无法确定是保证还是债务加入的，以保证关系处理。（3）回购合同不属于保证也不属于债务加入的，则作为独立的无名合同。最高人民法院在（2014）民二终

---

[25] 《民法典担保制度解释》第36条规定："第三人向债权人提供差额补足、流动性支持等类似承诺文件作为增信措施，具有提供担保的意思表示，债权人请求第三人承担保证责任的，人民法院应当依照保证的有关规定处理。第三人向债权人提供的承诺文件，具有加入债务或者与债务人共同承担债务等意思表示的，人民法院应当认定为民法典第五百五十二条规定的债务加入。前两款中第三人提供的承诺文件难以确定是保证还是债务加入的，人民法院应当将其认定为保证。第三人向债权人提供的承诺文件不符合前三款规定的情形，债权人请求第三人承担保证责任或者连带责任的，人民法院不予支持，但是不影响其依据承诺文件请求第三人履行约定的义务或者承担相应的民事责任。"

字第 261 号案件中认为，对于回购安排并未区分其属于股权或债权、主债或从债，而是直接考虑回购条款的效力，认为相关协议均为各方当事人的真实意思表示，内容亦不违反法律规定的，为有效合同。(4) 根据《民法典担保制度解释》第 68 条第 3 款的规定，远期回购也可能构成让与担保，[26] 即债权人和债务人约定将财产转移至债权人名下，约定的回购期间一般对应主债务的履行期限，回购价款按照本金加上溢价款计算本质上偿还的是债务本金及相关费用。实践中，法院通常认为投资人受让股权并约定回购的实质是为了获得债权的担保。股权转让的真实意思是将股权作为对债权实现的非典型担保，符合让与担保的特征。

（二）远期回购性质的实践认定

就远期回购的有效性来看，目前法院普遍基于"合同自由"原则认为远期回购条款/协议作为当事人之间的真实意思表示，只要不存在法定无效事由，即应认定为有效。司法实践主要有以下几个裁判路径。

第一，保证责任说。如合同约定包含明确的担保意思，法院可能将其解释为保证责任。如在（2017）最高法民终 353 号案件中，最高人民法院第一巡回法庭认为，回购义务人的回购承诺明确表示债务人在不能按时履约时，以回购经营权的方式确保债权实现，回购责任承担的约定具有明显的先后顺序和担保的意思。最高人民法院认为其通过出具《承诺函》的形式为自身设定代为清偿义务的意思表示具体明确，故《承诺函》具有保证担保性质，双方成立保证合同。该案的特殊之处在于：（1）回购的标的为债务人的经营权，回购行为本身不直接实现债权人的利益；（2）回购承诺有明显的保证意思表示。其基础法律关系为借贷关系，回购触发条件为债务人未按时履行还款义务或危及贷款本息偿付，与保证责任相似。

---

[26]《民法典担保制度解释》第 68 条第 3 款规定："债务人与债权人约定将财产转移至债权人名下，在一定期间后再由债务人或者其指定的第三人以交易本金加上溢价款回购，债务人到期不履行回购义务，财产归债权人所有的，人民法院应当参照第二款规定处理。回购对象自始不存在的，人民法院应当依照民法典第一百四十六条第二款的规定，按照其实际构成的法律关系处理。"

第二，债务加入说。债务加入指第三人加入债的关系，与原债务人一起向债权人承担同一债务。[27] 在（2018）最高法民终 867 号案件中，最高人民法院指出，在当事人意思表示不明时，应斟酌具体情况综合判断，如主要为原债务人的利益而为承担行为的，可以认定为保证，承担人有直接和实际的利益时，可以认定为债务加入。这一认定对于保证和债务加入的区分具有参考意义。

第三，让与担保说。让与担保，是指债务人或者第三人为担保债务的履行，将标的物转移给债权人，债务清偿后，标的物应返还给债务人或第三人，债务不履行时，债权人可就标的物受偿的一种担保形式。如（2020）沪 0106 民初 1405 号案[28]件中，上海市静安区人民法院认为，投资人受让股权并约定回购的实质是获得债权的担保。股权转让的真实意思是将股权作为对债权实现的非典型担保，符合让与担保的特征。该案的特殊性在于：（1）投资协议明确了回购合同为其从合同；（2）股权转让合同项下的转让价款与投资款相同且并未实际支付；（3）投资人不行使实际股东权利，公司经营风险与利润分配与投资人无关。（2021）京民终 896 号[29]、（2019）京 0101 民初 4729 号[30]案件亦作出类似认定。

第四，无名合同说。如果合同约定不包含担保或债务加入的意思，回购协议被当作独立的无名合同，根据当事人的真实意思表示要求履行回购义务。如（2014）民二终字第 261 号案件中，最高人民法院对于回购安排并未区分其属于股权或债权、主债或从债，而是直接考虑回购条款的效力，认为相关协议均为各方

---

[27] 参见崔建远主编：《合同法》（第 6 版），法律出版社 2016 年版，第 185 页。
[28]（2020）沪 0106 民初 1405 号：保本保收益的约定与共担风险、共享收益的投资法律关系性质不符，投资人与目标公司之间实际属于借款关系。回购协议是否构成让与担保考虑因素包括：（1）投资协议明确了回购合同为其从合同；（2）股权转让合同项下的转让价款与投资款一致且并未实际支付；（3）投资人不行使实际股东权利，公司经营风险和利润分配与投资人无关。
[29]（2021）京民终 896 号：投资人在合同中未约定取得股权后享有的股东权利，实际也未行使股东管理权的，即使登记为股东也应认定其享有债权。各方约定到期后由回购义务人回购股权偿还本金属于当事人通过契约方式设定让与担保。
[30]（2019）京 0101 民初 4729 号：目标公司股东以本金和固定收益回购股权且目标公司实际经营由回购义务人负责，各方关于股权回购的约定本质上是以股权让与担保方式实现保本保收益的债权融资。

当事人的真实意思表示，内容亦不违反法律规定，为有效合同。投资人依约定履行了投资及受让股权的义务，在合同约定期满后，回购义务人未按照约定回购该股权构成违约。（2021）京01民终5809号[31]以及A地产公司与B投资公司关于股权回购转让价款性质纠纷仲裁案（深圳国际仲裁院案例研究）[32]亦作出类似认定。

根据上述法律规定及司法判例，远期回购交易作为一种创新融资工具，具有多样性，其性质应综合考量交易结构、行为目的及合同约定，不能一概而论。对其性质界定应当考量以下因素。

第一，文义优先原则。远期回购可能构成担保、保证、债务加入或独立的无名合同，具体属于何种性质要根据合同约定进行个案判断。如果协议明确使用保证或债务加入等措辞，原则上依约定，除非存在足以支持其他解释的特别理由。

第二，交易结构与基础性法律关系。远期回购的基础性法律关系为债权关系时，远期回购一般可能构成担保、保证、债务加入或独立的无名合同，具体要根据合同约定进行个案判断；基础性法律关系为股权关系时，远期回购更可能被当作让与担保或独立的无名合同，具体判断因素包括：（1）股权的取得是否支付对价；（2）投资人取得股权后是否承担公司的经营风险；（3）合同是否约定回购合同系从合同；（4）是否实际转让股权。

第三，合同无明确约定时原则上应视为无名合同。虽然根据《民法典担保制度解释》及最高人民法院关于该司法解释的理解与适用，最高人民法院倾向于原则上将远期回购等增信措施归入保证或债务加入的类型，例外情况下认定为独立的合同关系。但是，当事人选择远期回购而非典型担保或债务加入通常具有出于

---

[31]（2021）京01民终5809号：有限合伙企业在核准经营范围内进行股权投资，在投资期限届满后以股权回购方式取得回报并退出经营属于企业之间常见的投资和融资方式，不应仅依据按固定利率计算股权回购价款的计算方式，否认其股权投资的性质。投资人有权依据合同约定请求履行回购义务。

[32] 投资人主张的回购款不属于债权，投资人增资并完成工商变更登记即成为形式上的股东，其入股与退出的商业目的不影响回购款性质。回购条件达成后当事人有权请求依据《股权回购合同》履行回购义务。

经济考量的合理理由，如果强行认定为担保或债务加入，不符合当事人的预先设想。远期回购原则上应作为独立的无名合同，回归合同本身对权利义务的安排。在相关约定不存在违法悖俗情形时，尊重其行为目的。

四、法律效力

如上所述，就远期回购的有效性来看，目前法院普遍基于"合同自由"原则认为远期回购条款/协议是当事人之间的真实意思表示，只要不存在法定无效事由，即应认定为有效。现行法上可能影响远期回购效力的规则主要包括主体资格管制、债权人保护等。具体协议安排的效力，应结合管制目的加以判断。

（一）可能的无效事由

1. 担保制度的特别规定

第一，担保主体资格限制。根据《民法典》第683条及《民法典担保制度解释》第5条、第6条的规定，机关法人、以公益为目的的非营利法人或非法人组织原则上不能提供担保。担保制度对担保主体资格限制的原因是，一方面上述主体没有独立承担责任的财产，另一方面其只能从事与法定职责相关的民商事活动或公益性活动，不能直接参与经济活动，不具有担保资格。远期回购构成担保或债务加入自不必说，若远期回购构成独立的无名合同，实质效果仍是由上述主体最终承担风险，因此理论上仍应类推适用该项限制性规定。

第二，担保合同的订立形式。保证作为要式的规范目的在于向保证人充分警示法律风险，避免保证人轻率缔约。[33] 远期回购等增信措施并无缔约形式的特别规定，但是考虑到回购义务人实际承担的责任较重，采取书面形式更为合理。

第三，公司决议程序。根据《民法典担保制度解释》第12条的规定，以公司名义加入债务的，可以参照公司为他人提供担保的相关规则处理。远期回购被认定为担保措施或债务加入时，回购方应当根据《公司法》第15条和《民法典担保

---

[33] 参见王蒙：《论保证的书面形式》，载《清华法学》2021年第5期。

制度解释》第 7 条的规定履行公司对外担保决议程序。如回购方未履行决议程序原则上对其不发生效力，除非相对方能够证明其善意无过失。当回购义务属于独立的无名合同时是否还需经过公司决议程序？有学者认为，《公司法》第 15 条关于股东对外担保的基本规则，从目的解释来看，是为通过决议等形式控制公司意思表示的作出，避免担保造成公司的财产损失，损害股东及债权人等各方利益。远期回购即使不构成担保或债务加入，但由于其具有担保的功能，对公司利益造成了实质影响，因此理论上应作目的性扩张解释，类推适用公司对外担保程序。[34] 但此类将独立合同中的回购义务类推适用公司对外担保规则的做法，也造成公司对外担保规则的"泛滥"扩张，特别是给金融领域融资业务的开展带来更多的审查负担，因而存在很大争议，亦尚缺乏司法实践的支撑。

2. 金融监管措施

金融监管等政府部门出台了一系列政策措施限制保本保收益的交易模式。如《资管新规》第 13 条第 2 款规定："金融机构不得为资产管理产品投资的非标准化债权类资产或者股权类资产提供任何直接或间接、显性或隐性的担保、回购等代为承担风险的承诺。"该条规范的目的为实现资产管理产品发起主体与资产管理产品投资资产的风险隔离。当金融机构作为第三方承担回购义务时，实质效果还是金融机构作为风险的最终承担者，因此有扩大解释的可能性。

虽然《资管新规》等监管规范属于部门规范性文件，理论上不能直接以违反《资管新规》等金融监管政策为由判定合同无效；但是不排除法院认为违反相关金融管理秩序导致损害社会公共利益，继而判定相关约定无效的可能性。[35]

---

〔34〕 参见朱晓喆：《增信措施担保化的反思与重构——基于我国司法裁判的实证研究》，载《现代法学》2022 年第 2 期。

〔35〕 在（2017）最高法民终 529 号案件中，最高人民法院认为虽然《保险公司股权管理办法》在法律规范的效力位阶上属于部门规章，并非法律、行政法规，但是该管理办法关于禁止代持保险公司股权的规定与《保险法》的立法目的一致，都是加强对保险业的监督管理，维护社会经济秩序和社会公共利益。当事人签订的信托持股协议违反了《保险公司股权管理办法》的禁止性规定，损害了社会公共利益，依法应认定为无效。

（二）无效的法律后果

当远期回购合同被认定为担保合同或债务加入时，根据《民法典担保制度解释》第 17 条的规定：若主合同有效而担保合同无效，债权人与担保人均有过错的，担保人承担的赔偿责任不应超过债务人不能清偿部分的 1/2；担保人有过错而债权人无过错的，担保人对债务人不能清偿的部分承担赔偿责任；债权人有过错而担保人无过错的，担保人不承担赔偿责任。若主合同无效导致第三人提供的担保合同无效，担保人无过错的，不承担赔偿责任；担保人有过错的，其承担的赔偿责任不应超过债务人不能清偿部分的 1/3。如在（2017）最高法民终 353 号案件中，最高人民法院认为回购人作为事业单位不具有保证人资格，债权人明知回购义务人不具有保证资格仍然要求其出具回购承诺亦具有过错，法院酌定由回购义务人就贷款本息承担 1/3 的赔偿责任。当远期回购构成独立的无名合同时，则根据合同约定或《民法典》第 157 条关于合同无效的法律后果处置。

由于目前对回购义务人承担责任的性质和效力问题立法和司法机关尚未给出明确且肯定的答案，为了尽可能规避风险，保证回购条款/协议的有效性，当事人应在签订协议之初即做好风险防范措施。第一，投资人应当尽可能督促回购方按照《公司法》第 15 条的规定履行决议程序。第二，签订合同时尽到谨慎审查义务，包括但不限于：（1）核实公司的基本工商信息及现行有效的公司章程；（2）督促对方公司提供股东会决议文件；（3）对相关文件中印章、签字的真实性进行初步核查。

五、注意事项

在远期收购协议中，不仅收购方可能面临价格风险，被收购方也可能面临信用风险；极端情况下，标的公司价值的大幅涨跌还可能使合同失衡，引发极端风险。笔者建议，拟签订远期收购协议的交易双方应在合同中明确约定以下条款。

第一，于收购方而言，注重防范目标公司价值显著提升导致收购对价畸高的风险，在收购协议中约定收购价格上限。于被收购方而言，须防范公司价值在交割日来临时大幅下降的风险,在收购协议中明确价格下限。限定交易价格的范围为双方规避了一定的价格风险和信用风险,亦可作为交易合同谈判中的抓手。

第二,从救济手段的角度出发,双方可限缩交易的先决条件,如选择设置含义明确的 MAC 条款,利用财务指标量化何为"重大不利",并允许一方在可量化的重大不利变化发生时终止交易,或选择在允许终止、解除协议的条款中附加磋商义务,以便在极端风险出现时,一方仍可能通过友好协商与另一方重新达成交易条件。

此外,笔者在实践中还遇到过不直接约定付款义务,而约定按照固定价格到期履行签约义务的合同安排。若双方因履行收购协议陷入争议,该种约定下引发的法律问题将转化为约定"签约义务"的合同属于"本约"还是"预约",守约方能否对违约方主张"强制缔约"的违约责任。

按照最高人民法院目前的裁判标准,即便合同中对交易价格、数量、时间都有明确约定,但只要表示了"未来签订正式合同"即为预约合同,而非本约。至于违反预约合同的违约责任是否包括强制缔约,在合同无明确约定的情况下尚存在争议。因此笔者认为,交易双方亦可依据签约义务设置交易条款,并配以签约不成的法律责任。如此一来,起诉、保全、执行不存在障碍,在实践中有望被法院支持,同时给双方留下了重新缔约和缓冲交割的空间,更有利于促进交易的达成。

第五节
差额补足

一、概述

为保障投资人的利益实现,融资合同中通常约定相应的增信措施。差额补足文件作为一种典型的增信措施,是指在基础资产不足以根据交易文件的约定在相应兑付日支付完毕当期逾期收益或应偿还本金时,由差额付款承诺人对差额部分承担补足义务的特别安排。[36] 通常,差额补足文件包括差额补足承诺函以及差额补足协议等形式。本节主要分析差额补足文件的法律性质、法律效力、无效后果等。

二、法律性质

法律是社会实践发展的产物。随着融资交易中以提供差额补足文件作为增信措施的现象越来越多,相关纠纷也日益频发。为回应实践需求,《九民纪要》和《民法典担保制度解释》等均对差额补足文件的法律性质作出了相应的规定。

---

[36] 参见崔建远:《论人的担保的新类型》,载《甘肃社会科学》2022年第1期。

(一) 规范梳理

涉及差额补足的相关法律规范见表 3 - 10。

表 3 - 10　涉及差额补足的相关法律规范

规范名称	条文内容
《九民纪要》	91. 信托合同之外的当事人提供第三方差额补足、代为履行到期回购义务、流动性支持等类似承诺文件作为增信措施，其内容符合法律关于保证的规定的，人民法院应当认定当事人之间成立保证合同关系。其内容不符合法律关于保证的规定的，依据承诺文件的具体内容确定相应的权利义务关系，并根据案件事实情况确定相应的民事责任。
《民法典担保制度解释》	第 36 条　第三人向债权人提供差额补足、流动性支持等类似承诺文件作为增信措施，具有提供担保的意思表示，债权人请求第三人承担保证责任的，人民法院应当依照保证的有关规定处理。 第三人向债权人提供的承诺文件，具有加入债务或者与债务人共同承担债务等意思表示的，人民法院应当认定为民法典第五百五十二条规定的债务加入。 前两款中第三人提供的承诺文件难以确定是保证还是债务加入的，人民法院应当将其认定为保证。 第三人向债权人提供的承诺文件不符合前三款规定的情形，债权人请求第三人承担保证责任或者连带责任的，人民法院不予支持，但是不影响其依据承诺文件请求第三人履行约定的义务或者承担相应的民事责任。

根据《九民纪要》第 91 条的规定，对于差额补足文件性质的界定应当遵循意思自治原则，即根据双方的真实意思表示认定实际的法律关系。《民法典担保制度解释》承袭前述基本原则，将差额补足文件的性质具体界定为以下三类：（1）具有提供担保的意思表示的，认定为保证；（2）具有加入债务或者具有与债务人共同承担债务等意思表示的，认定为债务加入；（3）当差额补足文件不从属于主交易合同，具备合同独立性时，认定为独立合同。

（二）司法实践

笔者从 (2019) 最高法民终 560 号、(2020) 最高法民终 295 号、(2019) 最高法民终 1438 号、(2021) 沪民终 270 号、(2020) 沪民终 567 号等相关司法裁判文书中发现，法院通常根据差额补足文件的内容综合合同解释方法具体确定当事人的意思表示。具言之，如果差额补足文件表明差额补足义务具有债务从属性，则一般倾向于认定为保证担保；如果差额补足文件的内容具有加入债务或者具有与债务人共同承担债务等意思表示的，认定为债务加入；当差额补足文件不从属于主交易合同，具备合同独立性时，被认定为独立合同。具体案例裁判内容在下文中表述。

三、法律效力

承上所述，差额补足文件在实践中可能被认定为保证、债务加入或独立合同。实践中，公司对外出具差额补足文件的，其法律效力如何？是否需要经过决议机关决议？

（一）构成保证担保时

1. 规范文件

根据《公司法》第15条的规定，公司提供担保时，须经决议机关决议。不过，《九民纪要》第19条规定了公司担保时无须机关决议的例外情形。[37]《九民纪要》颁布后，第19条在实践中引起了较大的争议。为了弥补相应漏洞，《民法典担保制度解释》第8条对此进行了限缩。[38] 因而，鉴于《九民纪要》不是司法解释，不能作为裁判依据进行援引。《民法典担保制度解释》实施后发生的相关纠纷应当适用《民法典担保制度解释》第8条的规定。公司担保决议及其例外情形见表3－11。

---

[37]《九民纪要》第19条规定："存在下列情形的，即便债权人知道或者应当知道没有公司机关决议，也应当认定担保合同符合公司的真实意思表示，合同有效：（1）公司是以为他人提供担保为主营业务的担保公司，或者是开展保函业务的银行或者非银行金融机构；（2）公司为其直接或者间接控制的公司开展经营活动向债权人提供担保；（3）公司与主债务人之间存在相互担保等商业合作关系；（4）担保合同系由单独或者共同持有公司三分之二以上有表决权的股东签字同意。"

[38]《民法典担保制度解释》第8条规定："有下列情形之一，公司以其未依照公司法关于公司对外担保的规定作出决议为由主张不承担担保责任的，人民法院不予支持：（一）金融机构开立保函或者担保公司提供担保；（二）公司为其全资子公司开展经营活动提供担保；（三）担保合同系由单独或者共同持有公司三分之二以上对担保事项有表决权的股东签字同意。上市公司对外提供担保，不适用前款第二项、第三项的规定。"

表 3-11 公司担保决议及其例外情形

规范文件	具体规定
《公司法》	原则：必须决议： （1）公司向其他企业投资或者为他人提供担保，依照公司章程的规定，由董事会或者股东会决议； （2）公司为公司股东或者实际控制人提供担保的，必须经股东会决议。
《九民纪要》	例外：无须决议： （1）公司是以为他人提供担保为主营业务的担保公司，或者是开展保函业务的银行或者非银行金融机构； （2）公司为其直接或者间接控制的公司开展经营活动向债权人提供担保； （3）公司与主债务人之间存在相互担保等商业合作关系； （4）担保合同系由单独或者共同持有公司 2/3 以上有表决权的股东签字同意。
《民法典担保制度解释》	例外：无须决议： （1）金融机构保函或担保公司担保； （2）为全资子公司提供担保（上市公司不适用）； （3）持有 2/3 以上表决权的股东签署担保合同（上市公司不适用）。

2. 司法实践

在（2021）最高法民申 3454 号[39]案件中，最高人民法院认为："捷尔公司出具具有保证性质的《差额补足承诺函》，未经股东会或董事会决议，对该承诺函无效具有过错；工行九龙坡支行作为金融机构，未严格审查，亦有过错。原审判决依据《担保法司法解释》第七条规定，确定捷尔公司应就新恒韵医疗公司不能清偿的本案债务承担二分之一的赔偿责任，适用法律正确。"

在（2019）沪 74 民初 2879 号案件中，上海金融法院认为："《差额补足承诺函》，从其承诺的内容来看，该项差额补足责任应为保证担保责任。在对外提供担保成立的情形下，根据我国公司法第 15 条的相关规定，上市公司亦应当依照公司章程的规定，由董事会或者股东会、股东会决议。被告新疆同济堂的章程规定，

---

[39] 重庆捷尔医疗设备有限公司、中国工商银行股份有限公司重庆九龙坡支行等金融借款合同纠纷案，最高人民法院（2021）最高法民申 3454 号民事判决书。

公司相关对外担保行为,须经股东会审议通过。中国证券监督管理委员会就上市公司对外担保的有关问题早在2005年即发布了《关于规范上市公司对外担保行为的通知》（证监发〔2005〕120号），被告新疆同济堂亦当予以遵守。本案中，被告新疆同济堂并未向原告提供与上述差额补足责任相关的股东会决议，故被告新疆同济堂于本案中所出具的《差额补足承诺函》中承诺的差额补足责任，对该被告不发生合同效力。因此，对于原告要求被告新疆同济堂就系争全部债务承担差额补足责任的诉请，本院不予支持。保证人承担保证责任后，可依法向债务人追偿。"[40]

根据前述规定及实践，可以发现，差额补足文件认定为保证担保的，根据《公司法》第15条的规定，公司提供担保需要履行决议程序，但符合《民法典担保制度解释》第8条规定的除外。因而，如差额补足文件被认定为保证担保，但差额补足义务人出具差额补足文件时未就此作出内部决议，且不具有《民法典担保制度解释》第8条所列之无须决议之情形的，该差额补足文件将被认定为无效。

（二）构成债务加入时

1. 规范文件

如第三节所述，债务加入系指第三人加入既存的债务关系中，与原债务人对债权人并负同一之债务，第三人加入债务之后，原债务人并不退出债务关系，与第三人共同对债务承担连带责任。当差额补足认定为债务加入时，其准用担保规则，须以公司股东会、董事会等公司机关的决议作为授权的基础和来源。

2. 司法实践

在（2019）最高法民终1438号[41]案件中，最高人民法院认为："关于乐视网是否应当依其承诺对乐视控股的还款义务承担差额补足责任的问题，因二审中乐

---

[40] 钜洲资产管理（上海）有限公司与湖北同济堂科技有限公司等其他合同纠纷案，上海金融法院（2019）沪74民初2879号民事判决书。

[41] 中信银行股份有限公司北京分行、乐视网信息技术（北京）股份有限公司金融借款合同纠纷案，最高人民法院（2019）最高法民终1438号民事判决书。

视网和中信银行均认可 2016 年 8 月 23 日函件的内容构成债务加入，本院对原审判决关于乐视网出具的承诺承担差额补足责任函件的性质构成债务加入的认定，予以维持。根据民法一般原理，债务加入是指第三人加入既存的债务关系中，与债务人就其债务对债权人负连带之责，其效果相当于加入人为自己创设了一项独立的债务。与保证责任相比，加入人承担的债务较保证人的负担更重。本案中，作为上市公司的乐视网在函件中承诺承担的债务，是其控制股东乐视控股的债务。《中华人民共和国合同法》第 124 条规定：'本法分则或者其他法律没有明文规定的合同，适用本法总则的规定，并可以参照本法分则或者其他法律最相类似的规定。'据此，在现行立法未就债务加入的生效要件作出明确规定的情况下，原审判决类推适用法律关于上市公司为其股东提供保证的相关规定来认定其效果归属，法律依据充分，亦符合'举轻以明重'的法律解释方法。"

在（2021）沪民终 270 号[42]案件中，上海市高级人民法院认为："涉案《差补文件》订立时，并无相关法律规定债务加入需经股东会或董事会决议后才产生效力。民法领域，法无禁止即可为。要求当事人在法律没有明确规定的情况下，就按未来才制定的新法律、新司法解释去签订合同，显然会明显减损当事人合法权益，增加当事人法定义务或背离当事人的合理预期。故根据承诺作出时的法律规定，无锡龙腾公司、无锡宏诺公司、无锡崇安公司未提供公司股东会或董事会决议，并不影响其差补承诺的效力。"

3. 裁判小结

根据前述规定及司法实践，可以发现，最高人民法院在（2019）最高法民终 1438 号民事判决书中认为，由于债务加入较之于保证的法律责任更重，在现行立法未就债务加入的生效要件作出明确规定的情况下，法院类推适用法律关于上市公司为其股东提供保证的相关规定认定其效果归属，法律依据充分，亦符合"举轻以明重"的法律解释方法。

---

[42] 无锡中南置业投资有限公司、无锡市龙腾商业发展有限公司等与上海浦东发展银行股份有限公司上海分行其他信托纠纷案，上海市高级人民法院（2021）沪民终 270 号民事判决书。

不过，上海市高级人民法院（2021）沪民终270号民事判决书则认为，根据差额补足文件作出时的法律规定，未提供公司股东会或董事会决议而径行作出差额补足承诺文件，并不影响其差额补足承诺的效力。

（三）构成独立合同时

1. 司法实践

在（2019）最高法民终1524号[43]案件中，最高人民法院认为："《差补和受让协议》是双方当事人的真实意思表示，不违反法律、行政法规的强制性规定，合法有效。"

在（2020）沪74民初3448号[44]案件中，上海金融法院认为："《差额补足协议》约定尤夫控股公司作为差额补足义务人，承担信托合同项下信托财产不足分配原告信托利益部分的差额补足义务，该协议客观上虽具有增信担保的保障作用，但与通常具有从属性、补充性的保证担保不同，其没有对应的主债务，属于尤夫控股公司对原告作出的补偿支付承诺，相对于被补充之债权具有独立性，应认定为独立合同，故对于尤夫控股公司主张《差额补足协议》性质上应认定为保证合同，时任公司法定代表人黄某签署该协议时需取得公司股东批准或授权的辩称，本院不予支持，原告亦无义务审查尤夫控股公司股东决定。原告与尤夫控股公司及颜某刚签订的《差额补足协议》均系当事人的真实意思表示，且不违反法律、行政法规的强制性规定，合法有效，各方应依约履行。"

2. 裁判小结

根据前述规定及司法实践，可以发现，差额补足文件被认定为独立合同的，目前司法实践并无明确要求义务人出具内部决议。不过为审慎起见，我们建议权利人仍需对义务人的章程等文件进行事先审查，以确认协议的签署履行了章程等

---

[43] 安通控股股份有限公司、安康营业信托纠纷案，最高人民法院（2019）最高法民终1524号民事判决书。

[44] 上海浦东发展银行股份有限公司上海分行与湖州尤夫控股有限公司、颜某刚其他合同纠纷案，上海金融法院（2020）沪74民初3448号民事判决书。

文件要求的内部决策程序。

(四) 差额补足文件无效的法律后果

1. 规范文件

差额补足文件需要履行内部决议程序但未履行的,应认定为无效。根据《民法典担保制度解释》第 17 条的规定:(1) 债权人与担保人均有过错的,担保人承担的赔偿责任不应超过债务人不能清偿部分的 1/2。(2) 担保人有过错而债权人无过错的,担保人对债务人不能清偿的部分承担赔偿责任。(3) 债权人有过错而担保人无过错的,担保人不承担赔偿责任。(4) 主合同无效导致第三人提供的担保合同无效,担保人无过错的,不承担赔偿责任;担保人有过错的,其承担的赔偿责任不应超过债务人不能清偿部分的 1/3。相关总结见表 3-12。此外,《民法典担保制度解释》第 12 条规定了债务加入准用担保规则。

表 3-12 《民法典担保制度解释》第 17 条

无效的原因	债权人过错	担保人过错	担保人责任
与主合同无关	×	×	≤1/2 (债务人不能清偿部分)
	×	√	√
由主合同所致	-	×	×
	-	√	≤1/3 (债务人不能清偿部分)

注:表中"×"表示否定,"√"表示肯定,"-"表示无关。

2. 司法实践

在 (2021) 最高法民申 3454 号[45]案件中,最高人民法院认为:"捷尔公司出具具有保证性质的《差额补足承诺函》,未经股东会或董事会决议,对该承诺函无效具有过错;工行九龙坡支行作为金融机构,未严格审查,亦有过错。原审判决

---

[45] 重庆捷尔医疗设备有限公司、中国工商银行股份有限公司重庆九龙坡支行等金融借款合同纠纷案,最高人民法院 (2021) 最高法民申 3454 号民事判决书。

依据《担保法司法解释》第七条规定，确定捷尔公司应就新恒韵医疗公司不能清偿的本案债务承担二分之一的赔偿责任，适用法律正确。"

在（2021）最高法民终355号[46]案件中，最高人民法院认为："如前所述，签订《承诺书》时，鸿运公司由于对公司公章管理不善，使孟某彪具备代为缔约的合理外观；聚丰公司未审查鸿运公司的决议文件，亦未尽到应有的注意义务，双方对于《承诺书》的不具有法律效力均负有过错。参照《最高人民法院关于适用〈中华人民共和国民法典〉有关担保制度的解释》第7条、第17条规定，本院酌定鸿运公司应承担借款人孟某彪、孟某明不能清偿债务部分50%的赔偿责任。"

在（2019）最高法民再236号[47]案件中，最高人民法院认为："苏某荣越权代表兰林阁昆明分公司加入债务虽然不能产生债务加入的法律效果，但兰林阁昆明分公司是否可因此免予承担民事责任，尚需进一步分析。基于前述债务加入可准用担保规则的处理原则，本案可根据《中华人民共和国民法总则》第157条的规定并参照担保法及其司法解释的前述规定，根据各方当事人对于债权加入行为无效的过错情况，对兰林阁昆明分公司是否应承担相应的民事责任予以认定。本案各方当事人均存在一定过错，基于上述，本院认为，兰林阁昆明分公司应当对未偿还借款本金及利息的三分之一承担民事责任。"

在（2021）京民申1119号[48]案件中，北京市高级人民法院认为："虽然还款协议中涉及钧义志成公司债务加入部分无效，但钧义志成公司过错责任明显，二审法院从公平原则出发，参照《中华人民共和国担保法》及相关司法解释中关于担保无效后担保人具有过错情况下应承担法律后果的条款，酌情确定钧义志成公司应在二分之一范围内对段某星不能还款部分承担清偿责任，并无不当。"

---

[46] 甘南鸿运矿业有限责任公司、青海聚丰典当有限公司典当纠纷案，最高人民法院（2021）最高法民终355号民事判决书。

[47] 大理兰林阁置业有限责任公司昆明分公司、大理兰林阁置业有限责任公司民间借贷纠纷案，最高人民法院（2019）最高法民再236号民事判决书。

[48] 北京钧义志成科技发展有限公司与段某星等民间借贷纠纷案，北京市高级人民法院（2021）京民申1119号民事判决书。

在（2019）粤民终2439号[49]案件中，广东省高级人民法院认为："广发信德作为专业投资机构，明知三禾永佳系目标公司山东永佳的股东，但并未审查山东永佳股东会作出的同意山东永佳债务加入条款的决议，故广发信德并非善意相对人，山东永佳债务加入条款无效，该条款对山东永佳没有约束力。参照法律依据关于'主合同有效而担保合同无效，债权人无过错的，担保人与债务人对主合同债权人的经济损失，承担连带赔偿责任；债权人、担保人有过错的，担保人承担民事责任的部分，不应超过债务人不能清偿部分的二分之一'的规定，广发信德作为专业投资机构，未审查山东永佳相关股东会决议，应当对山东永佳债务加入条款无效承担主要责任，山东永佳的法定代表人越权代表该公司签署债务加入条款，公司经营管理存在严重疏漏，应当对债务加入条款无效承担次要责任。综上，本院酌定山东永佳对三禾永佳在涉案股权转让协议及补充协议项下违约责任三分之一的份额承担补充责任。"

在（2020）苏民申5961号[50]案件中，江苏省高级人民法院认为："债务加入人、债权人应当对债务加入的无效后果就各自过错承担相应的赔偿责任。最高人民法院《关于适用〈中华人民共和国担保法〉若干问题的解释》第七条规定，'主合同有效而担保合同无效，债权人无过错的，担保人与债务人对主合同债权人的经济损失，承担连带赔偿责任；债权人、担保人有过错的，担保人承担民事责任的部分，不应超过债务人不能清偿部分的二分之一。'二审法院参照担保合同无效后赔偿责任的认定标准，综合考虑本案案情、各方过错程度，认定徐霞客镇政府在财政所承诺的4000万元范围内对主债务不能清偿部分的三分之一承担赔偿责任，尚属适当。"

---

[49] 山东永佳动力股份有限公司、薛某文合伙协议纠纷、股权转让纠纷案，广东省高级人民法院（2019）粤民终2439号民事判决书。

[50] 江阴市徐霞客镇人民政府与江苏银行股份有限公司无锡朝阳支行、江阴市双宏钢业有限公司等金融借款合同纠纷案，江苏省高级人民法院（2020）苏民申5961号民事判决书。

在（2015）苏商终字第 00220 号[51]案件中，江苏省高级人民法院认为："张某荣并未审查新联信公司债务加入是否经过股东会决议，且在 2012 年 10 月 10 日协议中载明三优公司知晓并认可合同内容，但三优公司并未在协议上签章的情况下，仍疏于审查，亦存有过错。因对于新联信公司债务加入行为无效的后果，新联信公司和张某荣均存在过错，参照《最高人民法院关于适用〈中华人民共和国担保法〉若干问题的解释》第七条的规定，原审判决认定新联信公司对华东公司所负债务承担二分之一的补充赔偿责任并无不当。"

总结前述司法实践可以发现，实践中，法院普遍认可债务加入准用担保规则。因而，就债务加入无效时，法院通常根据各方的过错考量相应的责任承担。实践中，法院认为债务加入无效的，担保人承担的责任通常不超过债务人不能清偿部分的 1/2。根据前述实践似乎可以认为，如果债务加入无效系因三方过错所致，法院倾向于认定担保人承担的责任通常不超过债务人不能清偿部分的 1/3。

四、注意事项

从法律实务的角度，为了避免因法律规定不明确可能带来的司法裁判不确定性，笔者建议从以下几个方面做好防范措施。

1. 明确差额补足的责任形式。差额补足作为一种类担保措施，如果其担保的对象是传统意义上的债，笔者认为应直接签订《保证合同》而非《差额补足协议》，避免因法律规定模糊导致的不确定性。但实践中其担保的对象并非传统意义上的债，通常是目标企业对投资方的分红，在《差额补足协议》中应尽量清晰地描述差额补足义务的内容，增强可操作性，降低发生争议的概率，并将其界定为一种与保证类似的增信措施，而非差额补足方对投资方的赠与，同时应办理公证避免差额补足方行使撤销权。在股权投资中，将差额补足融入《回购协议》中比单独的《差额补足协议》的保障效果更强，此时差额补足价款构成《回购协议》

---

[51] 张某荣与常州市新北区新联信农村小额贷款有限公司、常州华东装潢有限公司等合同纠纷案，江苏省高级人民法院（2015）苏商终字第 00220 号民事判决书。

项下的回购价款。

2. 明确差额补足的责任主体。根据前文所述，差额补足的主体可以分为目标企业、目标企业其他股东、第三人。如果由目标企业直接进行差额补足，可能因为违背《公司法》《合伙企业法》中不得损害目标企业、目标企业股东及其债权人利益、收益分配的规定而被认定为无效。故建议差额补足方为目标企业的实际控制人或第三方。

3. 接受法人主体提供担保型差额补足的，应根据《公司法》及公司章程的规定履行对外担保决议程序。在担保型差额补足关系下，无论被认定为保证担保或是债务加入，均应严格根据《公司法》及公司章程关于公司对外担保的决议程序规定，取得补足义务人的内部决议文件。否则，义务人无须承担差补责任，且在保证担保情形下债权人需主张并证明义务人也存在过错，法院方可能考虑要求义务人承担部分赔偿责任，而债务加入情形下义务人将无须承担赔偿责任。

4. 接受上市公司（或其控股子公司）提供担保型差额补足的，除取得上市公司关于提供担保的内部决议外，还应由上市公司对差额补足事项进行对外公告。现行法律框架下，上市公司或其控股子公司对外提供担保的生效要件比普通公司法人更严苛。上市公司或其控股子公司提供担保，应经董事会或股东会决议通过，且应将决议及担保事项予以公告，否则上市公司既不承担差额补足协议下的担保责任（或债务加入责任），亦不承担赔偿责任。

5. 差额补足义务人未履行义务时，债权人应于违约之日起6个月内向其主张权利，必要时应于6个月内向主债务人提起诉讼、提起仲裁或申请执行公证债权文书。鉴于差额补足可能被认定为保证担保，且通常情况下差额补足协议或函件中不会约定保证期间、保证方式，因此债权人应警惕保证期间经过、保证责任消灭的风险。具体到差额补足情境下，因协议中未约定保证期间，故保证期间适用法律规定，为主债务到期之日起6个月。因此，建议债权人应于主债务到期之日起6个月内向差额补足义务人主张权利，避免保证期间经过。同理，差额补足协议中一般未明确保证方式，且法院很可能因无法判定保证方式而认为差额补足构成一般保证，因此，建议债权人按照一般保证标准来确定保证期间，即应于6个月内向债务人提起诉讼、仲裁或申请执行公证债权文书。

6. 投资标的为上市公司非公开发行股票时，建议审慎接受上市公司控股股东、实际控制人、主要股东提供的差额补足。在王某与GT信托合同纠纷案中，差补方抗辩差额补足协议因违反《上市公司非公开发行股票实施细则》（2020修正，已失效）第29条[52]而无效。法院认为，本案差额补足协议发生在前述条款生效之前，因此抗辩理由不成立。但目前前述实施细则已施行多年，若投资标的为上市公司非公开发行股票的，建议严格适用前述实施细则的规定，以其他合法有效的增信措施替代控股股东或实际控制人提供的差额补足。

7. 在对赌交易中，建议安排由目标公司的股东、实际控制人或者关联方提供差额补足或回购。根据《九民纪要》的规定及司法实践趋势，公司股东、实际控制人或者关联方为投资者提供的对赌补偿，若不存在合同无效、被撤销的法定原因，一般能被认定为有效且可直接履行。但对于投资者与目标公司之间的对赌，虽不会直接被认定为无效，但在实际履行时会面临较大障碍，因为公司减资涉及决议、公告等复杂程序，而公司分红则以有可分利润为前提。因此，为确保能实际获取对赌的补偿，建议与目标公司股东或实际控制人实施对赌。

---

[52] 《上市公司非公开发行股票实施细则》（2020修正，已失效）第29条规定："上市公司及其控股股东、实际控制人、主要股东不得向发行对象作出保底保收益或变相保底保收益承诺，且不得直接或通过利益相关方向发行对象提供财务资助或者补偿。"

第六节
让与担保

随着市场经济的不断发展，市场主体融通资金的需求越来越大，让与担保有融资灵活、交易成本较低、第三人阻碍债权实现的可能性小等优势，既可以满足债权人资金安全的需求，也能让债务人快速实现融资，因此，让与担保制度在实践中的应用越来越广泛。让与担保制度早在实践中有所应用，但在法律层面经历了一个逐步被承认的发展过程。

我国长期以来没有在法律层面承认让与担保制度，直至2015年9月1日施行的旧《民间借贷司法解释》第24条[53]在司法解释层面上对让与担保制度进行规范和调整。后《九民纪要》第71条对让与担保的形式和效力作出明确规定，即债务人或者第三人与债权人订立合同，约定将财产形式上转让至债权人名下，债务人到期清偿债务，债权人将该财产返还给债务人或第三人，债务人到期没有清偿债务，债权人可以对财产拍卖、变卖、折价偿还债权的，人民法院应当认定合同有效。合同如果约定债务人到期没有清偿债务，财产归债权人所有的，人民法院

---

[53] 旧《民间借贷司法解释》第24条规定："当事人以签订买卖合同作为民间借贷合同的担保，借款到期后借款人不能还款，出借人请求履行买卖合同的，人民法院应当按照民间借贷法律关系审理，并向当事人释明变更诉讼请求。当事人拒绝变更的，人民法院裁定驳回起诉。按照民间借贷法律关系审理作出的判决生效后，借款人不履行生效判决确定的金钱债务，出借人可以申请拍卖买卖合同标的物，以偿还债务。就拍卖所得的价款与应偿还借款本息之间的差额，借款人或者出借人有权主张返还或补偿。"

应当认定该部分约定无效，但不影响合同其他部分的效力。虽然在《民法典》合同编中没有对该制度予以确认，但其第388条"其他具有担保功能的合同"有一定的解释空间，实际上是为让与担保提供制度保障。且《民法典担保制度解释》第68条基本延续了《九民纪要》的规定，并对让与担保的定义、效力、实现方式做了较为具体的规定。

《民法典》及《民法典担保制度解释》在很大程度上统一了实务中让与担保涉及的诸多问题的裁判思路，但司法实践中仍有若干问题存在争议和讨论的空间。本节主要围绕如何识别让与担保以及让与担保合同效力及物权效力展开，总结司法实践中法院的裁判规则。由于股权让与担保涉及财产权利与身份权利，本节最后也分析了股权让与担保的相关规则。

一、定义

司法实践中，处理让与担保纠纷案件首先需要解决的问题是对让与担保纠纷的识别。由于让与担保是一种非典型担保制度，且让与担保合同不是有名合同，通常其交易外观上表现为财产转让等形式。因此明确让与担保的概念，对让与担保进行分类，总结让与担保的特征，辨析让与担保与财产转让、抵押、质押的区别，均是从不同角度识别让与担保。

（一）让与担保的概念及分类

担保分为典型担保与非典型担保，让与担保制度是一种非典型担保，非典型担保是指以非典型担保方式设定的担保，即采用保证、抵押、质押等典型担保方式以外的方式设定的担保。根据通说，让与担保是大陆法系国家沿袭罗马法上信托行为的理论，经由判例学说形成的非典型担保制度，其以当事人权利转移的方式达成担保信用授受目的为特征。让与担保，是指债务人或者第三人为担保债务人的债务，将担保标的物的财产权（常为所有权但是不限于所有权）转移于担保权人，而使担保权人在不超过担保目的范围内取得担保标的物的财产权，在债务受清偿后，标的物返还债权人或者第三人，在债务不履行时担保权人就该标的物受偿的制度，其性质属于非典型担保。[54] 将标的物转移给他人的债务人或第三人形式上是转让人，实质上是担保人；受领标的物的他人形式上是受让人，实质上是担保权人。

根据是否有关回赎的约定，让与担保可以分为买卖式担保和让与式担保。买卖式担保是指以买卖方式进行融资，并约定债务人在一定条件下可将该标的物回购，债权人对于担保物的权利仅有期待权；让与式担保是指债务人（或第三人）为担保债务清偿，将担保标的物的所有权转移给债权人，在债务清偿后，标的物所有权回归于担保人；如果债务届时未能得到清偿，债权人有权就担保物优先受偿。

按照是否需要对担保物进行清算估价，让与担保可以分为事前归属型让与担保和清算型让与担保。事前归属型让与担保又称为流质型让与担保，是指无须进行清算，担保物所有权就直接归属债权人用于偿债。目前我国法律规定，禁止事前归属型让与担保。清算型让与担保，是指约定在债务人不能履行债务时，需要对担保物进行清算后偿还债务的让与担保。

根据担保标的物的不同，让与担保可以分为动产让与担保、不动产让与担保以及股权让与担保等类型。司法实践中，股权让与担保应用较为广泛，与动产、不动产让与担保仅涉及财产权利不同，股权兼具财产权和成员权的双重属性，笔者将在本章的最后部分对股权让与担保的特殊问题进行分析。

---

[54] 参见最高人民法院民事审判第二庭：《最高人民法院民法典担保制度司法解释理解与适用》，人民法院出版社2021年版，第566页。

从《九民纪要》第71条、[55]《民法典担保制度解释》第68条、[56] 第69条[57]的规定可以看出，我国对于让与担保的规定既包括买卖式的也包括让与式的让与担保；在实现方式上，不认可事前归属型让与担保，即实现让与担保必须进行清算程序；对于股权让与担保中担保权人的股东身份权有专门的规定。

（二）让与担保的特征

一是让与担保具有从属性。担保最主要的特征在于从属性，让与担保虽然属于非典型担保，但其设立的目的仍然在于担保主债权的实现。首先，让与担保以当事人之间存在主债权为基础，如最高人民法院在（2019）最高法民终688号案、[58]（2021）最高法民申6992号案[59]中均认为主债权不成立，让与担保关系

---

[55]《九民纪要》第71条规定："债务人或者第三人与债权人订立合同，约定将财产形式上转让至债权人名下，债务人到期清偿债务，债权人将该财产返还给债务人或第三人，债务人到期没有清偿债务，债权人可以对财产拍卖、变卖、折价偿还债权的，人民法院应当认定合同有效。合同如果约定债务人到期没有清偿债务，财产归债权人所有的，人民法院应当认定该部分约定无效，但不影响合同其他部分的效力。当事人根据上述合同约定，已经完成财产权利变动的公示方式转让至债权人名下，债务人到期没有清偿债务，债权人请求确认财产归其所有的，人民法院不予支持，但债权人请求参照法律关于担保物权的规定对财产拍卖、变卖、折价优先偿还其债权的，人民法院依法予以支持。债务人因到期没有清偿债务，请求对该财产拍卖、变卖、折价偿还所欠债权人合同项下债务的，人民法院亦应依法予以支持。"

[56]《民法典担保制度解释》第68条规定："债务人或者第三人与债权人约定将财产形式上转移至债权人名下，债务人不履行到期债务，债权人有权对财产折价或者以拍卖、变卖该财产所得价款偿还债务的，人民法院应当认定该约定有效。当事人已经完成财产权利变动的公示，债务人不履行到期债务，债权人请求参照民法典关于担保物权的有关规定就该财产优先受偿的，人民法院应予支持。债务人或者第三人与债权人约定将财产形式上转移至债权人名下，债务人不履行到期债务，财产归债权人所有的，人民法院应当认定该约定无效，但是不影响当事人有关提供担保的意思表示的效力。当事人已经完成财产权利变动的公示，债务人不履行到期债务，债权人请求对该财产享有所有权的，人民法院不予支持；债权人请求参照民法典关于担保物权的规定对财产折价或者以拍卖、变卖该财产所得的价款优先受偿的，人民法院应予支持；债务人履行债务后请求返还财产，或者请求对财产折价或者以拍卖、变卖所得的价款清偿债务的，人民法院应予支持。债务人与债权人约定将财产转移至债权人名下，在一定期间后再由债务人或者其指定的第三人以交易本金加上溢价款回购，债务人到期不履行回购义务，财产归债权人所有的，人民法院应当参照第二款规定处理。回购对象自始不存在的，人民法院应当依照民法典第一百四十六条第二款的规定，按照其实际构成的法律关系处理。"

[57]《民法典担保制度解释》第69条规定："股东以将其股权转移至债权人名下的方式为债务履行提供担保，公司或者公司的债权人以股东未履行或者未全面履行出资义务、抽逃出资等为由，请求作为名义股东的债权人与股东承担连带责任的，人民法院不予支持。"

[58] 潘某义、四川信托有限公司合同纠纷案，最高人民法院（2019）最高法民终688号民事判决书。

[59] 杨某、石某军等民事纠纷案，最高人民法院（2021）最高法民申6992号民事判决书。

当然不成立；但主债权不以已经存在的现实债权为必要，如最高人民法院在（2018）最高法民终119号案[60]中认为将来变动中的不特定债权，亦可成为担保对象。其次，主债务清偿导致担保物权消灭，如果当事人转让的财产会因主债务清偿而返还，那就说明财产转让不是独立行为且不具有终局性，而是与主债务相关联的担保行为。这是识别让与担保最核心的特征。

二是约定将标的物转移给债权人。债务人或第三人为了担保的目的将担保物的所有权转移给债权人。如果已经完成了财产权利变动公示，债权人在债务人不清偿到期债务时，就担保物享有优先受偿权。如未完成财产权利变动公示，债权人无法实现让与担保的物权效力。

三是当事人之间的真实意思在于担保主债权。债权人与担保人的财产转让合同仅仅是一种表面行为，标的物的权利转移只是形式上的，而非双方真实的合同目的。实践中一般首先对当事人所签订合同进行文义解释，其次需结合交易架构、转让财产是否支付对价等进行综合判断。

四是所担保的债权需要经过清算。如债务人清偿债务，担保物的财产权利复归于担保人。债务人未能清偿债务的，当事人就后果的约定一般有两种：其一，将担保物处分，就处分后的价款债权人优先受偿；其二，担保物直接归债权人所有，不再另行结算。根据我国法律规定，在债务人未偿还债务时，债权人有权对财产折价或者以拍卖、变卖该财产所得的款项偿还债务，但债权人不能未经清算直接取得担保物的所有权。

（三）让与担保与其他制度的区别

1. 让与担保与财产权转让的区别

首先是合同目的不同。财产权转让中当事人的目的是转让财产权，出卖人的主要义务是转让财产权，买受人的主要义务是支付转让款；让与担保的合同目的

---

[60] 修水县巨通投资控股有限公司、福建省稀有稀土（集团）有限公司合同纠纷案，最高人民法院（2018）最高法民终119号民事判决书。

是为主债务提供担保，担保权人通常无须为此支付对价，最高人民法院在（2019）最高法民申6422号案中也持此种观点。[61] 如当事人在合同中约定了需要支付对价，实践中一般认为不符合让与担保的典型特征，如最高人民法院在（2020）最高法民终1149号案[62]中认为股权受让人支付了价款，不应认定为让与担保。

其次是否具有从属性。让与担保合同属于从合同范畴，有对应的主债务作为主合同，具有从属性。财产权转让则不具有从属性这一特点，是一个独立的合同。

2. 让与担保与以物抵债的区别

让与担保与以物抵债最重要的区别在于主债务的履行期是否届满。交易时，让与担保的典型特征是主债务未到期，所谓担保必定是在主债务尚未届满时成立，是为债权人未来利益的不确定性提供预期保障。交易时，债务履行期届满是认定以物抵债的核心要件。如果履行期限已经届满，债务人未能清偿到期债务的事实已然确定，就应该制订最终以物抵债清偿方案。

3. 让与担保与抵押、质押的区别

抵押、质押是法定的担保物权，让与担保是非典型担保。普遍认为，已经完成公示的让与担保可以参照适用最相类似的动产质押、不动产抵押以及股权质押，但是并非完全相同。让与担保存在表里不一的问题，在内部关系上，根据当事人的真实意思表示应当认定为担保，但是在外部关系上，鉴于实质上的债权人形式上却是所有权人或者股东，因而往往面临着应否承担所有人或者股东权利义务等问题。

二、法律效力

在识别为让与担保纠纷后，就需要审查让与担保的合同效力和物权效力，这

---

[61] 田某川、河南省太行置业有限公司与公司有关的纠纷案，最高人民法院（2019）最高法民申6422号民事判决书。

[62] 上海德泓投资（集团）有限公司、百联集团有限公司股权转让纠纷案，最高人民法院（2020）最高法民终1149号民事判决书。

是实现让与担保的重要基础。除具有法律规定的合同无效的情形外，一般不以虚伪意思表示、违反物权法定、违反流质流押等否定让与担保的合同效力。合同有效仅是担保权人实现担保物权的前提条件之一，还必须完成财产权利变动的公示，才可以实现担保物的优先受偿权。

（一）让与担保的合同效力

发生纠纷后，当事人之间的争议焦点首先聚焦于合同效力的认定上。当财产转移至担保权人名下对其有利时，其通常会主张确认财产转让合同有效，否定财产转让系担保主债权的意思表示；而担保人则主张财产转移的目的是担保主债权实现，反之也有可能。

笔者认为，让与担保合同除具有法律规定的合同无效事由外，一般应当认定为有效。实践中否定让与担保合同效力的主要有以下三种观点：一是虚伪意思表示，二是违反物权法定原则，三是违反流质契约之禁止的规定。笔者认为前述三种观点均不可否定让与担保合同效力。

首先，以虚伪意思表示为由认定让与担保无效缺乏法律依据。如上海市第一中级人民法院在（2020）沪01民终3375号[63]案中认为，让与担保的当事人以真意进行所有权转让的行为，尽管所有权转让的意思在于实现担保目的，双方就让与担保达成合意，隐藏的让与担保行为仍属于有效。

其次，让与担保合同未违反物权法定原则。《民法典》虽未明确让与担保合同，但在第388条规定了其他具有担保功能的合同，且根据区分原则，物权法定本身不影响合同效力，如最高人民法院在（2020）最高法民申2155号案[64]中指出，即使没有完成财产权利变动的公示，也不影响让与担保合同的效力。

最后，即使让与担保合同中包含流质流押条款，流质条款或者流押条款无效

---

[63] 韩某仙与黄某强确认合同无效纠纷案，上海市第一中级人民法院（2020）沪01民终3375号民事判决书。

[64] 岑巩县德意房地产开发有限责任公司、杨某杰民间借贷纠纷案，最高人民法院（2020）最高法民申2155号民事判决书。

也不影响抵押合同或者质押合同的效力。《九民纪要》第71条、《民法典担保制度解释》第68条均规定此类约定部分无效，即债权人不可要求担保物直接归其所有，但可以依据法定清偿程序要求优先受偿。因此，如债权人与担保人约定到期不履行债务，财产直接归债权人所有的合同条款无效，但是其他部分仍然有效。

（二）让与担保的物权效力

1. 让与担保的物权效力的识别

让与担保虽属于非典型担保，根据《九民纪要》第71条的规定，让与担保具有物权效力的前提是债权人根据合同约定已经完成财产权利变动的公示，形式上已经将财产转移至债权人名下。一则最高人民法院的公报案例认为，[65] 让与担保是否具有物权效力，应以是否已按照物权公示原则进行公示，作为核心判断标准。具体来说，动产已经交付给债权人，不动产或者股权已经变更登记在债权人名下。如最高人民法院在（2020）最高法民再90号[66]案中认为，让与担保的设立需要不动产已经完成权利变动的公示，形式上已经将财产转让至债权人名下。最高人民法院在（2021）最高法民申2298号[67]案中认为，案涉股权经过公司登记机关的股权过户变更登记，已经完成以财产权利变动的公示方式转让至债权人名下，符合让与担保的性质和特征。对于仅签订合同，未完成财产权利变动公示的，不具有物权效力。如最高人民法院在（2021）最高法民申1697号案[68]中认为，房产仅网签在债权人名下不具备物权效力。最高人民法院在（2021）最高法民申

---

[65] 黑龙江闽成投资集团有限公司、西林钢铁集团有限公司民间借贷纠纷案，最高人民法院（2019）最高法民终133号民事判决书，载《最高人民法院公报》2020年第1期。最高人民法院（2018）最高法民终119号案也持相同观点。

[66] 都匀经济开发区金信源小额贷款股份有限公司、谭某勤民间借贷纠纷案，最高人民法院（2020）最高法民再90号民事判决书。

[67] 任某发、任某奇等民间借贷纠纷案，最高人民法院（2021）最高法民申2298号民事裁定书。

[68] 蔡某东、怀化金顺房地产开发有限公司物权确认纠纷案，最高人民法院（2021）最高法民申1697号民事裁定书。

5772号案[69]中认为，仅办理了商品房预售合同登记备案手续，但未办理预告登记亦未过户登记，不具有物权效力。

2. 物权效力的法律后果

物权效力，是指参照适用最相类似的担保物权，享有优先受偿的权利。其中，动产、不动产以及股权让与担保分别参照适用动产质押、不动产抵押以及股权质押的规定，将财产拍卖、变卖、折价，并以所得价款优先受偿。此处存在一个需解释的问题，公示的是所有权或股权变动，而实际享有的是担保物权，二者存在不一致的情形。但是根据"举重以明轻"的解释规则，将登记的所有权或股权解释为担保物权，并不损害债务人的利益。

笔者认为，如未完成财产权利变动公示，让与担保合同虽然生效，但债务人不履行债务时，债权人只能要求就担保财产变价款受偿，不能对抗合法取得该财产的权利人，亦无优先受偿效力。最高人民法院在（2020）最高法民申2155号案中[70]也持此种观点。

3. 担保权人无权处分担保物

债权人仅取得担保物的权利外观，但其目的在于担保债权实现，债权人对担保物并不享有法律意义上的所有权，担保物的所有权仍属于担保人。债权人未经所有权人授权处分担保物的，属于无权处分。若担保人事后追认该处分行为，债权人应将处分所得价款返还担保人；债权人未返还的，应承担相应的赔偿责任。最高人民法院在（2019）最高法民终1725号案[71]中即持此种观点。

---

[69] 珠海丰银投资有限公司、林某杰等民间借贷纠纷、金融借款合同纠纷案，最高人民法院（2021）最高法民申5772号民事裁定书。类似案件还有最高人民法院（2021）最高法民申4758号案例。

[70] 岑巩县德意房地产开发有限责任公司、杨某杰民间借贷纠纷案，最高人民法院（2020）最高法民申2155号民事裁定书。持相同观点的还有最高人民法院（2020）最高法民申2155号案例。

[71] 张某、华和信投资有限公司等合同纠纷案，最高人民法院（2019）最高法民终1725号民事判决书。

三、让与担保实现的程序

确定让与担保的合同效力及物权效力后,债权人要实现担保物权还需遵循正当程序。如债务人到期清偿债务,债权人的债权得到实现后,担保物应当返还给担保人并办理财产变动的公示,在此情况下引发的纠纷较少。如债务人到期未能清偿债务,分为债权人与担保人就担保物的价值事先有约定或事后协商一致,如没有约定或协商,需参照法定担保物权实现的程序处理。

(一) 担保物处置的程序

《民法典》第410条[72] 第436条[73]是关于抵押物和质押物处置的程序规定,其基本精神在于:债权人不得单方低价处分担保物,只有以合理的价格折价或公开程序拍卖、变卖才能防止担保物被低价贱卖,平衡保护债权人与担保人的权益,让与担保也应当参照适用。直接约定债权人取得担保物所有权无效,如在(2020)最高法民申460号案[74]中,最高人民法院认为担保权人仅对变价后的股权价值享有优先受偿权,不宜认定为未经清算事先直接取得股权。

如债权人与担保人就担保物价值达成一致,即使债务数额没有确定,只要担保物价值是经各方合意的结果,就应当按照当事人的约定确定担保物价值。如一则最高人民法院公报案例[75]认为,当事人就担保标的物价值签订协议,没有证据

---

[72]《民法典》第410条规定:"债务人不履行到期债务或者发生当事人约定的实现抵押权的情形,抵押权人可以与抵押人协议以抵押财产折价或者以拍卖、变卖该抵押财产所得的价款优先受偿。协议损害其他债权人利益的,其他债权人可以请求人民法院撤销该协议。抵押权人与抵押人未就抵押权实现方式达成协议的,抵押权人可以请求人民法院拍卖、变卖抵押财产。抵押财产折价或者变卖的,应当参照市场价格。"

[73]《民法典》第436条规定:"债务人履行债务或者出质人提前清偿所担保的债权的,质权人应当返还质押财产。债务人不履行到期债务或者发生当事人约定的实现质权的情形,质权人可以与出质人协议以质押财产折价,也可以就拍卖、变卖质押财产所得的价款优先受偿。质押财产折价或者变卖的,应当参照市场价格。"

[74] 安徽东基房地产开发有限公司、合肥建汇企业管理咨询有限公司破产债权确认纠纷案,最高人民法院(2020)最高法民申460号民事裁定书。

[75] 深圳市奕之帆贸易有限公司、侯某宾合同纠纷案,最高人民法院(2018)最高法民终751号民事判决书。

证明违反了意思自治，应以协议约定认定担保物的价值。事先没有约定的，债权人可以与担保人协商，将担保财产折价或者拍卖、变卖。如债权人未与担保人协商一致，债权人可以请求法院拍卖、变卖担保财产。

（二）债权人的清算义务

《民法典》第 413 条[76]、第 438 条[77]分别确定了抵押物和质押物的清算义务规则。清算义务是司法审查的核心要件，只有正确把握清算义务规则，才能既发挥让与担保的融资功能，又防止其损害担保人的合法权益。即使债权人处置担保物的程序是合法的，其所得价款也不是全部归债权人所有，债权人应当将超出债权范围的部分返还给担保人，该规定同样适用于让与担保。如上海市第一中级人民法院在（2020）沪01民终3375号案[78]中也持前述观点。

债权人负有对原债权债务已经清算的举证责任。法律赋予了债权人对担保财产折价或者以拍卖、变卖所得价款偿还债务的权利，故债权人也有义务对其债权的具体范围及是否清算进行说明，由其承担举证责任。

四、股权让与担保的特殊问题

股权让与担保，是指股权作为担保物的让与担保，是股权融资功能的体现，承载着满足债务人以股权融资的利益诉求和债权人确保债权实现的功能预期，在商事交易中具有非常广泛的运用。准确理解股权让与担保，既要了解让与担保的一般原理，也要关注股权作为兼具财产权和人身权属性的复合型权利的特点，股权让与担保因股权的该特性和公司主体的加入，使名义股东的权利义务更为复杂，故有必要对股权让与担保进行特别分析。

---

[76]《民法典》第413条规定："抵押财产折价或者拍卖、变卖后，其价款超过债权数额的部分归抵押人所有，不足部分由债务人清偿。"

[77]《民法典》第438条规定："质押财产折价或者拍卖、变卖后，其价款超过债权数额的部分归出质人所有，不足部分由债务人清偿。"

[78] 韩某仙与黄某强确认合同无效纠纷案，上海市第一中级人民法院（2020）沪01民终3375号民事裁定书。

（一）名义股东享有的股东权利

在让与担保中，债权人一般作为名义股东持有股权，在不违反法律规定的前提下依照约定确定名义股东行使股东权利的范围。由于名义股东并未取得完整股权，其享有的股权源于合同安排，如股权行使超出合同约定的范畴，应认定该行为无效。如在（2015）盐商终字第00093号案[79]中，法院认为名义股东擅自召开股东会，作出的决议应当被认定为无效。

当事人就股东权利的行使和义务的承担没有约定或约定不明的，一般认为债权人仅为名义股东，不实际享有全部股东权利，进而不能完全行使股东权利，最高人民法院在（2015）民申字第3620号案[80]中也持此种观点。名义股东不享有其他实质股东可以享有的分红、管理等权利，即赋予股权担保物权的效力，股权给债权人带来的权利只有优先受偿权，其本质实际上就是在股权上为债权人设置担保权。对于股东实际参与了经营管理且分红的模式，法院认为该种模式不同于让与担保关系中担保权人享有的权利，以及仅通过实现股权的交换价值保障利益的方式，由此认定不属于股权让与担保关系。司法实践中，最高人民法院在（2020）最高法民申4636号案[81]中持前述观点。

（二）名义股东是否负有出资瑕疵责任

根据《公司法解释三》第26条[82]的规定，公司债权人主张名义股东对公司债务在未出资范围内承担补充责任的，名义股东不得以其系名义股东予以对抗。

---

[79] 江苏中瑞玮控股集团有限公司与王某明、徐某祥等公司决议效力确认纠纷案，江苏省盐城市中级人民法院（2015）盐商终字第00093号民事判决书。

[80] 王某维、赵某恒与郑某超等股东资格确认纠纷案，最高人民法院（2015）民申字第3620号民事裁定书。持相同观点的还有山东省烟台市中级人民法院（2021）鲁06民终2602号案例。

[81] 陆某梅、广州市泛美房地产开发有限公司合同纠纷案，最高人民法院（2020）最高法民申4636号民事裁定书。

[82] 《公司法解释三》第26条规定："公司债权人以登记于公司登记机关的股东未履行出资义务为由，请求其对公司债务不能清偿的部分在未出资本息范围内承担补充赔偿责任，股东以其仅为名义股东而非实际出资人为由进行抗辩的，人民法院不予支持。名义股东根据前款规定承担赔偿责任后，向实际出资人追偿的，人民法院应予支持。"

此条适用于让与担保中的名义股东，债权人也需要承担出资瑕疵责任。但《民法典担保制度解释》第 69 条明确了，股东以将其股权转移至债权人名下的方式为债务履行提供担保，公司或公司的债权人以股东未履行或者未全面履行出资义务、抽逃出资等为由，请求作为名义股东的债权人与股东承担连带责任的，人民法院不予支持。最高人民法院认为，《公司法解释三》的前述规则预设时未考虑股权让与担保情形，在股权让与担保的模式下，债权人受让股权成为名义股东，名义股东的实际地位为债权人，并不负有出资义务，该股权受让人与前述应该承担责任的名义股东之间存在本质区别。[83] 债权人虽在名义上被登记为股东，但其目的在于担保债权的实现，故即使原股东存在出资不足或者抽逃出资的情况，债权人也不应对此承担连带责任。

五、注意事项

在民法典时代，担保制度迈向形式多样、促进融资的功能主义阶段。让与担保作为一种非典型担保，因其回避了典型担保物权所需要较高的交易成本且在很大程度上阻却了第三人出现的可能性，越来越成为一种无法替代的担保手段，具有广阔的应用前景。只有准确把握让与担保行为性质、效力和法律效果，才能在设计交易结构时，充分发挥这一非典型担保的作用，促进融资市场的健康发展。股权让与担保的设立方式和权利行使都不同于典型担保，在实践中的确为债权保障提供了另一种选择。但需要注意的是，股权让与担保在立法上没有明确规定，在司法实践中需要满足一定条件才能得到认定。因此，无论是债务人还是债权人都应当提高风险意识。

（一）债权人风险防范建议

1. 在签订股权让与担保合同之前，债权人应当通过尽职调查确定标的股权是

---

[83] 最高人民法院民事审判第二庭：《最高人民法院民法典担保制度司法解释理解与适用》，人民法院出版社 2021 年版，第 575 页。

否存在质押、涉诉、被查封等瑕疵，股权转让人是否存在瑕疵出资及抽逃出资，股权转让是否已经通过股东会决议，股权转让人是否已将股权让与担保的事实告知其他股东。

2. 在签订股权让与担保合同时，债权人应当避免在合同中约定"未按期还款则直接以股权抵偿"之类的流质条款，可以约定"债权人对股权进行拍卖、变卖、折价后的款项优先受偿"之类的清算条款，以防止股权让与担保合同因存在流质条款而被认定无效。

3. 在签订股权让与担保合同后，债权人应及时办理股权变更登记，以保障标的股权具有优先受偿的物权效力。如上文所分析，是否实际发生权利变动将决定债权人享有不同的权利、不同的行使方式和是否享有优先受偿权。刘贵祥专委在相关讲话中虽然明确股权让与担保项下的权利人享有的权利优于一般债权，但其前提是当事人已经完成了股权变更登记。

（二）担保人风险防范建议

1. 担保人作为实质股东，在股权让与担保合同中应当将让与担保的真实意思表示明确，以防止债权人作为名义股东行使股东权利，损害担保人利益。

2. 债权人若以监管资金使用名义要求将自己的人员安插进入公司，应当要求该人员作出职责范围的承诺和保证，以防止债权人实际控制公司。

3. 担保人所提供的担保股权份额应当严格控制，防止债权人参与公司重大决策并作出不利决议。

4. 股权让与担保合同中，对于债权人违反约定行使股东权利造成的损失赔偿予以明确，建议相关赔偿责任约定为惩罚性赔偿以防止其滥用权利造成不可控制的损失。

第七节

上市公司的特别规定

一、法律规范之演变历程

上市公司作为公众公司,可以向社会公开募集股份,并向不特定公众发行股份,其对外担保涉及众多中小投资者的利益。因此,上市公司对外担保的监管应不仅局限于内部程序,还应当考虑到上市公司风险的外溢性,要求其公开、充分地披露对外担保的情况。

历年来,关于上市公司法定代表人越权以公司名义提供担保、上市公司未就担保事项依法出具决议等是否影响担保合同效力的问题,在司法实践中存在不同认识。最高人民法院于2019年11月8日印发了《九民纪要》,就长期以来困扰审判实践的公司对外担保问题作出了全面规定,并对上市公司与非上市公司就对外担保有关程序性和实体性要求加以区分。

经过一年多的实践,在《九民纪要》确定的裁判思路的基础上,最高人民法院于2020年12月31日发布《民法典担保制度解释》,进一步完善了包括越权担保的效力与责任、无须决议的例外情形、上市公司对外提供担保等在内的相关规定。

二、法律主体

上市公司为他人提供担保,债权人需要审查上市公司的公告,这里的上市公司不是指所有的上市公司。根据《民法典担保制度解释》第9条的规定，对外担保需要公告的主体主要包括上市公司、上市公司已公开披露的控股子公司、股票在国务院批准的其他全国性证券交易场所交易的公司三类。《最高人民法院民法典担保制度司法解释理解与适用》一书中对前述三类主体作出明确的界定，具体如下。

（一）上市公司

根据上市公司的注册地及股票发行地的不同可以将上市公司分为境内设立境内上市公司、境内设立境外上市公司及境外设立境外上市公司三类，下文将分别对这几类公司进行讨论。

1. 接受境内注册、在境内证券交易所上市的股份有限公司提供的担保，应适用《民法典担保制度解释》第9条的规定。

《最高人民法院民法典担保制度司法解释理解与适用》一书认为，《民法典担保制度解释》第9条是对《公司法》第15条的解释，而《公司法》第2条的调整范围为依照《公司法》在中国境内设立的有限责任公司和股份有限公司，因此，《民法典担保制度解释》第9条规定的上市公司是指在境内注册、在境内证券交易所上市交易的股份有限公司。从体系解释看，《民法典担保制度解释》第9条第3款规定，相对人与上市公司已公开披露的控股子公司订立的担保合同，或者相对人与股票在国务院批准的其他全国性证券交易场所交易的公司订立的担保合同，适用第1款和第2款规定。从该款规定可以看出，《民法典担保制度解释》第9条规定的上市公司指的是股票在"国务院批准的全国性证券交易场所"交易的公司。

2. 接受境内注册、仅在境外上市的公司提供的担保，是否适用《民法典担保制度解释》第9条的规定尚未明确。

《最高人民法院民法典担保制度司法解释理解与适用》一书认为，《公司法》第134条规定："本法所称上市公司，是指其股票在证券交易所上市交易的股份有限公司。"从文义解释上，本条中的"证券交易所"并没有限定其为境内上市的证券交易所。

《国务院关于股份有限公司境外募集股份及上市的特别规定》（国务院令第160号，已失效）第2条第1款规定："股份有限公司经国务院证券委员会批准，可以向境外特定的、非特定的投资人募集股份，其股票可以在境外上市。"综上两条规定，我国公司可以在境外上市，但上市并不改变其注册地，仍应当遵守注册地的法律规定。

至于是否适用《民法典担保制度解释》第9条的规定，由于《民法典担保制度解释》对此没有明文规定，存在一定的适用空间。最高人民法院民事审判庭第二庭的意见是，对此问题还需要研究，等待最高人民法院通过正式的途径进一步解释、表明观点。

3. 接受境内注册、同时在境内境外上市的公司提供的担保，是否适用《民法典担保制度解释》第9条的规定尚未明确。

《最高人民法院民法典担保制度司法解释理解与适用》一书认为，虽然这类公司在境内注册、在境内上市，但是该公司同时在境外上市，对这类公司是否适用《民法典担保制度解释》第9条的规定也需要解释。最高人民法院民事审判庭第二庭的意见是，对此问题还需要研究，再通过正式的途径表明最高人民法院的观点。

4. 接受境外注册、境外上市的公司提供的担保，不适用《民法典担保制度解释》第9条的规定。

《最高人民法院民法典担保制度司法解释理解与适用》一书认为，《公司法》第2条已经明确其调整的范围为中国境内设立的公司，境外注册的公司不属于《公司法》的调整范围，不适用《公司法》第15条的规定。并且，《法律适用法》第14条规定，法人及其分支机构的民事权利能力、民事行为能力、组织机构、股东权利义务等事项，适用登记地法律。法人的主营业地与登记地不一致的，可以适用主营业地法律。法人的经常居所地，为其主营业地。因此，需要注意在境外设立，但主营业地在境内的离岸公司的特殊情况，可以参照境内注册、境外上市的公司进行主体审查。据此，公司对外担保是关于法人行为能力的事项，根据《法律适用法》第14条的规定，应适用登记地法律。

（二）上市公司已公开披露的控股子公司

2022年1月28日，证监会联合公安部、国资委和原银保监会发布了《上市公司监管指引第8号——上市公司资金往来、对外担保的监管要求》（证监会公告〔2022〕26号，以下简称《第8号指引》）。《第8号指引》第15条规定："上市公司控股子公司对于向上市公司合并报表范围之外的主体提供担保的，应视同上市公司提供担保，上市公司应按照本章规定执行。"明确了上市公司的控股子公司对外担保时，也应当遵循上市公司对外担保的程序。

关于上市公司控股子公司的标准，《上海证券交易所股票上市规则（2024年4月修订）》第15章"释义"第15.1条规定："本规则下列用语具有如下含义……（八）上市公司控股子公司：指上市公司持有其50%以上的股份，或者能够决定其董事会半数以上成员的当选，或者通过协议或其他安排能够实际控制的公司。"《上海证券交易所科创板股票上市规则（2024年4月修订）》第15章"释义"第15.1条规定："本规则下列用语含义如下……（十四）上市公司控股子公司，指上市公司持有其50%以上的股份，或者能够决定其董事会半数以上成员的当选，或者通过协议或其他安排能够实际控制的公司。"《深圳证券交易所股票上市规则（2024年修订）》第15章"释义"第15.1条规定："本规则下列用语具有如下含义……（九）上市公司控股子公司：指上市公司持有其50%以上的股份，或者能够决定其董事会半数以上成员的当选，或者通过协议或其他安排能够实际控制的公司。"《深圳证券交易所创业板股票上市规则（2024年修订）》第13章"释义"第13.1条规定："本规则下列用语具有以下含义……（九）上市公司控股子公司：指上市公司持有其50%以上股份，或者能够决定其董事会半数以上成员组成，或者通过协议或者其他安排能够实际控制的公司。"上述上市规则对上市公司控股子公司的定义是一致的，包括直接或间接控制的子公司，审判实践中应据此把握上市公司控股子公司的标准。

在实践中，相对人可以通过检索上市公司的公告确认担保人是否属于上市公司公开披露的控股子公司。通过查询上市公司的股权结构，或者上市公司在年度报告及中期报告中披露的子公司信息,判断担保主体是否属于上市公司的控股子公司。我们建议,对于任何一个非上市公司提供的担保,担保权人都应当尽到合理的审查义务,查明担保主体的股权结构,判断该公司是否是上市公司的控股子公司,建议要求上市公司就该子公司的性质出具相关声明。

(三)股票在国务院批准的其他全国性证券交易场所交易的公司

《最高人民法院民法典担保制度司法解释理解与适用》一书认为,根据《民法典担保制度解释》第9条第3款的规定,接受股票在国务院批准的其他全国性证券交易场所交易的公司提供的担保,债权人也应当审查其公告。目前,国务院批准的其他全国性证券交易场所仅有全国中小企业股份转让系统,俗称"新三板"。

三、上市公司担保法律效力的特殊规定

如前文所述,债务加入准用担保规则,差额补足及远期回购的性质也有可能被认定为保证或债务加入,完成了权力变动公示的让与担保,亦可参照最相类似的担保制度进行处理。可见,虽增信措施的种类、交易模式有所不同,但大部分增信措施最终仍适用或参照适用担保制度确定最终的法律后果。《民法典》及《民法典担保制度解释》颁布后,对于担保的效力认定有了更为明确的法律规范,其中,上市公司对外担保的效力因涉及众多投资者的利益有更为严格的要件要求。《最高人民法院民法典担保制度司法解释理解与适用》一书亦对上市公司担保的法律效力作出明确界定,具体如下。

(一)上市公司或上市公司已公开披露的子公司对外提供担保

上市公司或上市公司已公开披露的子公司对外提供担保需同时满足有效决议和公告披露两个要求,其中对于公告披露的标准尤为严格。《民法典担保制度解释》第9条第2款规定:"相对人未根据上市公司公开披露的关于担保事项已经董事会或者股东会决议通过的信息,与上市公司订立担保合同,上市公司主张担保

合同对其不发生效力,且不承担担保责任或者赔偿责任的,人民法院应予支持。"可见,相对人与境内上市公司或者与上市公司已公开披露的控股子公司订立的担保合同,不仅需要依据《公司法》第15条的规定提供股东会或董事会的决议,还需要对决议公开披露,可见对与上市公司订立担保合同的相对人的善意标准要求更高。不过,如果债权人仅仅是根据披露的信息与境内上市公司签订担保合同,人民法院也认定担保有效,境内上市公司应承担担保责任;但如果仅有决议,而未经公告,则担保无效。

(二) 境内上市公司对外担保

境内上市公司对外担保如果仅进行了公告,但是公告中没有表明经股东会或董事会决议通过的内容,该担保对境内上市公司不发生效力。《民法典担保制度解释》第9条第1款规定"相对人根据上市公司公开披露的关于担保事项已经董事会或者股东大会决议通过的信息,与上市公司订立担保合同",担保合同有效,上市公司应当承担担保责任。该款和第2款已明确要求公开披露的信息应包括"关于担保事项已经董事会或者股东大会决议通过的"内容。因此,如果事实上担保事项未经上市公司董事会或股东会决议通过,并且公告信息中亦不包括该担保已经前述决议通过的内容,而仅有该上市公司同意为某债务人的多少债务担保的公告的情况下,该担保对上市公司不发生效力。

应当指出的是,在前述情形中,如果担保事项事实上未经决议通过,但是上市公司在公告信息中虚假陈述其已经董事会或股东会决议通过,该担保对上市公司发生效力。

(三) 上市公司对外担保的特别要求

《民法典担保制度解释》对于上市公司对外担保的公告形式和内容均有特殊要求。(1) 关于债权人审查境内上市公司担保公告的标准。境内上市公司对外担保公告包括单项担保公告与集中担保公告两种常见的形式,但无论哪种公告形式,债权人均需要审查三个方面的内容:一是该担保事项是否已经董事会或者股东会决议通过的信息;二是被担保人也就是主债务人是谁;三是为主债务人担保的金额是多少,[84]即披露内容需包括债权人、担保人、被担保人、担保金额等担保合同中的核心要素,而不能仅仅披露笼统的担保额度。(2)上市公司公开披露的预计担保额度公告通常是对未来担保事项的预计,一般仅包括被担保人、担保限额,而不指向具体的债权人、债权金额等,如上市公司不持续披露实际发生的担保数额,债权人将无从审查所接受的担保是否仍在所披露的担保额度内,可能发生上市公司超出担保限额为被担保人违规提供担保的情况。如发生诉讼,债权人之间可能争夺担保额度。鉴于此,上海证券交易所和深圳证券交易所发布的相关指引中均要求持续披露担保数额。根据笔者代理类似案件的经验,从审慎角度出发,建议在上市公司已经公告年度担保额度及股东会决议的情形下,相对人还应要求上市公司就担保事项进行单项公告,披露担保的相关情况,明确担保事项在该公司年度担保额度范围内,降低担保无效、争夺担保额度的风险。

1.《民法典担保制度解释》第 8 条规定的 3 种无须机关决议有效的情形,需注意上市公司不适用其中的两种情形。(1)公司为其全资子公司开展经营活动提供担保;(2)担保合同系由单独或者共同持有公司 2/3 以上对担保事项有表决权的股东签字同意。因此,如上市公司在前述两种情况下提供担保,仍需决议及披露。例如,北京市高级人民法院在(2020)京民终 670 号案件中认为,担保事项已经持有担保人公司 2/3 以上表决权的股东书面签字盖章同意,债权人亦非善意,《最高额保证合同》对担保人不发生法律效力。

2. 境内上市公司为自身债务提供担保不适用《民法典担保制度解释》第 9 条的规定。该条的初衷是通过规则防止境内上市公司违规担保,损害广大中小投资者利益,由于境内上市公司为自身债务担保并不是违规担保,所以该条的适用范围是境内上市公司为他人提供担保。

---

[84] 参见最高人民法院民事审判第二庭:《最高人民法院民法典担保制度司法解释理解与适用》,人民法院出版社 2021 年版,第 157 页。

四、上市公司担保无效的法律后果

上市公司与封闭公司在担保无效的法律后果上具有本质区别。根据《民法典担保制度解释》第9条第2款的规定以及《最高人民法院民法典担保制度司法解释理解与适用》之阐释，在担保合同对境内上市公司不发生效力的情况下，境内上市公司既不承担担保责任，也不承担赔偿责任。因为，如果像封闭公司那样担保人还要根据具体情况承担不超过债务人不能清偿部分的1/2或者1/3的赔偿责任，那么根本不可能根治境内上市公司违规违法担保行为。

需要说明的是，根据《民法典时间效力规定》第2条的规定，《民法典担保制度解释》不具有溯及力。在《民法典》施行前，如担保合同被认定为无效，境内上市公司应当视情况承担不超过主债务人不能履行部分的1/2或1/3的民事赔偿责任。也就是说，《民法典担保制度解释》第9条仅适用于2021年1月1日后发生的担保行为。

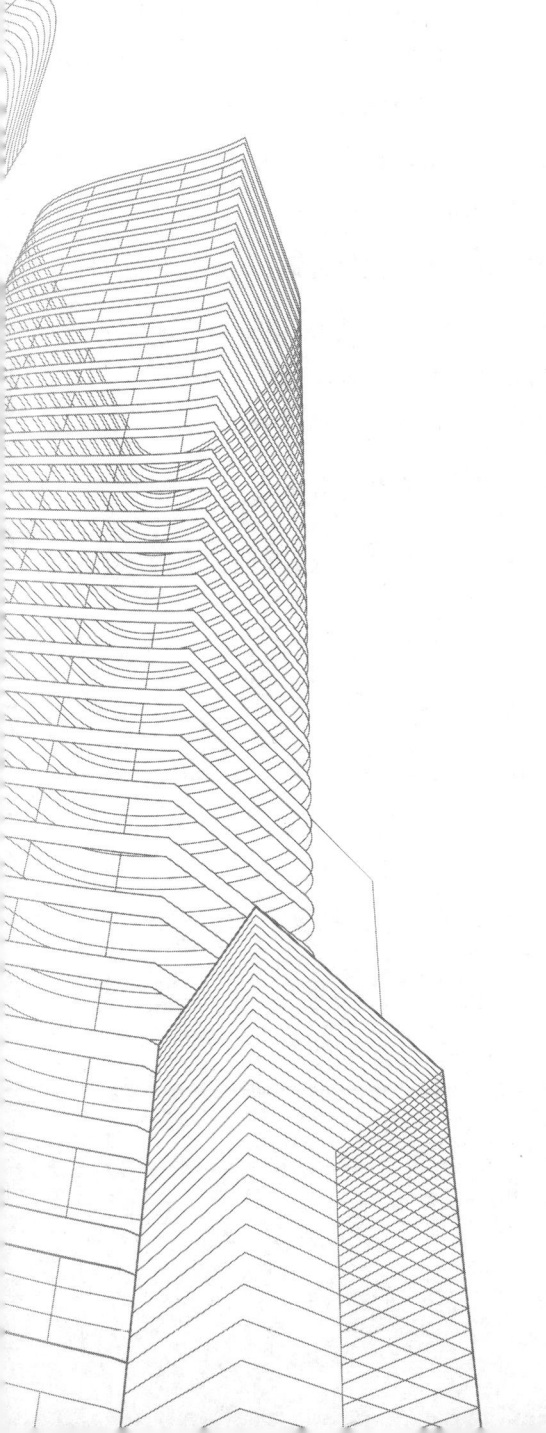

第四章

程序篇

　　房地产金融纠纷案件处理程序是从诉前保全、立案，再到庭审、执行的线性动态流程。其中，管辖、保全、执行等关键节点不仅控制着争议解决的进程，而且影响着当事人的权利和义务。这些程序决定了案件的推进速度、胜诉后当事人权益的落实。能否深入理解和有效运用这些关键程序，对于案件结果至关重要。首先，管辖作为纠纷解决面临的首要问题之一，通过合法程序选择最有利于案件的审理地点和司法机构，有助于确保案件得到公正处理，为纠纷解决奠定坚实的基础；其次，财产保全作为保障执行的前置措施，正当的保全程序在助力保全人债权实现的同时也兼顾被保全人的权益；再次，执行是保障案件当事人合法权益的终端程序，如何迅速推动执行程序、如何在执行过程中取得救济对于当事人权益的落实至关重要；最后，涉外房地产融资纠纷中，涉外因素对诉讼和仲裁程序有着特别的影响。在实践中律师需要依据这些特殊规定，为当事人提供有针对性的法律意见和建议，帮助他们更好地应对法律风险和挑战。基于管辖、财产保全、执行以及涉外房地产融资纠纷中的特殊程序问题在房地产融资中的重要作用，本章将对此进行专门讨论，旨在为法律从业者和相关各方实践提供参考。

第一节 / 管　辖

管辖是寻求纠纷解决方案的基础性程序问题，在解决房地产金融纠纷的程序性问题时首先需要确定案件的管辖。房地产金融纠纷本质上是融资纠纷，不同的融资类型所产生的纠纷对应不同的管辖规则。本节所论管辖采广义理解：既包括人民法院之间受理的第一审民事案件的分工与权限，也包括法院与仲裁委员会之间对案件受理的权限。本节第一部分对由法院管辖房地产金融案件的情况进行梳理，以级别管辖为主线展开讨论，侧重分析金融法院的管辖范围及金融法院与其他中级人民法院的管辖争议；第二部分重点关注仲裁与法院的分工，汇总讨论了4个应由法院管辖还是由仲裁委管辖的实务问题；第三部分介绍了仲裁司法审查案件管辖的相关规定。

一、管辖法院确定规则

长期以来，在民事诉讼领域，我国奉行大民事审判的思路。2000年，最高人民法院全面实施机构改革，以民事、刑事、行政三大诉讼法架构为基础，将传统民事审判、经济审判、知识产权审判、海事海商审判庭室统一更名为民事审判第一、第二、第三、第四庭室，根据《最高人民法院机关内设机构及新设事业单位职能》（法发〔2000〕30号）的规定，民一庭主要负责婚姻家庭、劳动争议、不当得利、无因管理、不动产相邻关系、房屋买卖、租赁、预售、按揭、开发合同案件，土地使用权出让、转让合同案件，建筑工程承包合同等纠纷的审理；民二庭主要负责商事合同、证券、期货、公司、保险、票据、破产等纠纷的审理，"大民事审判格局"由此形成。2009年4月，"人民法院应对金融危机商事审判工作座谈会"在福建召开，这是最高人民法院首次在正式会议中使用"商事审判"的表述。2017年，《最高人民法院关于进一步加强金融审判工作的若干意见》（法发〔2017〕22号）印发，其中强调"根据金融机构分布和金融案件数量情况，在金融案件相对集中的地区选择部分法院设立金融审判庭，探索实行金融案件的集中管辖。在其他金融案件较多的中级人民法院，可以根据案件情况设立专业化的金融审判庭或者金融审判合议庭"。最高司法机关已逐渐认识到金融审判与传统商事审判的区别。

在实践中，民商事案件的一审程序由哪个层级的法院管辖通常基于案件标的额确定。根据《最高人民法院关于调整中级人民法院管辖第一审民事案件标准的通知》（法发〔2021〕27号）、《最高人民法院关于调整高级人民法院和中级人民法院管辖第一审民事案件标准的通知》（法发〔2019〕14号），除知识产权案件、海事海商案件和涉外涉港澳台民商事案件外，其他案件当事人住所地均在或者均不在受理法院所处省级行政辖区的，中级人民法院管辖诉讼标的额5亿元以上、50亿元以下的第一审民事案件；当事人一方住所地不在受理法院所处省级行政辖区的，中级人民法院管辖诉讼标的额1亿元以上、50亿元以下的第一审民事案件。高级人民法院管辖诉讼标的额50亿元（人民币）以上（包含本数）或者其他在本辖区有重大影响的第一审民事案件。鉴于房地产金融纠纷通常具有标的额较大、案件事实较为复杂等特点，其第一审程序大部分情况下由中级人民法院管辖，少数情况下由基层人民法院管辖。

（一）房地产金融纠纷案件第一审程序由中级人民法院管辖的情形

自最高人民法院发文明确其内设机构及各审判庭的职责后，地方各级人民法院的内设机构名称及各自管辖范围也相应进行了更改和明确。以珠海市中级人民法院为例，珠海市中级人民法院各审判庭负责的案件类型为：民事审判第一庭负责审理第一、第二审的婚姻、家庭、继承、相邻权纠纷、自然人之间的债权债务、损害赔偿、劳动争议、农村承包合同等类型的民事案件；民事审判第二庭负责审理企业破产案件，不动产买卖合同以外的其他买卖合同案件，国内法人之间、其他组织之间、国内法人与其他组织之间的借贷（担保）合同案件以及自然人与金融机构的借贷（担保）合同案件，国内证券、期货、票据、保险以及涉及公司和公司股东权益的合同、侵权案件，居间、行纪、委托合同案件，其各审判庭负责审理的案件类型与最高人民法院各审判庭基本保持一致。结合房地产金融纠纷的主体类型和常见案由，房地产金融纠纷案件通常归民二庭管辖。

除此之外，有部分地区的中级人民法院内部设立了金融法庭（或金融借贷审判庭等，各地叫法不一），专门审理涉金融民商事案件。以成都市中级人民法院为例，成都市中级人民法院内设成都金融法庭，依法审判由成都市中级人民法院受理的证券、一方当事人为金融机构的抵押合同、民间借贷、独立保函等纠纷的第一、二审金融民商事案件（含涉外）和以金融监管机构为被告的第一、第二审涉金融行政案件，办理其他有关涉金融民商事审判及行政审判工作事宜，监督指导基层人民法院的相关涉金融民商事审判及行政审判工作。因此，在这些地区，房地产金融纠纷案件归属金融法庭管辖。

随着金融纠纷司法专门化的持续推进，我国逐步尝试设立金融法院，建立对金融案件的集中统一管辖机制，目前全国范围内已设立了上海金融法院、北京金融法院和成渝金融法院，分别主管上海市辖区内、北京市辖区内、重庆市以及四川省属于成渝地区双城经济圈范围内的应由中级人民法院受理的第一审金融民商事案件，故在这些地区，在满足级别管辖的条件下，房地产金融纠纷归属相应的金融法院管辖。

1. 金融法院的管辖范围——以上海金融法院为例

2018年8月10日，最高人民法院出台《关于上海金融法院案件管辖的规定》（法释〔2018〕14号），并于同年发布《〈关于上海金融法院案件管辖的规定〉的理解与适用》，后又于2021年3月出台《关于修改〈关于上海金融法院案件管辖的规定〉的决定》（法释〔2021〕9号），不断明确上海金融法院的案件管辖范围。

综观《关于上海金融法院案件管辖的规定》的相关条款，在管辖标准和原则确定上，采用了"案由为主、主体为辅"的做法，同时对新类型案件等进行了增补式规定，详见表4-1。

表4-1 上海金融法院案件管辖确定原则

类别	相关规定
案由为主	第一条　上海金融法院管辖上海市辖区内应由中级人民法院受理的下列第一审金融民商事案件： （一）证券、期货交易、营业信托、保险、票据、信用证、独立保函、保理、金融借款合同、银行卡、融资租赁合同、委托理财合同、储蓄存款合同、典当、银行结算合同等金融民商事纠纷； （二）资产管理业务、资产支持证券业务、私募基金业务、外汇业务、金融产品销售和适当性管理、征信业务、支付业务及经有权机关批准的其他金融业务引发的金融民商事纠纷； （三）涉金融机构的与公司有关的纠纷； （四）以金融机构为债务人的破产纠纷； （五）金融民商事纠纷的仲裁司法审查案件； （六）申请认可和执行香港特别行政区、澳门特别行政区、台湾地区法院金融民商事纠纷的判决、裁定案件，以及申请承认和执行外国法院金融民商事纠纷的判决、裁定案件。
	第三条　在上海证券交易所科创板上市公司的证券发行纠纷、证券承销合同纠纷、证券上市保荐合同纠纷、证券上市合同纠纷和证券欺诈责任纠纷等第一审民商事案件，由上海金融法院管辖。
	第六条　上海市辖区内应由中级人民法院受理的对金融监管机构以及法律、法规、规章授权的组织因履行金融监管职责作出的行政行为不服提起诉讼的第一审涉金融行政案件，由上海金融法院管辖。
	第七条　当事人对上海市基层人民法院作出的涉及本规定第一条第一至三项的第一审金融民商事案件和涉金融行政案件判决、裁定提起的上诉案件和申请再审案件，由上海金融法院审理。
	第八条　上海市辖区内应由中级人民法院受理的金融民商事案件、涉金融行政案件的再审案件，由上海金融法院审理。
	第九条　上海金融法院作出的第一审民商事案件和涉金融行政案件生效裁判，以及上海市辖区内应由中级人民法院执行的涉金融民商事纠纷的仲裁裁决，由上海金融法院执行。 上海金融法院执行过程中发生的执行异议案件、执行异议之诉案件，以及上海市基层人民法院涉金融案件执行过程中发生的执行复议案件、执行异议之诉上诉案件，由上海金融法院审理。

续表

类别	相关规定
主体为辅	第二条 下列金融纠纷案件，由上海金融法院管辖： （一）境内投资者以发生在中华人民共和国境外的证券发行、交易活动或者期货交易活动损害其合法权益为由向上海金融法院提起的诉讼； （二）境内个人或者机构以中华人民共和国境外金融机构销售的金融产品或者提供的金融服务损害其合法权益为由向上海金融法院提起的诉讼。 第四条 以上海证券交易所为被告或者第三人的与证券交易所监管职能相关的第一审金融民商事和涉金融行政案件，由上海金融法院管辖。 第五条 以住所地在上海市并依法设立的金融基础设施机构为被告或者第三人的与其履行职责相关的第一审金融民商事案件，由上海金融法院管辖。

就金融民商事案件而言，2021年《关于上海金融法院案件管辖的规定》共列举了9条应由上海金融法院管辖的案件类型。其中，第1条前5项列举的管辖范围有一个限定性条件，即"上海市辖区内应由中级人民法院受理的"第一审金融民商事案件，这与《民事诉讼法》中关于级别管辖的规定是一致的。

2. 金融法院管辖范围的争议

实践中，在上述设立金融法院的地区，会存在某一类型的案件是归属金融法院管辖还是其他中级人民法院管辖的争议。

（1）未备案私募基金引发法律纠纷的管辖

解决因未备案基金而引发的法律纠纷中的一个重要问题是基础法律关系的认定，即该基础法律关系属于合同法律关系引发的普通民商事纠纷，还是属于私募基金业务引发的金融民商事纠纷，这一基础法律关系的认定将影响管辖法院的确定。实践中，法院会结合当事人签订的合同及往来函件，立足缔约方之间的约定，综合合同价款、交易过程、交易目的等因素，分析法律关系的特征。

例如，在刘某杰与汇富基金管理（北京）有限公司（以下简称汇富公司）合同纠纷中，汇富公司未登记为基金管理人、相关私募基金产品亦未备案，无托管账户，不符合资管计划财产独立性的特征，且合同中约定了固定收益等情形，北京市朝阳区人民法院认为："案涉《协议书》虽以设立基金为名，实质是约定固定收益为主要特点的借贷协议。在汇富公司未提交相反证据的情况下，结合本案查明的事实，本院认定刘某杰与汇富公司之间成立民间借贷法律关系。"结合前述对金融法院与普通中级人民法院审理案件范围的总结，在满足级别管辖规定的前提下，因民间借贷法律关系而产生的纠纷归属普通中级人民法院管辖。

亦有部分法院与上述判决观点不一致。例如，在唐某与深圳中晟达基金管理有限公司（以下简称中晟达公司）、深圳市中晟达叁拾捌号投资合伙企业合伙合同纠纷、委托理财合同纠纷中，被告中晟达公司"不仅未向中国证券投资基金业协会登记、未将募集的基金进行备案，亦违反了应向合格投资者募集、销售基金的适当性义务"，但广东省深圳市福田区人民法院仍将本案定性为委托理财合同纠纷。在满足级别管辖和地域管辖规定的前提下，委托理财合同纠纷应当归属金融法院管辖。

综上所述，房地产开发企业在作为私募基金投资人时应当尤其注意风险的把控，要求基金管理人在管理运作基金产品的过程中，严格遵守各项法律法规、规章文件中规定的登记备案要求。若出现因未备案私募基金而引发的纠纷时，鉴于实践中对此问题尚存在争议，且暂无法律、司法解释对其进行明确，故房地产开发企业可以结合具体情况，选择对自己有利的路径进行说理并选择合适的管辖法院。

（2）境外私募债券引发法律纠纷的管辖

2023年3月，上海金融法院发布《债券纠纷法律风险防范报告》，其中对跨境债券的法律风险专门进行了梳理揭示。跨境债券是一个广义的概念，根据发行主体以及发行地点的不同，可以将跨境债券分为境内主体及其控制的境外企业或分支机构在境外发行的债券（包括境内主体在港澳地区发行的"点心债""莲花债"等，该类债券在本书中统称为"境外债券"），境内主体在上海自贸区发行的离岸债券（所谓的"明珠债"），以及境外主体在我国境内发行的"熊猫债"等。此处仅对境内主体及其控制的境外企业或者分支机构发行的境外债券引发的争议作简要讨论。实践中，要确定此类纠纷由哪个法院管辖，首先应当明确承担责任的主体，不同的主体对应不同性质的责任，从而影响纠纷类型的确定，进而影响管辖。

当实际发生的纠纷中承担责任的主体是发行人时，首先应判断《募集说明书》等文件中是否存在约定适用法律及排他管辖条款，在通常情况下，鉴于投资者来源等因素，《募集说明书》中往往约定选择用美国纽约州法律、英国法律等作为法律依据，同时约定境外法院对债券违约有管辖权。在没有约定管辖的情况下，根据各金融法院的管辖规则，此类纠纷应当归属金融法院管辖。当实际发生的纠纷中承担责任的主体是担保人时，纠纷的性质可能被认定为普通的保证合同纠纷而非因证券发行、交易活动等的侵权纠纷，因而归属普通中级人民法院管辖。对房地产企业而言，其在实践中既可能处于债券持有人的地位，亦可能处于债券发行人或者担保人的地位。因此，房地产企业通过债券进行投融资活动时，应当根据自身所处的法律地位，谨慎约定法律适用及管辖，特别是对某一方主体的排他性管辖，以有效降低风险，保障自身权益。

（二）房地产金融纠纷案件第一审程序由基层人民法院管辖的情形

如前所述，标的额较小的房地产金融纠纷第一审程序由基层人民法院管辖，基层法院内部各庭室的划分及分工与中级人民法院内部的庭室划分和分工基本保持一致。除此之外，部分地区还设立了金融法庭，跨区管辖该地级市范围内应由基层人民法院管辖的第一审金融纠纷，以有效防范化解金融风险，推动专业化法庭建设。例如，2023年11月6日大连市中级人民法院发布公告称，经报辽宁省高级人民法院批准，在大连高新技术产业园区人民法院增设大连金融法庭，跨区域管辖部分金融案件，管辖范围包括大连市中山区、西岗区、沙河口区、甘井子区以及高新园区辖区内应由基层人民法院受理的金融借款合同纠纷、小额借款合同纠纷、金融不良债权转让合同纠纷、储蓄存款合同纠纷、银行卡纠纷、融资租赁合同纠纷、保理合同纠纷、金融委托理财合同纠纷、证券纠纷、信托纠纷、保险纠纷、票据纠纷、信用证纠纷、独立保函纠纷等第一审金融民商事案件。

二、仲裁管辖与法院管辖的区分

仲裁管辖，是指仲裁机构对民商事案件享有的立案、审理、裁决的权力。商事仲裁因其在保密性、高效性、充分体现当事人意思自治等方面具有的独特优势而逐渐成为一种解决商事纠纷的重要方式，各地金融仲裁案件数量亦快速增长。然而在实践中，存在某些类型的纠纷应归属法院管辖还是应归属仲裁管辖的争议，给案件当事人增添了很多困扰。在这种背景下，厘清仲裁管辖的规则就尤为必要。此处选取仲裁管辖中的典型问题进行总结。

（一）代位求偿权的管辖问题

在代位权案件中，通常会存在两个合同，即债权人与债务人的合同，债务人与次债务人的合同。债务人与次债务人之间的仲裁协议效力是否能扩张至债权人，目前法律并无明确规定。

持否定观点的一方认为，债权人并非仲裁协议的任意一方，也非该协议的继受主体，且《民法典》第535条只赋予了债权人向人民法院提起诉讼请求行使代位权这一条途径，故代位权中的债务人及次债务人不能以存在仲裁协议为由向债权人进行抗辩。例如，在王某章、王某富与南通海洲建设集团有限公司、徐州红杉树房地产开发有限公司建设工程施工合同纠纷中，江苏省徐州市中级人民法院认为：“虽然南通海洲建设集团有限公司与徐州红杉树房地产开发有限公司签订的《建设工程施工合同》约定发生争议时由徐州市仲裁委员会仲裁，但该合同仅能约束合同相对方，上诉人（债权人）不受该仲裁条款的约束。"[1]

持肯定观点的一方认为，《民法典》第535条第3款规定"相对人对债务人的抗辩，可以向债权人主张"，这些抗辩既包括实体权利的抗辩，也包括程序上的抗辩。债权人提起代位权诉讼的实质是代债务人向次债务人主张到期债权，基于保护次债务人管辖利益的立场，代位权人应当受该仲裁条款的约束。例如，在中国人民解放军军事科学院军事医学研究院等与中铁建工集团有限公司建设工程施工合同纠纷案中，北京市高级人民法院认为，代位权虽然是债权人自身的权利，但

---

[1] 王某章、王某富与南通海洲建设集团有限公司、徐州红杉树房地产开发有限公司纠纷案，江苏省徐州市中级人民法院（2019）苏03民辖终228号民事裁定书。

债权人依据代位权以自己的名义向次债务人所行使的权利仍然是"债务人的债权",次债务人对债权人的抗辩不仅应包括实体方面的抗辩,还应当包括程序方面的抗辩。

2023年12月5日起施行的《最高人民法院关于适用〈中华人民共和国民法典〉合同编通则若干问题的解释》第36条对上述争议画上了一个句号,明确了处理的规则。第36条明确规定,债权人提起代位权诉讼后,债务人或者相对人以双方之间的债权债务关系订有仲裁协议为由对法院主管提出异议的,人民法院不予支持。但是,债务人或者相对人在首次开庭前就债务人与相对人之间的债权债务关系申请仲裁的,人民法院可以依法中止代位权诉讼。

(二)仲裁协议与分公司签订,管辖能否及于总公司

在仲裁实务中,经常会出现一方当事人与另一个公司的分公司签订合同的情况。若合同约定争议由某仲裁委员会管辖,能否将未直接参与合同签订的总公司一并列为当事人?即分公司签订的仲裁协议效力是否及于总公司?

有学者认为,分公司签订的仲裁协议不能约束总公司,根据相关规定,仲裁管辖的前提是必须有仲裁协议,总公司与对方之间没有直接的合同关系,当然没有仲裁协议,而没有仲裁协议,仲裁机构自然对其没有管辖权。例如,在广东广厦建筑工程有限公司(以下简称广厦公司)与萍乡市长丰建筑器材租赁站(以下简称长丰租赁站)申请确认仲裁协议效力一案中,江西省萍乡市中级人民法院认为:"广厦公司江西分公司与被申请人长丰租赁站在租赁合同中约定的仲裁条款亦合法有效,根据合同的相对性原则,该仲裁条款仅约束合同双方当事人,对申请人广厦公司没有约束力。虽然公司法规定'分公司的民事责任由公司承担',但该规定规范的仅是公司与分公司之间的实体责任承担问题,根据《仲裁法》的规定,采用仲裁方式解决纠纷,应当双方自愿,达成仲裁协议,广厦公司作为仲裁案件中的申请人,其自始至终未与长丰租赁站达成任何仲裁协议,故被申请人长丰租赁站依据其与申请人广厦公司的下属江西分公司签订的租赁合同中约定的仲裁条

款向萍乡仲裁委员会起诉申请人广厦公司缺乏法律依据。"[2]

也有部分学者持相反的观点，认为可以适当突破合同相对性，为减少债权人诉累，也为了保护所有人的合法权益，在《公司法》已规定分公司的民事责任由总公司承担的基础上，分公司不具有独立的法人主体资格，分公司的行为视为总公司的行为，仲裁协议可以约束总公司。例如，在夏尔特拉（北京）太阳能科技有限公司（以下简称夏尔特拉公司）与昆山平鑫塑料制品有限公司（以下简称昆山平鑫公司）申请确认仲裁协议效力一案中，北京市第四中级人民法院认为："夏尔特拉公司对其分公司夏尔特拉上海分公司与昆山平鑫公司之间签订的《供货合同》中约定仲裁条款的真实性未提出异议。夏尔特拉公司作为在中国境内成立的中国法人，其分支机构夏尔特拉上海分公司签订的仲裁协议，对分支机构、法人均具有约束力。"[3]

由此引申到房地产金融领域，常见的金融机构如保险公司、商业银行等都存在较多的分支机构，房地产企业在开展日常融资业务时不可避免地存在以前述金融机构的分支机构为相对方签订合同的情形。结合上述案例、常见的房地产金融纠纷类型和事实，在房地产企业遇到相对方是金融机构分支机构的纠纷时，可以选择前述第二种观点的解释路径，要求总公司对分支机构的行为承担责任。

（三）主合同与从合同的管辖方式约定不一致时的管辖问题

在房地产金融借款合同纠纷等案件中，经常会出现两种合同，即作为主合同的借款合同与作为从合同的担保合同。两种合同中的争议解决方式可能约定不一致，如主合同约定仲裁管辖，而从合同约定诉讼管辖或未约定管辖；或主合同约定诉讼管辖，从合同约定仲裁管辖或未约定管辖。在两者约定不一致或有一方未约定的情况下，仲裁委员会能否凭借主合同的管辖约定而一并取得对从合同的管

---

[2] 广东广厦建筑工程有限公司与萍乡市长丰建筑器材租赁站申请确认仲裁协议效力案，江西省萍乡市中级人民法院（2016）赣03民特16号民事判决书。

[3] 夏尔特拉（北京）太阳能科技有限公司与昆山平鑫塑料制品有限公司申请确认仲裁协议效力案，北京市第四中级人民法院（2021）京04民特529号民事裁定书。

辖权，理论与实务界一直存在争议。

曾经有观点认为，从合同依附于主合同存在。《担保法司法解释》（已废止）第129条规定："主合同和担保合同发生纠纷提起诉讼的，应当根据主合同确定案件管辖。担保人承担连带责任的担保合同发生纠纷，债权人向担保人主张权利的，应当由担保人住所地的法院管辖。主合同和担保合同选择管辖的法院不一致的，应当根据主合同确定案件管辖。"据此，在主合同约定了仲裁管辖的情况下，仲裁委员会能够凭借主合同的管辖权而一并取得对从合同的管辖权。

亦有部分法院持反对观点，认为仲裁条款具有自愿性和独立性，应当遵循合同相对性原则，无论是主合同还是担保合同约定的仲裁条款，均仅对该合同双方当事人具有约束力。除非担保人明确表示接受主合同仲裁条款管辖，否则主合同项下的仲裁条款不能约束担保人；除非债务人明确表示接受担保合同仲裁条款管辖，否则担保合同项下的仲裁条款不能约束债务人。当事人仅可以根据特定的双方合同关系适用相应的争议解决条款。例如，在惠州纬通房产有限公司（以下简称纬通公司）与惠州市人民政府（以下简称惠州市政府）履约担保纠纷案中，最高人民法院认为："本案债权人纬通公司与保证人惠州市政府在双方签订的《履约确认书》中并未约定仲裁条款。本案系纬通公司起诉惠州市政府的履约担保纠纷，与纬通公司和嘉城公司之间的承包工程合同纠纷系两个不同的民事关系，纬通公司与惠州市政府之间形成的履约担保民事关系不受纬通公司与嘉城公司承包合同中约定的仲裁条款的约束，双方当事人在所签订的《履约确认书》中并未选择仲裁方式解决纠纷。纬通公司的起诉符合《民事诉讼法》第108条的规定，广东省高级人民法院应当予以受理。广东省高级人民法院以承包工程合同中的仲裁条款明确，从而排除人民法院对履约担保纠纷的管辖权，裁定驳回纬通公司的起诉，依法应予纠正。"[4]

《民法典担保制度解释》第21条较好地回应并解决了这个问题。该条规定：

---

[4] 惠州纬通房产有限公司与惠州市人民政府履约担保纠纷案，最高人民法院（2001）民二终字第177号民事判决书。

"主合同或者担保合同约定了仲裁条款的，人民法院对约定仲裁条款的合同当事人之间的纠纷无管辖权。债权人一并起诉债务人和担保人的，应当根据主合同确定管辖法院。债权人依法可以单独起诉担保人且仅起诉担保人的，应当根据担保合同确定管辖法院。"但值得注意的是，2021年7月司法部起草并公布的《仲裁法修订草案》，其中第24条规定："纠纷涉及主从合同，主合同与从合同的仲裁协议约定不一致的，以主合同的约定为准。从合同没有约定仲裁协议的，主合同的仲裁协议对从合同当事人有效。"即在从合同没有约定仲裁协议时，主合同的仲裁协议的效力及于从合同，当债权人仅依据担保合同起诉担保人且担保合同未约定管辖时，债权人应依据主合同中的仲裁条款对担保人申请仲裁，这与《民法典担保制度解释》第21条规定的主、从合同管辖约定分别对待原则似乎有所矛盾。目前《仲裁法修订草案》尚未正式颁布，未来《仲裁法修订草案》是否还会进一步修改，《仲裁法修订草案》与《民法典担保制度解释》就主、从合同约定管辖效力范围的规定是否会存在不一致的情形，以及对于该不一致情形应当如何理解与适用仍是未知数。

（四）房地产企业债券发行过程中中介机构虚假陈述的管辖

近年来，涉及债券类的虚假陈述案件数量逐渐增多，引起了实务界和理论界的广泛关注。这类案件中的管辖争议（应由哪个法院管辖）和主管争议（应由法院管辖，还是仲裁委管辖）也层出不穷，且目前尚无定论，不同地区的法院对此持不同的观点。

关于债券虚假陈述案件的管辖争议，即应由哪个法院管辖的问题，随着2022年1月21日《证券虚假陈述司法解释》的发布，明确了由"发行人住所地的省、自治区、直辖市人民政府所在的市、计划单列市和经济特区中级人民法院或者专门人民法院管辖"的集中管辖制度。但是本条规定中并无"《募集说明书》或《认购协议》另有约定从其约定"之类的表述，可见《证券虚假陈述司法解释》对证券虚假陈述责任纠纷统一适用集中管辖规则，未赋予当事人协议选择管辖法院的权利。可以预见的是，由于该项规定的存在，以往存在于实务中的管辖争议

(如是否由中介机构所在地法院管辖的争议)将逐渐减少,并得到统一。

关于债券虚假陈述案件的主管争议,即应由法院管辖,还是仲裁委管辖的问题,目前法律和司法解释尚无明确规定,但是债券发行过程中,发行人、投资人等主体可能会在募集说明书、认购协议、债券受托管理协议等文件中约定仲裁管辖条款进而达成仲裁合意,但是鉴于实务中对债券虚假陈述案件的可仲裁性、仲裁条款的约束对象等问题依然没有定论,因此在债券虚假陈述案件中的主管争议依然存在。

第一,债券虚假陈述案件是否具有可仲裁性。

实务界有观点认为可仲裁的争议范围应限定为合同纠纷,而非侵权类纠纷。从过去债券领域的司法实践来看,仲裁委主管的案件也多为基于债券违约而向发行人提出主张的合同类纠纷,亦有部分法院持有该观点。例如,在创金合信基金管理有限公司(以下简称创金合信公司)等与亚太(集团)会计师事务所(特殊普通合伙)等证券虚假陈述责任纠纷案中,北京市高级人民法院认为:"本案系因证券虚假陈述而引发的民事赔偿案件,认购人创金合信公司以发行人中融双创公司、主承销商及债券受托管理人财通证券公司等为被告诉至一审法院,要求承担欺诈发行、虚假陈述民事责任的侵权纠纷,不属于仲裁条款所涉及的纠纷。"[5]

早年间司法政策对于证券虚假陈述纠纷是否可以提交仲裁解决的态度并不明确。2004年,原国务院法制办与证监会发布的《关于依法做好证券、期货合同纠纷仲裁工作的通知》第1条"关于证券、期货合同纠纷的仲裁范围"所列举的纠纷类型重点亦是合同类纠纷。对于"上市公司与证券市场公众投资人之间纠纷的仲裁",该通知载明需"另行研究确定"。

但近年来的政策似乎有逐步放开证券虚假陈述案件由仲裁委管辖的趋势。2021年10月15日,证监会和司法部联合发布了《关于依法开展证券期货行业仲裁试点的意见》,其中第3条规定,"支持、推动证券期货业务活跃的北京、上海、

---

[5] 创金合信基金管理有限公司等与亚太(集团)会计师事务所(特殊普通合伙)等证券虚假陈述责任纠纷案,北京市高级人民法院(2021)京民辖终210号民事裁定书。

深圳三地开展试点，在依法组建的仲裁委员会内部设立证券期货仲裁院（中心），适用专门的仲裁规则，专门处理我国资本市场产生的证券期货纠纷"。第 4 条第 3 项规定，证券期货仲裁院（中心）的仲裁范围包括"证券期货市场平等主体之间产生的财产性权利受到侵害引起的民事赔偿纠纷。其中，证券期货侵权行为引起的财产权益纠纷包括违反证券期货法律、行政法规、规章和规范性文件、自律规则规定的义务引起的虚假陈述民事赔偿纠纷，以及市场主体从事操纵市场、内幕交易、损害客户利益等行为引起的民事赔偿纠纷。"

从法律层面看，《民事诉讼法》第 127 条第 2 项规定："依照法律规定，双方当事人达成书面仲裁协议申请仲裁、不得向人民法院起诉的，告知原告向仲裁机构申请仲裁。"《仲裁法》第 2 条规定："平等主体的公民、法人和其他组织之间发生的合同纠纷和其他财产权益纠纷，可以仲裁。"第 3 条规定："下列纠纷不能仲裁：（一）婚姻、收养、监护、扶养、继承纠纷；（二）依法应当由行政机关处理的行政争议。"可见，现行法律并未将可仲裁的争议范围限定于合同纠纷，上述两条规定亦在法律层面确认了债券虚假陈述案件的可仲裁性。

从实务层面看，涉及债券类的虚假陈述案件自 2019 年债券违约潮以来大规模增加，2022 年《证券虚假陈述司法解释》发布之后的司法实践中，(2022) 京民终 74 号、(2021) 京 74 民初 524 号、(2022) 鲁民终 872 号等案件，亦确认债券虚假陈述案件可由仲裁委管辖。

自 2022 年《证券虚假陈述司法解释》发布后，从法律、实务以及司法政策的演变历程来看，债券虚假陈述案件具有可仲裁性。事实上，鉴于仲裁立案仅作形式审查，于仲裁机构而言，只要不是《仲裁法》明确禁止的案由，其在收到债券虚假陈述纠纷的案件时，通常会受理，但最终每个具体的虚假陈述案件能否由仲裁机构管辖，则应当结合仲裁条款的表述进行实质判断。

第二，仲裁条款的约束对象是否包括出具虚假陈述责任承担声明的中介机构。

无论是法院审理主管异议案件，还是仲裁委实质判断是否应由其管辖，都应当具体问题具体分析，结合案件涉及的募集说明书或认购协议等文件的具体条款

第四章
程序篇

进行判断。

关于仲裁条款的约束对象,实务中有较大争议的情况是:募集说明书等文件的仲裁条款载明的约束主体限定在"发行人和投资者"或"发行人和受托管理人"。大多数情况下,会计师事务所、评级机构、律师事务所不会出现在仲裁条款载明的约束主体范畴中,该等中介机构也只是盖章出具信息披露真实、如实陈述的声明,而该声明只是作为募集说明书的一个章节。因此从表面来看,中介机构自身并不是募集说明书等文件中仲裁条款载明的约束主体,这种情况就增加了投资者与中介机构之间是否存在仲裁合意的判断难度。

部分法院认为,虽然募集说明书约定了仲裁条款,但是由于仲裁条款明确仅对发行人及投资者具有法律约束力,对中介机构并无约束力。例如,在湖南安仁农村商业银行股份有限公司(以下简称安仁农商行)与上海市锦天城律师事务所(以下简称锦天城事务所)等证券虚假陈述责任纠纷案中,上海市高级人民法院认为:"国开证券公司、锦天城事务所、上会事务所、联合评级公司等中介机构虽在案涉募集说明书中作出声明称对募集说明书相关内容的真实性、准确性和完整性承担相应的法律责任等,但声明的内容并未涉及争议解决方式。同时,根据案涉募集说明书中'发行人违约责任及争议解决机制'的约定,仲裁裁决系对发行人及投资者具有法律约束力,未提及对主承销商和评级机构等证券服务机构具有法律约束力。因此,案涉募集说明书中的仲裁条款并不能视为安仁农商行与中介机构之间达成的仲裁合意,安仁农商行要求中介机构承担证券虚假陈述侵权赔偿责任,不受上述仲裁条款的约束,未提及对主承销商和评级机构等证券服务机构具有法律约束力。因此,案涉募集说明书中的仲裁条款并不能视为安仁农商行与中介机构之间达成的仲裁合意。"

又如,在五洋债证券虚假陈述责任纠纷案中,浙江省高级人民法院认为:"本案系证券虚假陈述责任纠纷。……虽然案涉募集说明书第四节第五条约定了仲裁条款,但由于其明确仅对发行人及投资者具有法律约束力,即对五洋股份公司和

被上诉人双方有约束力，而对上诉人（德邦证券股份有限公司）并无约束力。"〔6〕

另有其他法院持不同观点，认为中介机构出具的债券虚假陈述责任声明为募集说明书内容的一部分，故仲裁条款对其产生法律约束力。例如，在长安国际信托股份有限公司（以下简称长安信托）与北京华业资本控股股份有限公司（以下简称华业资本）等证券虚假陈述责任纠纷案中，北京市高级人民法院认为："本案系作为投资者的长安信托要求发行人华业资本、中介机构国泰君安、大华事务所承担证券虚假陈述连带赔偿责任的纠纷，募集说明书载明'争议解决方式'条款中关于'双方对因上述情况而引起的任何争议'不应仅仅包括受托管理过程产生的违约纠纷，长安信托与华业资本、国泰君安、大华事务所之间的虚假陈述责任纠纷亦应受该争议解决条款的约束，本案应当通过仲裁程序解决纠纷，故不属于人民法院受理民事诉讼的范围。"〔7〕

又如，在上海映雪投资管理中心与申万宏源证券承销保荐有限责任公司、国新证券股份有限公司等证券虚假陈述责任纠纷案中，辽宁省沈阳市中级人民法院认为："各被告关于虚假陈述责任承担的声明也为募集说明书的一部分。根据上述约定，债券投资人持有本案所涉债券，视为其同意募集说明书载明对发行人、债券受托管理人的约束，前述仲裁条款即对其产生法律约束力。故原告要求各被告承担赔偿责任，应通过仲裁程序解决，提交北京仲裁委员会进行仲裁。"〔8〕

综上所述，房地产企业债券发行过程中中介机构虚假陈述案件应由发行人住所地法院管辖还是由仲裁条款约定的仲裁委管辖的问题目前尚无定论。其实，无论是由法院管辖还是由仲裁管辖都各自具有其独特的优势。在2022年《证券虚假陈述司法解释》发行后，发行人住所地法院已经积累了较多的债券虚假陈述案件审理经验，对于案件事实的梳理和认定、法律关系的判断以及责任承担范围的裁

---

〔6〕 五洋债证券虚假陈述责任纠纷案，浙江省高级人民法院（2020）浙民辖终34号民事裁定书。

〔7〕 长安国际信托股份有限公司与北京华业资本控股股份有限公司等证券虚假陈述责任纠纷案，北京市高级人民法院（2023）京民终36号民事裁定书。

〔8〕 上海映雪投资管理中心与申万宏源证券承销保荐有限责任公司、国新证券股份有限公司等证券虚假陈述责任纠纷案，辽宁省沈阳市中级人民法院（2022）辽01民初2128号民事裁定书。

量都有了较为准确的判断和统一的标准，而仲裁所具备的高效性、保密性的特点亦不可忽视。因此，房地产企业可以根据遇到纠纷的特征和自身需求，选择对己方较为有利的解释路径，对具体纠纷由法院管辖还是由仲裁委管辖的问题作出合理判断。

三、仲裁司法审查案件的管辖

基于仲裁机构的民间性、仲裁裁决的准司法性等特征，法院对仲裁的司法监督有其必然性。对仲裁的司法监督，主要体现在对仲裁裁决的3种司法审查上，即申请确认仲裁协议效力、对撤销申请的审查以及对被执行人提起不予执行申请的审查。除以上三类审查衍生出的管辖权争议之外，仲裁案件中保全程序的管辖亦是实务中的常见问题。

（一）撤销仲裁裁决的管辖

就仲裁机构作出的裁决，由当事人提出申请，经人民法院组成合议庭审查，在符合法律规定的情形下，裁定撤销仲裁裁决。根据《仲裁法》第58条的规定，撤销仲裁裁决案件的管辖权归属于仲裁委员会所在地的中级人民法院。《关于上海金融法院案件管辖的规定》第1条第5项规定，上海市辖区内金融民商事纠纷的仲裁司法审查案件由上海市金融法院管辖。北京金融法院的管辖规定中也作出了相同规定。

在实践中，针对申请撤销分会仲裁裁决的法院管辖问题，不同法院的观点并不一致。

绝大多数法院认为应当向仲裁委员会所在地中级人民法院申请。例如，在邹某早、温州市豪达箱包有限公司申请撤销仲裁裁决管辖一案中，浙江省高级人民法院认为："根据《仲裁法》第58条，当事人可以向仲裁委员会所在地的中级人民法院申请撤销裁决，而非向仲裁地中级人民法院申请撤销裁决。"[9] 仲裁委员会的分会不是依据《仲裁法》第 10 条或《仲裁法》第 66 条规定设立的仲裁机构，且仲裁裁决亦非以仲裁委员会分会的名义作出，故不能以分会所在地中院为管辖法院。

但亦有少数法院认为仲裁委员会分会所在地中级人民法院对此有管辖权。例如，在喻某兵、李某浩申请撤销仲裁裁决特别程序案中，广东省东莞市中级人民法院就受理了申请人关于撤销广仲东莞分会作出的仲裁裁决的申请，且并未以没有管辖权为由驳回申请人的请求。[10]

（二）确认仲裁协议效力的管辖

《仲裁法》第 20 条第 1 款规定："当事人对仲裁协议的效力有异议的，可以请求仲裁委员会作出决定或者请求人民法院作出裁定。一方请求仲裁委员会作出决定，另一方请求人民法院作出裁定的，由人民法院裁定。"《最高人民法院关于审理仲裁司法审查案件若干问题的规定》第 2 条第 1 款规定："申请确认仲裁协议效力的案件，由仲裁协议约定的仲裁机构所在地、仲裁协议签订地、申请人住所地、被申请人住所地的中级人民法院或者专门人民法院管辖。"

综上所述，房地产开发企业在遇到确认仲裁协议效力的纠纷时，可与相对方协商一致由仲裁委员会管辖或者由人民法院管辖；在不能协商一致的情况下，则根据《仲裁法》的规定由法院管辖。在确定由法院管辖确认仲裁协议效力的纠纷时，综合前述各金融法院的管辖范围及《最高人民法院关于审理仲裁司法审查案件若干问题的规定》，由仲裁协议约定的仲裁机构所在地、仲裁协议签订地、申请人住所地或被申请人住所地的中级人民法院管辖，在设立了金融法院的地区则由金融法院管辖。

---

[9] 邹某早、温州市豪达箱包有限公司申请撤销仲裁裁决管辖案，浙江省高级人民法院（2020）浙民辖终 9 号民事裁定书。

[10] 喻某兵、李某浩申请撤销仲裁裁决特别程序案，广东省东莞市中级人民法院（2019）粤 19 民特 41 号民事裁定书。

（三）不予执行仲裁裁决申请的管辖

《最高人民法院关于人民法院办理仲裁裁决执行案件若干问题的规定》第2条规定："当事人对仲裁机构作出的仲裁裁决或者仲裁调解书申请执行的，由被执行人住所地或者被执行的财产所在地的中级人民法院管辖。……被执行人、案外人对仲裁裁决执行案件申请不予执行的，负责执行的中级人民法院应当另行立案审查处理；执行案件已指定基层人民法院管辖的，应当于收到不予执行申请后三日内移送原执行法院另行立案审查处理。"

从这一条款可知，房地产开发企业在遇到此类执行仲裁裁决的问题时，应当向负责执行的法院提出申请，通常为被执行人住所地或者被执行的财产所在地的中级人民法院；若中级人民法院指定某基层人民法院管辖，则应当向该负责执行的基层人民法院提出申请，后由该基层人民法院将执行案件移送原执行中级人民法院立案审查。

（四）仲裁保全的管辖

《执行工作规定（试行）》第9条规定："在国内仲裁过程中，当事人申请财产保全，经仲裁机构提交人民法院的，由被申请人住所地或被申请保全的财产所在地的基层人民法院裁定并执行；申请证据保全的，由证据所在地的基层人民法院裁定并执行。"第10条规定："在涉外仲裁过程中，当事人申请财产保全，经仲裁机构提交人民法院的，由被申请人住所地或被申请保全的财产所在地的中级人民法院裁定并执行；申请证据保全的，由证据所在地的中级人民法院裁定并执行。"

部分地方法院对仲裁保全的管辖问题作出了与最高人民法院不同的规定。例如，北京市高级人民法院于2006年10月发布的《北京市高级人民法院关于仲裁执行案件统一由中级人民法院管辖的通知》（京高法发〔2006〕357号）规定："当事人申请执行仲裁裁决书、调解书以及通过仲裁机构申请财产保全的案件，统一由被执行人住所地或者被执行的财产所在地的中级人民法院管辖。高级人民法院和各基层人民法院不再受理上述案件，高级法院原则上不得将上述案件指定由基层人民法院执行……"

综上所述,房地产开发企业仲裁案件的财产保全管辖,在通常情况下由被申请人住所地或被申请保全的财产所在地的基层人民法院管辖,若仲裁案件有涉外因素则由相应地区的中级人民法院管辖。但与此同时,还需关注当地法院是否对此作出特别规定。

第二节

涉房地产企业财产保全操作路径

财产保全，是指人民法院在案件受理前或者诉讼过程中，为保证将来生效判决的顺利执行或避免财产损失，根据一方当事人的申请或者依职权，依法对被保全人名下的财产采取的查封、扣押、冻结等强制执行措施。法院及时采取保全措施可以维护申请保全人的权益，但司法实践中亦存在超标的保全、保全错误等侵犯被保全人合法利益的不当行为。本部分内容基于房地产开发企业的经营特征，结合司法实践中的典型案例与现有规定，分别从债权人与债务人的不同视角出发，讨论在房地产开发企业作为债务人时，债权人可对其采取的财产保全方式，以及作为债务人的房地产企业在面临财产保全时的应对途径，以期为各方主体提供实务参考。

一、仲裁保全

《仲裁法》第 28 条第 1 款首先明确了申请人享有仲裁保全的权利，结合《民事诉讼法》第 104 条第 1 款、《财产保全规定》第 1 条等规定，可知申请人在申请仲裁前可以向法院申请保全，也可以在仲裁过程中，通过仲裁机构向法院申请保全。实践中，均是在仲裁过程中通过仲裁机构向法院申请保全。关于仲裁保全管辖，国内仲裁由被申请人住所地或被申请保全的财产所在地的基层人民法院裁定并落实，涉外仲裁由被申请人住所地或被申请保全的财产所在地的中级人民法院裁定并落实。需要说明的是，仲裁中保全不能查询被保全财产。法律未赋予仲裁机构对财产采取查封、扣押、冻结或者法律规定的其他保全方法。人民法院在办理仲裁中的保全时一般不会主动通过网络执行查控系统查询被保全人的财产，申请人须自行提供明确的财产信息。

二、债权人视角下，财产保全的实现方式

诉讼的目的在于实现债权，为防止债务人规避债务，恶意逃避承担责任，在案件审理过程中申请人民法院对债务人采取财产保全措施就是极有力的手段。对于房地产开发企业，其可供保全的财产主要包括已施工但尚未办理不动产首次登记的在建工程、银行账户、可售未售房屋、对外持有股权等。

（一）在建工程的保全

处于不同阶段的在建工程财产保全思路不同。总体上可以分为两类：第一类是开发商取得商品房预售许可证前的在建工程保全；第二类是开发商取得商品房预售许可证后的在建工程保全。

1. 预售前在建工程

（1）财产保全实施路径

由于在建工程尚未办理不动产首次登记、未取得不动产权证，也并没有相应登记的商品房信息，故法院难以在不动产统一登记系统中通过查封登记的方式进行财产保全。根据《最高人民法院关于人民法院民事执行中查封、扣押、冻结财产的规定》第7条的规定，法院可以采取现场查封的方式保全在建工程，方法为在显著位置张贴查封公告、封条。同时，法院应通知被保全人的法定代表人或主要负责人到场，根据《民事诉讼法》第256条的相关规定，拒不到场的不影响执行。

但是，现场查封措施存在查封无法产生实际效果的风险，主要原因为：一是张贴的公告、封条容易受到自然因素影响或被人为撕毁；二是房地产主管部门难以及时掌握法院现场查封信息，开发商仍可能私下推进商品房预售许可证、不动

产首次登记的办理，进而实现财产转移。

（2）查封方式的完善路径

其一，申请人民法院在显著位置张贴公告，如在工程建设项目部大门口、售房部大门口，防止债务人恶意撕毁查封公告，确保购房人对在建工程查封事实知道或者应当知道，防止将来可能出现的法律纠纷。

其二，申请中止办理预售许可证。债权人可以根据在建工程所处的房地产开发阶段与法院积极沟通，促成法院向该项目的后续报批报建部门发送协助执行通知书，通知该等部门配合中止办理涉案项目进行商品房预售所需的建设用地规划许可证、建设工程规划许可证、建筑工程施工许可证、商品房预售许可证等证照。比如，在（2019）冀执复61号案件中，河北省高级人民法院认为，秦皇岛市中级人民法院要求承德住建局协助查封涉案项目并暂不予办理售楼预售许可手续的行为合法有效，其对被执行人名下两栋主体已完工的住宅楼的查封行为自执行裁定书和协助执行通知书向承德住建局送达时发生法律效力。承德住建局接到秦皇岛市中级人民法院的要求协助执行通知书和查封裁定后，在查封期限内维持查封标的物现状即为履行了协助执行义务。承德住建局未经秦皇岛市中级人民法院许可将该院已经查封的标的物给他人办理了商品房预售许可证，作出该行政许可的行政机关是承德住建局，故该局仍负有协助履行撤回商品房预售许可证的义务。[11]

其三，一并申请查封土地使用权。根据《最高人民法院关于人民法院民事执行中查封、扣押、冻结财产的规定》第21条的规定，除土地使用权与地上建筑物的所有权分属被执行人与他人的外，查封在建工程的效力及于在建工程使用范围内的土地使用权。在通常情况下，在建工程所在地块的土地使用权也为开发商的财产，因此债权人可以一并申请查封土地使用权。但需注意的是，债权人、债务人及法院在该类查封过程中应尽量从物尽其用的角度，积极协商，避免"死封"。对资金周转困难、暂时无力偿还债务的房地产开发企业，即便对在建工程及其土

---

[11] 承德市住房和城乡建设局、曹某儒企业借贷纠纷执行审查案，河北省高级人民法院（2019）冀执复61号执行裁定书。

地使用权进行查封,如果在建工程续建对债权人有益,债务人仍可继续建设。

2. 预售后在建工程

根据《最高人民法院、国土资源部、建设部关于依法规范人民法院执行和国土资源房地产管理部门协助执行若干问题的通知》(国土资源部、建设部已撤销)第15条的规定,可以对已办理商品房预售许可证且尚未出售的房屋进行预查封。房地产开发企业取得商品房预售许可证后,债权人可以通过当地房屋管理部门的官方网站在线查询预售商品房信息,包括楼盘表、销售状态、预售许可证号等。在线查询途径列举见表4-2。

表4-2 商品房预售信息在线查询途径列举

地区	网站名称	网站地址
北京市	北京市住房和城乡建设委员会	http://bjjs.zjw.beijing.gov.cn/eportal/ui?pageId=320794&projectID=7632069&systemID=2&srcId=1
上海市	网上房地产	http://www.fangdi.com.cn/new_house/new_house_detail.html?project_id=813ecd87ed13f89f
广州市	广州市住房和城乡建设局、广州市房地产行业协会	http://zfcj.gz.gov.cn/zfcj/fyxx/fdcxmxx http://www.gzfangxie.com/h-col-127.html
杭州市	杭州市住房保障和房产管理局	http://fgj.hangzhou.gov.cn/col/col1229440802/index.html

根据《最高人民法院、国土资源部、建设部关于依法规范人民法院执行和国土资源房地产管理部门协助执行若干问题的通知》第15条的规定,债权人可以申请法院对房地产开发企业名下已办理了商品房预售许可证且尚未出售的房屋进行预查封。预查封是法院对被执行人尚未进行权属登记,但将来可能会进行登记的房产进行的一种预先的限制性登记。预查封虽不是正式查封,但与正式查封的效果基本相同。预查封期间,房屋权属登记至房地产开发企业名下的,预查封自动转为正式查封。

预查封的具体方法为:申请保全人调查拟查封的房屋坐落、房号等信息后,将其作为财产线索提交法院,法院审查后向房屋管理部门/不动产登记机构发送协

第四章
程序篇

助执行通知书，由房屋管理部门/不动产登记机构在系统中对申请保全的房屋进行预查封登记。登记后，该房屋将无法继续网签销售。需要注意的是，申请保全人提供的线索信息应具体到房号（如××区××地××项目××#商品住宅楼×单元×××室），否则房屋管理部门/不动产登记机构可能无法准确在系统中登记。

需注意的是，如果开发商在商品房预售开始后爆发债务危机，债权人会纷纷申请对未网签的预售商品房进行预查封。由于涉及的预售商品房数量达成百上千套，在先预查封财产的债权人难免遗漏查封个别房屋。所以，即使这一阶段的在建工程已被其他多位债权人预查封，债权人仍应通过房地产管理部门仔细调查、核实财产线索信息，申请全面查封。

（二）预售资金监管账户的保全

商品房预售资金使用实行封闭式管理，购房人直接将预售款存入监管账户或按揭贷款银行直接转至商品房预售资金监管账户，房地产开发企业使用资金需申请并经审核。根据各地商品房预售资金监管办法，房地产开发企业需根据实际情况，以建设项目作为独立的预售资金监管对象，选择当地政府机构监管银行名录内的商业银行，申请开立商品房预售资金监管账户。同时，房地产开发企业应与监管银行、房地产主管部门签署商品房预售资金监管协议，并依据商品房预售资金监管协议申请《商品房预售许可证》。

1. 商品房预售资金监管范围及额度

房地产开发企业需要在预售方案中明确预售资金监管方案，并提交预售资金监管协议。预售资金监管方案需要包括项目重点监管额度、项目用款计划、专用账户名称和账号、其他需要说明的情况等内容，其中对用于支付工程建设等费用的预售资金则实施重点监管。不同地区预售资金监管范围列举见表4-3。

表 4 – 3　不同地区预售资金监管范围列举

地区	文件依据	预售资金监管范围
北京市	《北京市商品房预售资金监督管理办法》	定金、首付款、购房贷款以及其他形式的购房款
上海临港	《临港新片区加强房地产项目预售资金监管指导意见（试行）》	定金、首付款、购房贷款以及其他形式的购房款
浙江省	《浙江省商品房预售资金监管暂行办法》（已失效）	房地产开发企业将其开发建设中的商品房建设项目在竣工验收备案前预先出售给购房人，由购房人按合同约定支付的预购房款（包括首付款、分期付款、一次性付款和银行按揭贷款、住房公积金贷款等）
南京市	《南京市商品房预售资金监管办法》	房地产开发企业将其开发的商品房在竣工验收备案前出售，由购房人按商品房预售合同约定支付的预购房款（含商品房按揭贷款）
无锡市	《无锡市商品房预售资金监管办法》（已失效）	房地产开发企业预售商品房时，由购房人支付的具有购房款性质的定金、首付款以及后续付款（含银行按揭贷款、住房公积金贷款）等全部房价款
山东省	《山东省商品房预售资金监管办法》	房地产开发企业预售商品房时，购房人按照商品房买卖合同约定支付的全部房价款

商品房预售资金一般分为重点监管资金和一般监管资金。其中，重点监管资金规模一般按照保障项目实现交付的原则进行设定，与工程款金额相当，并根据工程进度情况进行支取。当预售资金额度超过重点监管资金额度时，超出部分则通常可以自主支取。对于预售资金重点监管额度的确立，各个地方的政策也大不相同，主要有以下几类：(1) 按照面积定额计算，如北京重点监管额度为每平方米不得低于 5000 元；(2) 一盘一策，如无锡对于重点监管资金标准根据不同房屋建筑结构、用途等因素综合测定并适时调整公布；(3) 按照预售款的一定比例提取，如重庆按照预售总额的 35% 核定；(4) 以工程造价总额为基数上浮一定比例计算，如浙江省按照工程造价款的一定倍数设定。表 4 – 4 为不同地区预售资金重点监管额度列举。

表4-4　不同地区预售资金重点监管额度列举

地区	文件名称	具体内容
北京市	《北京市商品房预售资金监督管理办法》	第7条……项目重点监管额度由区住房城乡建设主管部门根据项目综合建设费用、交付使用条件、开发企业信用水平和经营状况等综合确定，每平方米不得低于5000元。
浙江省	《浙江省商品房预售资金监管暂行办法》（已失效）	第15条……其中监管项目工程预算清册总额不低于130%的预售资金按预售资金监管协议方式监管。按监管协议监管的项目工程预算清册总额的20%可以用于监管项目相应的前期工程费、管理费、销售费、财务费、不可预见费、税费、同步归还本项目房地产开发贷款及其他费用。
无锡市	《无锡市商品房预售资金监管办法》（已失效）	第10条……重点监管资金额度按照重点监管资金标准与预售建筑面积计算确定。重点监管资金标准由市住房城乡建设局组织相关专业机构，根据不同房屋建筑结构、用途等因素综合测定并适时调整公布。重点监管资金额度可以按照预售楼栋的预售建筑面积分别核算。
重庆市	《关于加强房地产开发项目预售资金监管的通知》	一、取消核减预售资金首付款监管比例的有关规定全市房地产开发项目预售资金首付款监管全部按照预售总额的35%核定……

2. 预售资金监管账户的保全可行性

商品房预售资金监管账户作为收取购房者购房款的特定银行账户，从法律性质来说仍然是企业开立的银行账户，其中的资金所有权应属于企业，只是资金用途特殊且存在使用限制。根据《民事诉讼法》第253条及《最高人民法院关于人民法院民事执行中查封、扣押、冻结财产的规定》第2条第1款的相应规定，符合法定条件下的法院当然可以对资金监管账户进行查封、冻结。

随着房地产行业业绩的下滑，涉及预售监管资金的账户保全、执行行为越来越普遍，为了避免因人民法院保全、执行预售资金监管账户内的款项而使施工单位工程进度款无法拨付到位，商品房项目建设停止，影响项目竣工交付，损害广大购房者的合法权益，最高人民法院在2022年1月发布《关于充分发挥司法职能作用助力中小微企业发展的指导意见》后,又同住房和城乡建设部、中国人民银行联合下发了《关于规范人民法院保全执行措施 确保商品房预售资金用于项目建设的通知》,对于账户冻结的行为提出以下要求:(1)法院可以冻结商品房预售资金监管账户,但冻结后应及时通知当地住建部门;(2)房地产企业提出申请并提供担保后,预售资金监管账户可以解除冻结。

3. 突破预售资金监管账户冻结的特种债务

《关于规范人民法院保全执行措施 确保商品房预售资金用于项目建设的通知》在强化法院保全、冻结预售资金监管账户责任的同时,也规定了在涉案账户被保全冻结后,商业银行可以对外支付账户内款项的例外情形,主要包括:(1)项目建设资金:房地产开发企业、商品房建设工程款债权人、材料款债权人、租赁设备款债权人等请求以预售资金监管账户资金支付工程建设进度款、材料款、设备款等项目建设所需资金;(2)购房款项:购房人因购房合同解除申请退还购房款。上述情形对应的债权人在申请支付预售资金监管账户款项时,亦需取得涉案项目所在地住房和城乡建设主管部门的审核同意。且商业银行在支付完毕对应款项后,应当及时将付款情况向人民法院报告。

(三)商品房的保全

已预售但未实际销售的商品房产权当然属于开发商所有,对该商品房可以采取财产保全措施。但对于已实际销售、办理网签给购房者的商品房是否属于开发商所有、能否查封,则需要具体问题具体分析。原则上,未办理过户手续的商品房不可对抗查封,但实践中亦存在例外,具体情形分析如下。

1. 仅作预告登记的商品房可被查封

开发商就购房者所购商品房办理预告登记的目的在于防止开发商一房多卖,预告登记具有公示作用但不具有转移所有权的效力。因此,虽然商品房办理了预告登记,但房屋所有权尚未转移至购房者,而仍属于开发商的财产。(2020)最高法民终690号案例载明:虽然涉案房屋已办理了预告登记,但预告登记具有公示作用而非转移所有权的效力。且案件购房者不符合《最高人民法院关于人民法院办理执行异议和复议案件若干问题的规定》第 28 条规定的条件，故涉案开发商并未丧失涉案房屋所有权。[12]

2. 仅网签未过户的商品房原则上可被查封

网签是对房屋交易合同进行登记的一种行政管理制度，系相关房地产管理部门为规范房地产企业房屋交易行为，防止房地产企业捂盘惜售、重复抵押、一房多卖等情况，而建立的网络化管理系统。网签行为不产生物权变动效果，不能阻止法院查封以及司法拍卖。依照《最高人民法院关于人民法院民事执行中查封、扣押、冻结财产的规定》第 15 条"被执行人将其所有的需要办理过户登记的财产出卖给第三人，第三人已经支付部分或者全部价款并实际占有该财产，但尚未办理产权过户登记手续的，人民法院可以查封、扣押、冻结；第三人已经支付全部价款并实际占有，但未办理过户登记手续的，如果第三人对此没有过错，人民法院不得查封、扣押、冻结"之规定，法院原则上可以对仅网签未过户的商品房进行查封。

3. 查封未过户商品房的例外情形

根据《最高人民法院关于人民法院民事执行中查封、扣押、冻结财产的规定》第 15 条之规定，在购房人满足已经支付全部价款、实际占有房屋、对未办理过户登记没有过错并办理了网签的情况下，涉案网签房屋便不能被查封。

综上，因商品房网签、预告登记并不具有物权变动性质，而是行政机关对商品房买卖合同进行管理的一项措施，并不直接产生不动产物权设立或变动的效力，因此仅仅预告登记、办理网签的商品房一般情况下可以被查封。

（四）股权及股权收益的保全

根据《民事诉讼法》第 253 条的规定，债权人可以对房地产企业所持有的股权申请财产保全。债权人通过全国企业信息公开网和其他企业信息网站均可以查

---

〔12〕 贵州银行股份有限公司贵阳花溪支行与贵州宏立城集团有限公司案外人执行异议之诉案，最高人民法院（2020）最高法民终 690 号民事判决书。

询到拟保全企业名下对外投资的股权情况，从而向法院提供股权线索，进行相应保全。

1. 判断股权保全价值的参考因素

由于房地产公司一般都设置了多层股权结构，且在交易结构的搭建过程中衍生出众多无实际财产价值的空壳公司，因此在选择股权线索时，应当选择净资产较高的股权。但不同于实物财产，股权价值往往缺少市场交易的参照价格。且股权具有瑕疵隐蔽性、权利负担封闭性等特征，非经专业机构评估难以准确判断其价值。

债权人判断股权是否具有保全价值可以考虑以下因素：（1）公司是否为房地产开发项目公司；（2）房地产项目建设销售情况；（3）股权质押状态；（4）股权查封状态；（5）公司注册资本或实缴资本；（6）公司经营情况，包括市场监督管理机关有无将其列入经营异常名单、有无预警提醒信息、公司资产负债表等。债权人在调查了解股权价值的过程中，可以借助全国企业信息公开网和其他企业信息网站制作其企业图谱，再结合企业公告、新闻资讯以及其他渠道获取的线索进行综合分析。

2. 股权冻结方式

法院冻结股权后，将制作保全裁定书、协助执行通知书。根据《关于人民法院强制执行股权若干问题的规定》第6条的规定，若多家法院对被保全人持有的同一股权采取冻结措施，并先后向目标公司和市场监督管理机关送达协助冻结法律文书的，股权冻结自在公示系统公示时发生法律效力；多个人民法院冻结同一股权的，以办理公示的先后顺序为准。非上市股份有限公司的股权冻结顺位，亦适用公示在先的为生效冻结，其余均为轮候冻结的确定规则。

股权冻结的具体操作方式根据保全股权所在公司性质的不同有所区别。

（1）保全对象为有限责任公司股权的，法院应当根据申请保全人提供的股权线索向目标公司登记注册所在地的市场监督管理机关送达冻结法律文书，要求其作出冻结公示，并不得办理被冻结股权的转移手续。同时，法院应向申请保全人、被保全人送达裁定书，并将股权冻结情况书面通知目标公司。法院可以向目标公司送达协助执行通知书，要求其在实施增资、减资、合并、分立等对被冻结股权所占比例、股权价值产生重大影响的行为前，向法院书面报告有关情况。法院冻结被保全人基于股权享有的股息、红利等收益，应当向目标公司送达裁定书，目标公司负有股权收益到期时通知法院及禁止擅自向被保全人支付或者变相支付的义务。

（2）保全对象为一般非上市股份有限公司股权的，冻结流程同有限责任公司。因公司性质的特殊性，为避免冻结效力产生争议，除需向目标公司送达协助冻结法律文书外，法院还需与公司董秘或股东名册管理负责人谈话并记录在案。通过谈话确认被保全人的持股份额、是否存在质押、有无其他法院的在先冻结等情况，并明确告知公司在法院冻结期间禁止办理股权变更等事项。部分公司实行股权托管的，法院需同时向托管中心送达相关法律文书。

（3）保全对象为新三板公司股份的，由于该类公司的股份由中国证券登记结算有限责任公司集中登记，法院需向中国证券登记结算有限责任公司北京分公司送达法律文书要求协助冻结。

（4）冻结其他企业、组织股权或投资份额的，除法律另有规定外，冻结程序参照普通有限责任公司。

3. 股权保全的效力是否及于股权收益

关于股权保全及收益保全的程序，《最高人民法院关于人民法院强制执行股权若干问题的规定》采取了冻结股权和冻结股权收益分别规定的方式，在第6条中规定了法院冻结股权应当通知有关企业，在第9条明确了冻结股权收益的程序，即法院在冻结股权收益时必须向股权所在公司送达冻结股权收益的裁定书。

关于股权所在公司擅自支付股权收益的责任，《执行工作规定（试行）》第40条规定了股权所在公司擅自向被执行人支付股权收益，造成已转移的财产无法追回的，应当在所支付的股息或红利范围内向申请执行人承担责任。《最高人民法院关于人民法院强制执行股权若干问题的规定》第9条第2款明确了如果股权所在公司擅自向被执行人支付已经冻结的股权收益，不能对抗申请执行人，法院可以直接要求股权所在公司支付该笔收益。

虽然上述规定明确了冻结股权收益必须向股权所在公司送达裁定书，但是没有明确法院未向股权所在公司送达裁定书的后果。实践中，有的法院只在工商登记部门冻结股权，但未将冻结股权和股权收益的通知送达股权所在公司；也有的法院仅将冻结股权的裁定书送达股权所在公司，而未再对冻结股权收益予以通知，导致诸多争议的发生，这些纠纷的解决取决于对冻结股权是否及于股权收益的判断，但是以往的法律规定及司法裁判观点对于冻结股权是否及于股权收益并无明确统一标准。

肯定观点认为：（1）股息、红利等股权收益是股权意义的直接体现，实质上是股东的投资收益权，属于股权的内容，应随股权一并冻结；（2）非上市公司的股权冻结可以参照适用《最高人民法院关于冻结、拍卖上市公司国有股和社会法人股若干问题的规定》第7条第2款的规定，股权冻结的效力及于股权产生的股息以及红利、红股等孳息；（3）《执行工作规定（试行）》（2020修正）第38条的规定应理解为股权冻结效力及于股权收益，执行法院在冻结涉执股权时，无须再作出裁定，可以依据保全股权裁定直接通知协助执行人不得向被执行人支付股息或红利。

否定观点认为：（1）股权收益属于法定孳息并非天然孳息，冻结非上市公司的股权收益需要法院通知书上明确显示有扣留、提取投资收益、红利（分配款）的内容；（2）冻结股权不及于股权收益，冻结股权收益的通知未送达公司的对公司不发生法律效力。

理论上，根据《公司法》第210条第4款的规定，若无特别约定或章程特别规定，有限责任公司按照股东实缴的出资比例分配利润，股份有限公司按照股东所持有的股份比例分配利润。股权是公司股东基于出资而享受利益的权利，获取股息和红利的权利是股东自益权的一部分。因此，股权收益作为股权的一部分，冻结股权当然及于股权收益。此外，冻结股权需要在公司登记机关办理冻结手续，并通过国家企业信用信息公示系统对外公示，具有公示效力，不能仅因法院未向股权所在公司履行通知义务就否认冻结股权及其股权收益的效力。

只不过由于实践中不同法院对此持不同的裁判态度，从维护债权人合法权益的角度出发，建议申请股权冻结时应一并提出对股权收益的冻结，避免因法院仅冻结股权而产生执行争议。

三、债务人视角下，财产保全的应对方式

财产保全是为了保障生效裁判的顺利执行、避免胜诉债权人的权利遭受损失，是对当事人处分相关财产予以限制的一种诉讼保障制度。在满足申请人财产保全标的的情况下，也应顾及被保全人的合法权益。在涉及财产保全的案件中，被保全人、利害关系人可以通过申请解除保全措施、保全复议与执行异议程序实现财产保全救济。

（一）解除保全措施的途径

解除保全在我国民事诉讼法领域内存在两种不同的含义。一种是解除保全裁定，《民诉法解释》第166条规定了法院应当作出解除保全裁定的4种情形，但是解除保全裁定意味着保全裁定不复存在，至少自解除裁定宣告时起不再发生法律效力。另一种是解除保全措施，《民事诉讼法》第107条规定，在财产纠纷案件中，被申请人提供担保的，人民法院应当裁定解除保全。解除保全措施，其目的在于撤销或变更对保全标的物的保全，实质上仅消灭了存在于保全标的物上的优先顺位，保全裁定仍然存在。为免歧义，本部分内容讨论的解除保全仅指被保全人申请解除保全措施。

1. 解除保全措施的适用条件

经总结现有规定，本书将解除保全措施的适用条件归纳如下。

（1）仅适用于财产纠纷案件

《民事诉讼法》第104条将解除保全措施限定于"财产纠纷案件"中，所谓财产纠纷案件，主要包括"涉及财产归属的确认之诉、给付内容为金钱或物的给付

之诉案件"。

（2）保全标的如为争议标的，解除保全措施需经过申请人同意

根据《财产保全规定》第 22 条的规定，保全标的如为争议标的，解除保全措施需经过申请人同意。但现有法律法规并未规定对除争议标的外的保全财产申请解除保全措施是否需要保全申请人同意，司法实践中，法院多认为解除对争议标的外财产的保全措施无须保全申请人同意。例如，上海市第一中级人民法院在（2017）沪 01 财保 4 号之二裁定书中认为："申请人与被申请人之间系建设工程施工合同纠纷，争议标的为工程款，申请人请求解封之房产并非本案争议标的财产，故不适用《财产保全规定》第 22 条之规定。"[13] 最高人民法院在（2018）最高法执监 105 号案中同样持此观点，即 "当被保全人或第三人提供充分有效担保请求解除保全，人民法院应当裁定准许。只有在涉及本案争议标的的保全时，才须经申请保全人同意"。[14] 可见，实务机关的整体倾向是，除拟申请解除保全措施的标的直接系案件争议标的的情形外，对于已被保全财产的置换只要符合法律规定，并非必须经申请保全人同意。

（3）提供充分有效的担保

就已被查封、扣押、冻结的财产，被保全人申请解除保全措施、提供担保的途径主要为：①变更保全标的物。被保全人或其他案外人提供等值担保财产置换保全标的物且有利于执行的，即变更保全标的物。②提供保证担保。被保全人或第三人提供充分有效担保，如由保险公司、银行等金融机构或担保公司出具不可撤销的见索即付保函以申请解除保全措施，法院裁定准许的。

2. 变更保全标的物的途径

《民诉法解释》第 167 条规定："财产保全的被保全人提供其他等值担保财产且有利于执行的，人民法院可以裁定变更保全标的物为被保全人提供的担保财

---

[13] 上海中锦建设集团股份有限公司诉九江禧徕乐国际商业有限公司申请诉前财产保全案，上海市第一中级人民法院（2017）沪 01 财保 4 号之二民事裁定书。

[14] 最高人民法院（2018）最高法执监 105 号执行裁定书。

产。"该规定是为了更好地平衡申请保全人与被保全人利益而作出的必要调整。被保全人在申请变更保全标的物时，需注意满足"财产等值""利于执行"的条件。

（1）置换财产等值

法院在作出变更保全裁定或对原保全财产解除保全措施时，往往同步采取对拟置换担保财产的保全措施，故在此之前，一般都会首先对担保置换财产是否满足"等值"条件进行询价、评估等。经总结现有案例，本书将法院考查置换财产是否满足"等值"条件的考量因素总结如下。

①置换财产的价值是否足以覆盖申请人申请保全的标的额。

②置换财产的价值是否更为稳定，更不易产生不正当减损，保值增值趋势明显。比如，特定地区的不动产价值相对稳定，股份价值受社会经济环境、公司运营管理等因素影响易波动。

③置换财产的权利状态，如是否存在已出售、抵押、查封等权利负担。其中保全物为房地产项目的，需审查标的项目是否存在建设工程优先受偿权、不动产物权期待权、消费者物权期待权等。

故在以担保财产申请置换或变更保全标的时，被申请人应主动提交担保财产足以覆盖申请人已申请保全标的额的相关证据材料，如产权相关证明、委托专业评估机构出具的评估报告、商品房销售备案价格、工程款支付情况等，以供法院审查和确认，从而为法院裁定变更保全标的提供审查依据。

（2）置换财产利于执行

现有法律并没有对"有利于执行"作出明确的解释，各地法院在适用本条时具有较大的自由裁量权，主要根据具体的保全物进行具体分析。值得借鉴的是，天津市高级人民法院印发的《关于保全担保若干问题的审判委员会会议纪要》中提出"不增加执行难度"就是有利于执行。司法实践中，在权衡担保置换财产是否更有利于执行时，法院往往从该财产的性质、可变现的难易程度、流转便捷性等方面进行考量。可置换财产选项主要包括存款、土地、房产、银行理财产品、基金产品、信托产品、资管计划产品等。经归纳，本书认为以下形式的财产更符合"利于执行"的标准。

①现金、银行账户存款是首选。银行中的存款、现金可以直接进行划拨，更有利于节约变现之时的时间、人力成本，其执行程序相较之下最为便利，法院一般首选保全此类财产。尤其当财产保全措施为冻结存款，但被保全人提供的置换财产为房地产时，法院同意置换的可能性较低。相对例外的是，亦有部分地区高级人民法院在出台的工作指引中规定，商品房预售资金监管账户、农民工工资专用账户和工资保证金账户等具有特定用途的账户，或者他人具有优先权的账户，除确有证据证明提供担保的账户有多余资金可供保全或执行外，无法作为置换财产。

②无权利负担、处分权完整的财产。设置有权利负担的财产在后续执行过程中可能涉及其他法律纠纷，法院在判断此类财产是否符合"利于执行"的标准时往往采取更为谨慎的态度。《杭州市中级人民法院关于财产保全担保审查的工作指引》便规定"担保物存在权利瑕疵，如担保物已抵押、质押或已被其他有权机关查封、扣押、冻结"的情况下，法院应驳回担保置换申请。

③利于变现、市场价值更透明的财产。比如，在不动产中，住宅变现易于厂房、商用房；房产可以分割处置，相较于土地使用权更利于执行。而商标权、软件著作权、不易长期保存的物品置换难度较大，原因在于：知识产权的价值较难确定，通常需要通过资产评估确定，且涉及中国版权保护中心和商标局的外部协助执行；不易长期保存的物品则面临过期报废、正常价值损耗较大等问题，不利于执行。

综上，是否有利于执行，法院主要从担保财产的财产属性出发，如银行存款的执行难度势必小于房产、土地使用权等。在相同财产属性的前提条件下，法院主要从担保财产是否存在权利瑕疵、权利负担、财产现状、财产的流通性等方面予以考量。此外，从处置方面来看，执行周期、执行措施、执行效率、执行难易程度、是否为首封等也是"利于执行"审查中的重要考察因素。

（3）需考虑保全行为对被保全人生产经营的影响

法官在作出变更保全裁定时有一定的裁量空间，因此审查标准并非一概而论，被保全人若能够证明法院的保全行为已经严重影响企业的正常生产经营、社会稳定，法院亦可能选择对被保全人生产经营活动影响较小的财产进行保全。当申请保全置换的财产价值高于被保全的财产的价值，且不影响保全结果时，在对企业的生产经营活动影响较小的情况下，法院一般会认定为有利于执行，准许进行置换。比如，在（2016）鲁0124民初3078号案件中，人民法院依原告申请裁定查封了案外人名下的一宗土地，冻结了济南某置业有限公司名下的6个银行账号。济南某置业有限公司不服，认为上述财产保全行为影响了公司经营业务的正常开展，损害了购房者的利益，提出书面异议，请求变更为查封该公司名下的两处商铺，解除对公司多个账户的冻结。最终法院裁定查封济南某置业有限公司名下的商业房产，解除了对济南某置业有限公司部分银行账户的冻结。[15]

3. 保证担保的适用途径

根据《民事诉讼法》第107条及《财产保全规定》第22条的规定，被保全人或第三人可提供充分有效的担保以请求解除保全。在财产保全中，以保函、信用担保为主要代表的保证担保不仅可以实现风险转移，更能帮助被保全人以最小成本且无财产被查控的情况下实现保全。

现有案例基本支持被保全人采取保险保函、银行保函、担保公司保函等保证担保方式用于申请解除反担保金额内财产的保全措施。法院在审查此类信用担保方式时，往往注重审查保证人的注册资产情况、运营情况及商业信誉，具体审查方式包括但不限于审查保证人的营业范围、验资报告、审计报告、信用等级证书等。在保障原告合法利益的前提下，法院可依法认定此类信用担保属于充分、有效的担保形式。

---

[15] 赵某山与济南某置业有限公司建设工程施工合同纠纷案，山东省平阴县人民法院（2016）鲁0124民初3078号民事判决书。

4. 房地产开发企业申请解除财产保全措施的实操要点

在受疫情影响，宏观经济下行压力较大的情况下，企业运营举步维艰，其中尤以房地产行业为甚——既要保障农民工工资、工程款按时支付，又要完成"保交楼"任务。目前，部分高院出台的保全指引文件（见表4-5）中设置了应予财产置换及解除财产保全措施的常见情形，其中部分情形可用于支持企业融资、缓解经营困境。房地产开发企业可以根据不同地区法院指引文件的设置，选择适用及灵活变更保全标的物，从而及时盘活资产实现融资，防范并应对房地产项目逾期交付风险。同时，在申请解除财产保全措施时，可以从维护企业正常经营、降低对企业生产经营活动不利影响的需要出发，在平衡申请人和被申请人利益的前提下，说服法院同意置换财产，从而解除对企业重要或关键财产的保全。

表4-5 部分高院保全指引文件内容列举

文件名称	相应内容
《江苏省高级人民法院关于进一步规范查封、扣押、冻结财产工作指引》	19. 对被保全人或被执行人提出的置换或解除被查封、扣押、冻结财产申请，根据下列情形决定是否准许：（1）为盘活资产、缓解生产经营或生活困难，提供充分有效担保的，应予准许……（4）申请以被查封、扣押、冻结财产融资，并用融资款置换被查封、扣押、冻结财产的，在确保能够严格控制相应融资款的前提下，可以准许，但人民法院应当监督被保全人按照合理价格融资，并协调有关部门做好财产解封、抵押或质押登记等事宜；（5）冻结上市公司股票后，被保全人申请将冻结措施变更为可售性冻结的，应予准许，但应当提前对被保全人在证券公司的资金账户采取明确具体的限额冻结措施；在执行过程中，被执行人申请通过二级市场交易方式自行变卖股票清偿债务的，人民法院可以按照前述规定办理，但应当要求其在十个交易日内变卖完毕；（6）申请自行变卖被查封、扣押、冻结财产，人民法院在确保变价款汇入法院指定账户或通过其他方式能够控制变价款的前提下，可以准许。但人民法院应当监督被保全人或被执行人在六十日内按照合理价格变卖，并控制相应价款……

续表

文件名称	相应内容
《浙江省高级人民法院关于进一步规范财产保全案件办理的工作指引（试行）》（浙高法审〔2022〕3号）	20. 人民法院应当注重充分发挥查封财产的融资功能，被保全人申请用查封财产融资置换查封财产的，可以监督被保全人按照合理价格进行融资，并要求融资方将全部融资款项汇付至人民法院指定账户，超出保全数额的部分退还给被保全人。被保全人利用查封财产融资，出借人要求先办理财产抵押或者质押登记再放款的，执行部门可以协调有关部门做好财产解封、抵押或者质押登记等事宜，并严格控制融资款。…… 21. 被保全人提交申请变更保全标的物的，是否准许置换，裁定部门应当按照有利经营、有利执行原则等综合判断： …… （3）被保全人以情况紧急、生产经营陷入困境为由，提供其他等值担保财产，申请解除账户、必要流动资金，经审查属实的，可以准许……
《广东省高级人民法院关于贯彻〈最高人民法院、住房和城乡建设部、中国人民银行关于规范人民法院保全执行措施 确保商品房预售资金用于项目建设的通知〉实施意见》	五、项目公司为保障建设工程项目，依法提供等值的资金或者财产担保，申请对预售资金监管账户全部或者部分资金解除冻结的，审理债务纠纷案件的人民法院在征得建设项目所在地住房和城乡建设主管部门同意后，可以依法解除或者部分解除前期冻结的预售资金监管账户资金。

（二）保全复议与执行异议途径

1. 保全复议与执行异议的适用途径甄别

财产保全完整跨越了立、审、执三个阶段。因此对于不同阶段，法律设置了不同的救济流程。要精确选择救济方式，就要知道是哪个阶段什么性质的司法行为，影响了当事人的合法权益。保全复议主要针对是否应当准许进行保全，一般由作出财产保全裁定的法院立案部门或民事审判部门负责，执行异议主要针对的是保全措施的合法性，一般由法院执行局负责，两种救济方式在实践中的适用途径存在差异与竞合。

（1）保全复议适用途径

被保全人若对保全裁定本身不服，可以根据《民事诉讼法》第111条、《财产保全规定》第25条的规定，向作出保全裁定的法院申请复议一次，人民法院应当自收到复议申请后 10 日内审查，复议期间不停止裁定的执行。

保全复议主要针对的是对财产保全裁定内容不服，审查要点是法院是否应当允许保全，解决的是保全裁定本身的适法性问题。常见的保全复议理由包括：申请保全不具备必要性、担保财产不足额、保全范围明显超过诉讼请求、被保全人不是案件当事人等。

(2) 执行异议适用途径

诉讼案件审理过程中的执行异议主要针对的是保全措施的合法性，其审查又分两种路径：一是当事人、利害关系人对保全措施具体实施的执行行为提出的执行行为异议；二是案外人对保全标的主张实体权利提出的执行标的异议。

执行行为异议系指当事人、利害关系人若认为法院在保全裁定实施过程中的执行行为违反法律规定、侵害合法权益，可以依据《民事诉讼法》第 236 条、《财产保全规定》第 26 条的规定向负责执行的人民法院提出书面异议。人民法院应当自收到书面异议之日起 15 日内审查、作出裁定，被保全人、案外人对裁定结果不服的，可以自裁定送达之日起 10 日内向上一级人民法院申请复议。常见的执行行为异议理由包括：强制执行时未遵守法定程序、执行的方法和手段不当（如超标的保全或影响被保全人的生产经营等）等存在其他侵害合法权益的执行行为。

执行标的异议系指人民法院对诉讼争议标的以外的财产进行保全，案外人可基于对被保全财产的实体权利，依据《民事诉讼法》第 238 条、《财产保全规定》第 27 条的规定提出书面异议。法院应当自收到书面异议之日起 15 日内审查，理由成立的，裁定中止对该标的的执行；理由不成立的，裁定驳回。案外人、当事人对裁定不服，认为原判决、裁定错误的，依照审判监督程序办理；与原判决、裁定无关的，可以自裁定送达之日起 15 日内向法院提起案外人异议之诉。

其中需注意的是，与生效裁判执行过程引发的执行异议之诉不同，在诉讼案件审理过程中，案外人不可对诉讼争议标的财产提出书面异议进而提起执行异议之诉。最高人民法院在（2022）最高法民再 93 号民事裁定书中指出：因诉讼案件正在审理过程中，且保全的财产最终是否会被执行取决于诉讼结果及执行程序中的相关情况,故提起诉讼保全中的执行异议之诉的前置情形限于对"诉讼争议标的以外的财产进行保全",以避免诉讼案件和执行异议之诉平行审理同一争议标的,造成程序适用复杂和实体裁判结果矛盾。

(3) 适用途径的竞合

若当事人、案外人的异议既指向财产保全、先予执行的裁定,又指向实施行为,即发生保全复议与执行异议的竞合,根据《执行权合理配置和科学运行的若干意见》第 17 条第 3 款的规定,当事人、案外人的异议既指向财产保全、先予执行的裁定,又指向实施行为的,一并由作出裁定的立案机构或者审判机构分别按照现行《民事诉讼法》第 111 条、第 236 条或第 238 条的规定审查。也就是说,即使提起的是财产保全裁定复议申请,如果申请内容同样指向了执行实施行为,作出财产保全裁定的法院应当一并审查执行实施情况。保全复议与执行异议程序对比见表 4-6。

表 4-6 保全复议与执行异议程序对比

对比项	保全复议	执行行为异议	执行标的异议
规定依据	《民事诉讼法》第 111 条、《民诉法解释》第 171 条、172 条、《财产保全规定》第 25 条、《最高人民法院关于人民法院立案、审判与执行工作协调运行的意见》第 17 条	《民事诉讼法》第 236 条、《财产保全规定》第 26 条	《民事诉讼法》第 238 条、《财产保全规定》第 27 条
申请主体	当事人、利害关系人	当事人、利害关系人	案外人
审查方式	书面审查	一般书面审查,案情复杂争议较大的应当进行听证	一般书面审查,案情复杂争议较大的应当进行听证
审查部门	作出财产保全裁定的法院	负责执行的法院	负责执行的法院
提起时间	收到裁定书之日起 5 日内	财产保全裁定实施过程中	财产保全裁定实施过程中
审查期限	收到复议申请后 10 日内	立案后 15 日内	立案后 15 日内
后续救济	无	向上级法院提请复议	向执行法院提起执行异议之诉

2. 常见错误保全情形及其救济方式

（1）超标的额保全

根据《最高人民法院关于人民法院民事执行中查封、扣押、冻结财产的规定》第19条第1款的规定，法院保全财产应以保全标的物价额足以清偿法律文书确定的债权额及执行费用为限，不得明显超标的额保全。房地产开发企业所涉保全标的物主要为股权、在建工程、商品房等，法院在查封阶段往往难以适用司法评估等程序，因此被保全财产的价值往往难以精确衡量，常常出现超标的额保全的现象。

作为被保全人的房地产开发企业在判断法院可能构成超标的额保全时，可以根据实际情况，针对保全裁定/裁定实施行为提出复议/异议申请，要求解除超标的额部分财产的保全措施。事实和理由部分可以载明对保全标的物的正确价值、提交相关资产评估报告，并将其与保全申请人的申请保全金额及诉讼请求金额进行对比，由此向法院重点强调被保全财产价值明显高于申请保全的金额。

法院认定是否构成超标的保全，主要是将保全标的物的财产价值与债权金额进行比较。其中难点在于如何确定保全标的物的财产价值，经检索现有案例，目前财产价值认定标准主要有二：

一是以评估价格作为认定标准。评估报告确定的资产评估价格系最直观、专业的认定依据，对于当事人单方委托而非法院委托的评估报告能否作为认定查封财产价值的依据，法院往往综合考虑评估机构的资质、评估报告是否在有效期内、评估程序是否正当以及对方当事人是否提出充足的证据推翻其结论等因素确定其有效性。

二是参照市场价格确定认定标准。委托评估常常意味着高额的评估费用，且会面临较长的评估过程，因此亦有案例显示法院通过参考市场价格（如同类房产在查封同期的平均销售单价以及已售商品房价格）兼顾司法拍卖变现过程中的降价因素等综合认定保全标的物的市场价值。

不过，特殊情况下，即使标的物的财产价值高于债权金额，也不视为超标的查封的情况。根据《最高人民法院关于人民法院民事执行中查封、扣押、冻结财产的规定》第19条第2款的规定，若查封财产为不可分物且被执行人无其他可供执行的财产或者其他财产不足以清偿债务的，即便该查封财产的价格超过债权金额，也不视为超标的查封。此外，轮候查封也不涉及超标的查封的问题。轮候查封并不产生正式查封的法律效力，轮候查封财产的具体价值金额还剩多少，取决于在先查封案件的执行情况，因此轮候查封时，不考虑查封财产是否超标的额。因此，如果涉及的财产被抵押查封的，被保全人可将抵押和查封所涉及的债务进行梳理，如果排除财产所担保债务的数额后剩余资产价值仍然远高于申请保全金额的，可向法院进行说明。

（2）保全财产性质错误

实务中常见的保全财产类型包括被申请人名下的房产、汽车、到期债权、银行账户、股票账户、知识产权等有价财产。但也存在部分财产因具有人身、伦理等特殊属性，或与基本的社会、经济、金融等秩序息息相关，故对于该类财产一般不能轻易冻结查封，否则可能被认定为错误保全。房地产开发企业作为被保全人时，常见的保全财产性质错误的保全标的物为农民工工资专用账户资金和工资保证金。除法律另有规定外，法院不得因支付为本项目提供劳动的农民工工资之外的原因查封、冻结或者划拨农民工工资专用账户资金和工资保证金账户资金。

作为被保全人的房地产开发企业在法院错误保全了农民工工资专用账户资金和工资保证金账户资金后，可以根据实际情况，针对保全裁定/裁定实施行为提出复议/异议申请，要求解除其保全行为。事实和理由部分可以提供足以证明该资产性质的证明材料，如银行出具的相关证明，该账户的资金流水等，并提供相关法律依据，说明该类财产依法不应被法院冻结、查封。

（3）保全对象错误

申请财产保全的对象只能是诉讼中的被告或是其他承担实体责任的主体。在房地产开发与建设工程领域，保全对象错误的情形主要是基于《最高人民法院关于人民法院办理执行异议和复议案件若干问题的规定》第28条、第29条的规定，在房地产开发企业已与案外购房人签订购房合同，虽商品房未过户，但购房人已支付大部分房款。此种情形下作为案外人有权申请保全异议，要求法院解除对其购买房屋的保全措施。

前述情形下以保全财产错误的救济途径为由购房人作为案外人提出异议，以排除债权人对暂时登记在房地产开发企业名下的不动产的保全措施。房地产开发企业可以援引上述规定，在购房人向其主张购房权益时依法协助购房人提起异议，缓解与购房人之间的冲突，避免产生群诉纠纷。

（三）财产保全损害赔偿之诉

申请财产保全是民事诉讼当事人一项重要的诉讼权利，旨在保障将来胜诉的生效裁判文书得以顺利执行。但因财产保全措施先于判决作出并执行，而判决结果具有不确定性，故财产保全措施必然在一定程度上对被申请人的财产权利产生不利影响。因此，《民事诉讼法》第108条规定了财产保全损害赔偿责任，旨在防止申请财产保全诉讼权利的滥用。根据《民事诉讼法》第108条的规定，财产保全申请有错误的，申请人应当赔偿被申请人因保全所遭受的损失。该条为财产保全损害赔偿提供了法律依据，奠定了财产保全被申请人的追责基础。

1. 财产保全损害赔偿的案由及对应管辖

根据《民事案件案由规定》第九部分"侵权责任纠纷"第392条的相关规定，申请财产保全损害赔偿对应案由为"侵权责任纠纷"中的"因申请财产保全损害责任纠纷"。司法实践中细化为：（1）因申请诉前财产保全损害责任纠纷；（2）因申请诉中财产保全损害责任纠纷，不同案由项下的管辖法院也不同。

针对因申请诉前财产保全损害责任纠纷案件的管辖，《民诉法解释》第27条明确规定：当事人申请诉前保全后没有在法定期间起诉或者申请仲裁，给被申请人、利害关系人造成损失引起的诉讼，由采取保全措施的人民法院管辖；申请诉前保全后在法定期间内起诉或者申请仲裁，被申请人、利害关系人因保全受到损失提起的诉讼，由受理起诉的人民法院或者采取保全措施的人民法院管辖。

针对因申请诉中财产保全损害责任纠纷之诉，依据《最高人民法院关于因申请诉中财产保全损害责任纠纷管辖问题的批复》的规定，由作出诉中财产保全裁定的人民法院管辖。

2. 被保全人的举证途径

据前文分析可知，申请财产保全损害赔偿的案件应适用侵权责任纠纷的归责原则。侵权责任纠纷的归责原则分为3种：过错责任原则、过错推定原则及无过错责任原则。关于因申请财产保全损害责任纠纷应适用哪种归责原则，《民法典》并未作出明确规定，其中过错推定原则及无过错责任原则是特殊的归责原则，均需在法律有明确规定的情形下方可适用。而现行法律规定中，对因申请财产保全损害责任没有明确规定适用过错推定或者无过错责任原则，因此，该行为属于一般侵权行为，应当适用过错责任原则。

承上，根据《民法典》第1165条的规定，行为人因过错侵害他人民事权益，应当承担侵权责任。侵权责任需满足以下四要件：（1）损害事实的客观存在；（2）损害行为的违法性；（3）违法行为与损害事实之间的因果关系；（4）行为人的过错。故当主张申请保全人需承担财产保全损害赔偿责任时，被保全人需就申请保全人的侵权责任满足上述四要件进行举证。结合目前的司法实践来看，被保全人应从以下方面进行重点举证：（1）申请保全人存在主观过错；（2）被保全人存在客观财产损失。具体分析如下：

（1）申请保全人存在主观过错的界定

经检索归纳现有案例，本书认为，法院对申请保全人主观过错的认定不仅要看其诉讼请求最终是否得到支持，还要从已有证据中倒推其是否存在故意或重大过失。法院主要审查方向包括：①基础案件起诉的合理性，即根据诉讼请求及所依据的事实和理由考察申请保全人提起的诉讼是否合理；②财产保全行为的适当性，即结合申请保全的标的额、对象及方式等考察申请保全人申请财产保全是否适当，是否超出其诉讼请求范围；③保全目的是否恶意，即申请保全人申请财产保全在主观上是否存在通过财产保全行为限制被申请人处分财产或给其造成不必要损失的恶意；④被保全人是否有机会和可能进行自我救济，需要综合考虑以下因素：一是申请保全人是否存在故意或过失等过错；二是被保全人是否能够通过替换保全财产或提供其他担保来避免损失。司法机关对申请保全错误的判断见表4-7。

表4-7 司法机关对申请保全错误的判断

案件名称	案号	裁判要点
海峡石化工贸有限公司、新疆投资发展（集团）有限责任公司因申请诉中财产保全损害责任纠纷案	（2020）最高法民终590号	新投公司申请财产保全存在合理基础和适当性，主观上不存在通过财产保全行为限制海峡公司处分财产或给对方造成不必要损失的恶意。首先……新投公司主张海峡公司对金石公司因未履行关于××元到期出资义务而向海峡公司提出诉讼请求和保全申请，并不违反上述法律规定。其次……新投公司在申请诉讼保全时并不能有效判别海峡公司有关股权让与担保的最终结果……最后……海峡公司未举证证明新投公司的财产保全存在过错。基于上述原因，一审法院认定新投公司申请对海峡公司采取保全措施存在过错有误，本院对此予以纠正。
青岛中金实业股份有限公司、滨州市中金豪运置业有限责任公司侵权责任纠纷案	（2017）最高法民终118号	申请财产保全错误的赔偿在性质上属于侵权责任。判断申请财产保全是否错误，不仅要看申请保全人的诉讼请求最终是否得到支持，还要看其是否存在故意或重大过失。判断申请保全人是否存在故意或重大过失，要根据其诉讼请求及所依据的事实和理由考察其提起的诉讼是否合理，或者结合申请保全的标的额、对象及方式等考察其申请财产保全是否适当。
深圳市里赛尔科技有限公司、汕头市潮阳区新华生电子厂与深圳市里赛尔科技有限公司、汕头市潮阳区新华生电子厂因恶意提起知识产权诉讼损害责任纠纷、因申请诉中财产保全损害责任纠纷申请再审案	（2016）最高法民申1212号	在考察当事人的行为是否具有过错时，应当综合衡量当事人的诉讼行为、财产保全行为以及裁判结果等要素予以认定。在原知识产权侵权诉讼中，里赛尔公司明知其与新华生电子厂属于存在竞争关系的同类产品生产商，其对于申请财产保全行为负有审慎的注意义务，即其应当考虑申请财产保全是否确有必要、该财产保全行为是否给被申请人新华生电子厂造成不必要的负担或额外损失等。涉案财产保全行为在客观上给新华生电子厂造成了不必要的负担和损失。里赛尔公司虽主张其在申请财产保全时尽到了合理注意义务，但未提供有效证据予以证明。原判决在综合上述因素的基础上，认定里赛尔公司申请财产保全的行为给新华生电子厂造成经营的不便及产生相应的损失，并确定赔偿损失的数额，并无不当。

续表

案件名称	案号	裁判要点
北京东方大地地基基础技术开发有限公司、巴州俊发房地产开发有限责任公司因申请诉前财产保全损害责任纠纷再审案	（2019）最高法民再252号	本院认为，案涉房屋在保全期间仅被限制了相关的处分权利，保全期间，俊发公司并未申请变更保全方式或者以提供担保的方式申请解除保全措施。俊发公司虽然主张案涉房屋存在未能销售的损失，但其未能证明被保全房屋开始销售时间以及保全导致房屋无法销售或延迟销售的具体情形。本案没有证据可以证明被保全的房屋在被保全的时间段内必然可以完成销售，也没有证据可以证明保全行为是导致房屋无法出售结果的唯一原因。在没有证据可以证明在被保全的时间段内可以完全售出并回笼资金的前提下，俊发公司以被保全的房屋完全可以售出为前提主张损失缺乏事实依据。

需要重点说明的是，尽管诉讼请求的合法性和合理性是法院认定财产保全是否正当的重要参考标准，但亦不能仅凭当事人的诉请未得到支持而当然证明其滥用诉权。司法实践中亦有最高人民法院的案例指出，在人民法院没有对案件争议作出最终判断之前，当事人基于自己对案件事实的理解，提出具有合理事实基础的诉讼请求、变更诉讼请求、撤诉及申请财产保全均属于正当行使诉讼权利的行为。若财产保全申请人申请诉讼中财产保全时已具备基本的事实与法律依据，且能够提供相应证据材料支持其主张的诉讼请求，大概率会被法院认定不构成故意或重大过失。即便最终财产保全申请人的诉讼请求未能全部或部分得到法院的支持，若申请财产保全时不存在故意或重大过失的主观恶意，尽到了合理审慎的注意义务，法院亦可能认定财产保全申请人不存在过错，从而驳回财产保全损失赔偿的请求。司法机关对申请保全人主观恶意的判断见表4-8。

表4-8 司法机关对申请保全人主观恶意的判断

案件名称	案号	裁判要点
上海红鹭国际贸易有限公司、中国民生银行股份有限公司南昌分行因申请诉中财产保全损害责任纠纷案	(2019)最高法民终1760号	民生银行南昌分行起诉红鹭公司并申请财产保全时，《贴现宝合作协议》等系列合同均已成立并生效，民生银行南昌分行以此为据主张权利，在行为发生时具有相应的事实基础。尽管当事人对诉争事实和权利义务的认识与人民法院经审理后确认的判断不同，但亦不能仅凭当事人的诉请未得到支持而当然证明其滥用诉权。红鹭公司以最终裁判结果推论民生银行南昌分行提起诉讼时的主观意图，于法不符亦有违常理。一审法院基于民生银行南昌分行起诉时案涉协议的客观状况判断其是否具有提起诉讼的主观恶意并无不当，本院予以维持。
五寨县万通实业有限责任公司、山西国泰环保能源发展集团有限公司因申请诉前财产保全损害责任纠纷案	(2019)最高法民终282号	关于国泰公司的诉前财产保全行为是否存在过错以及是否构成侵权的问题。本院认为，诉讼请求的合法性和合理性是正当的财产保全的前提与基础，申请人的诉讼请求能否得到支持是衡量申请人申请财产保全措施是否错误的条件之一，同时亦应从主观因素角度来考虑申请人在申请采取保全措施时，是否存在故意或重大过失，是否尽到了合理审慎的注意义务。
海峡石化工贸有限公司、新疆投资发展（集团）有限责任公司因申请诉中财产保全损害责任纠纷案	(2020)最高法民终590号	申请人新投公司保全权利的行使并不能简单地以其诉讼请求能否得到人民法院生效判决支持为判断依据。财产保全是当事人向法院提起诉讼时依法享有的一项基本诉讼权利，目的在于确保生效判决能够得到有效执行，根据当事人的申请或法院依职权决定，对当事人争议的有关财物采取临时性强制措施的制度。当事人对诉讼中争议案件事实的判断和诉讼请求能否得到实现的判断，并不一定与法院最终的判决相一致，因此，将新投公司保全权利的行使以其诉讼请求能否得到人民法院生效判决支持为判断依据，不符合《民事诉讼法》关于保全制度的立法目的，也有违保全系对当事人争议的有关财物采取临时性强制措施的制度功能。

此外，在涉及轮候查封的案件中，因在先申请查封的案外人未续封，导致轮候查封实际为首轮查封，从而使查封财产总额超标的的，不能以首轮查封、财产

均能独立变现情形下的评估金额作为轮候查封财产能够最终变现用于清偿生效判决债权的金额,亦不能认为此种情形下的轮候查封申请人具有主观过错。

(2) 被保全人存在客观损失的举证

申请赔偿财产保全损害责任,要求被保全人因申请人的申请财产保全错误而遭受一定的损失。损失应表现为财产损失,且应是被保全人因申请人申请财产保全错误造成的直接损失。经检索归纳现有案例,本书将被保全人可通过举证主张的财产损失典型表现形式及对应的举证方法归纳如下。

①冻结存款的利息损失。由于银行存款被冻结后,被保全人基于资金周转的需要重新向银行借贷,在没有相反证据证明被保全人因错误保全无法从银行获得贷款的情况下,以银行贷款为基准计算损失较为公允。但是考虑到银行存款冻结只是影响银行存款的处置,并不影响孳息的产生与收取,最高人民法院案例观点指出,以实际保全错误金额为基数,按人民银行同期贷款利率计算贷款利息减去同期存款的息差作为损失更为准确。

②被保全人为了置换查封财产而支付的担保费用/保险费用。比如,被保全人为消除银行账户被冻结对其正常经营所造成的不利影响,在无其他财产可作足额担保且需保证有利于将来生效判决顺利执行的情况下,选择通过担保公司向法院提交担保函的方式申请解除冻结银行存款账户,应系必要且合理的救济措施,被保全人为此支付的担保费用应为实际遭受的财产损失。

③被保全人为了置换查封财产而支付的民间借贷利息损失。在特定情况下,为保证保全物不受到严重损失,被保全人可以通过民间借贷获得的资金置换保全物。如果该保全被法院认定保全错误,且申请人存在主观过错,被保全人可以就该民间借贷的融资成本主张损失。

④房地产项目迟延销售的利息损失。若保全标的物为房地产项目及其对应的土地使用权,被保全人可以选择主张项目销售迟延期间的销售款利息损失。最高人民法院案例观点指出,可以结合预售许可证/预售销售方案载明的价格信息,以项目销售后的回款为基础,依据银行同期贷款利率,计算并提出项目迟延销售的

损失数额，并结合房屋性质及各方过错程度确定损失比例。

⑤财产贬值损失。最高人民法院案例观点指出，若保全标的物发生贬值，被保全人可以结合标的物市场价的波动范围，申请自申请保全人存在主观过错开始至保全解除时之间的市场价差额，以及相对应的资金利息损失。若保全标的物为房产，且该房产处于交易或者市场价值存在变动的情况，申请人应赔偿无法交易带来的损失。该种情况下，如申请人阻碍被保全人行使处分权的，则被保全财产的价值贬损与申请保全人的行为之间具有直接因果关系，申请人应赔偿的数额为被保全财产在保全开始与保全结束两个时点的价差以及开始时的价款对应的资金利息损失；若因被保全人未请求行使处分权或行使不当，被保全财产因市场价值变化产生的价值贬损风险则由其自行承担。

综上，被保全人在其财产及相关财产权益受到查封或其他司法限制期间，如认为财产保全行为存在错误或超标的查封等行为损害自身权益的，可以依法提起财产保全异议，请求执行法院予以变更或纠正错误保全行为。财产保全过程中，如市场因素变化导致保全财产价值出现大幅波动情况，被申请人应及时向执行法院申请处置保全财产并提存处置价款；同时，亦可通过提供充分担保对保全财产进行置换，减少保全行为对生产生活造成的不利影响。在诉讼活动终结时，申请人不申请或怠于申请解除保全措施的，被申请人应当及时自主申请解除相应保全措施或依法追究损害赔偿责任，减少自身经济损失及不利影响，如被申请人的自身过错导致损失扩大，就扩大的损失难以向申请人主张赔偿。

第三节
涉房地产企业执行程序操作路径

执行的主要价值在于最大限度地兑付胜诉当事人的权益，是保障案件当事人合法权益的终点站。在执行程序中，债权人的核心目标是尽快处置财产、获取更多执行回款，故债权人应尽可能争取在先的查封顺序，尤其是财产首封。同时，加快推动执行财产的处置及分配，争取执行回款早日"落袋为安"；而债务人在进入执行程序后，亦可以通过执行异议途径纠正执行程序中的不当之处，维护其自身及利害关系人的正当权益，减少损失。每个执行案件的真实情况千差万别，每个执行法官的办案风格也存在差异，因此，执行案件的办理过程存在很多变数，需要尽快推动程序、关注执行进程、积极与法官保持有效的沟通才能达到更好的执行结果。

一、债权人视角下，执行财产的处置要点分析

在债务人逾期不履行判决书、调解书、裁决书等生效法律文书中所确定的给付义务时，债权人可以向法院申请启动强制执行程序。强制执行程序的重要节点可以划分为执行程序启动、执行财产处置及执行回款的分配。对于债权人而言，在执行程序启动环节需谨慎选择执行法院、确定对被执行人及财产的执行顺序；在执行财产处置环节应选择合适方式确定财产处置参考价，处理和应对财产处置障碍，从而推动执行财产的处置变现；在执行财产分配环节，若被执行人的财产不足以清偿多个债权人的所有债务，债权种类、查封顺序的不同将影响分配顺序

从而决定各债权人能否获取财产处置收益。

（一）执行启动环节要点分析

1. 执行法院的选择

（1）执行案件管辖法院

根据《民事诉讼法》第235条的规定，发生法律效力的判决、裁定、调解书由第一审人民法院与第一审人民法院同级的被执行的财产所在地人民法院执行。由人民法院执行的其他法律文书，由被执行人住所地或被执行的财产所在地人民法院执行。即使某项案件经过第二审人民法院审理，或者依审判监督程序进行再审，该案件的执行仍由原来的第一审人民法院或与第一审法院同级的被执行的财产所在地法院管辖，除非特殊情况需要由上级人民法院执行的，可以报请上级人民法院执行。《民事诉讼法》第235条明确了执行案件管辖的一般情形，对于行政机关作出的处罚决定、处理决定，国内外仲裁裁决书、调解书，公证债权文书等，《民事诉讼法》《仲裁法》等法律法规以及相关司法解释单独作出了特别规定，具体归纳见表4-9。

表4-9 不同类型案件的执行管辖法院

主体类别	法律文书	执行管辖法院	法律依据
国内法院	民事判决书、裁定书、调解书	①第一审法院；②与第一审法院同级的被执行的财产所在地法院	《民事诉讼法》第235条
	刑事判决书、裁定书中的财产部分	①第一审法院；②与第一审法院同级的被执行的财产所在地法院	《民事诉讼法》第235条
	行政处罚决定书、行政决定书	①专利管理机关作出的处理决定和处罚决定，由被执行人住所地或财产所在地有权受理专利纠纷案件的中级人民法院执行；②其他依法应由人民法院执行的行政处罚决定、行政处理决定，由被执行人住所地或财产所在地的中级人民法院执行	《执行工作规定（试行）》第1条第2项、第2条第11项

续表

主体类别	法律文书	执行管辖法院	法律依据
国内非法院	国内仲裁裁决书、调解书	①被执行人住所地中级人民法院； ②被执行的财产所在地中级人民法院	《仲裁法》第62条、《劳动争议调解仲裁法》第51条、《最高人民法院关于适用〈中华人民共和国仲裁法〉若干问题的解释》第29条、《执行工作规定（试行）》第2条
	公证债权文书	①被执行人住所地法院； ②被执行的财产所在地法院执行	《公证法》第37条、《执行工作规定（试行）》第2条、《最高人民法院关于公证债权文书执行若干问题的规定》第2条
涉外机构	涉外仲裁机构作出的裁决书	①如果被执行人或其财产在国内，可以在被申请人住所地中级人民法院、财产所在地的中级人民法院申请执行； ②如果被执行人或其财产不在国内，应当由当事人直接向有管辖权的外国法院申请承认和执行	《民事诉讼法》第290条、第297条
	经人民法院裁定承认其效力的外国仲裁机构作出的仲裁裁决书	①被执行人住所地中级人民法院； ②其财产所在地的中级人民法院	《民诉法解释》第544条
	经人民法院裁定承认其效力的外国法院作出的生效判决书	①被执行人住所地中级人民法院； ②被执行人财产所在地的中级人民法院	《民诉法解释》第544条

（2）被执行的财产所在地的认定标准

实践中可被执行的财产种类繁多，判断财产所在地的标准也有所不同。司法实践中较为典型的被执行财产所在地包括：银行存款的所在地为开户行所在地；被执行的财产为不动产的，该不动产的所在地为被执行的财产所在地；被执行的财产为动产，其所在地不明确或有争议的，被执行人的住所地为被执行的财产所在地。被执行人分支机构的财产所在地也可视为被执行人财产所在地，执行法院可以据此取得执行案件管辖权。

债权类、股权类、知识产权类等无形财产所在地则需依据现有规定加以辨别。根据《人民法院办理执行案件规范》第 3 条的规定，商标、专利权、著作权等知识产权对应的管辖法院是知识产权人住所地法院；到期债权对应的管辖法院是被执行人住所地法院；而股权、股份、股票对应的管辖法院是股权或者股份的发行公司住所地法院。

其中需特别注意的是，股权、股份、股票对应的管辖法院是股权或者股份的发行公司住所地法院，而非证券存管的证券登记结算机构所在地法院。根据《最高人民法院执行局关于法院能否以公司证券登记结算地为财产所在地获得管辖权问题的复函》相关规定，证券登记结算机构是为证券交易提供集中登记、存管与结算服务的机构，其功能仅限于存管股权凭证，而与股权具有最密切联系的机构是其发行公司。因此，不能将股权凭证所在地即证券登记结算机构视为股权所在地，而应当将股权的发行公司住所地，即营业执照记载的地址认定为该类财产所在地。

(3) 选择执行案件管辖法院的参考因素

①尽量避免异地执行。在执行实践中，异地执行多需经过委托或审批手续，当案件涉省级以上不同管辖时，差异尤显。申请执行人可以优先选择在一审法院申请立案，判决法院与执行法院主体一致或所在地一致时，法院之间的沟通效率会大幅提升。但如果被执行的财产在外地，为避免异地委托执行效率低、被委托法院对案件重视程度不够、存在地方保护主义影响等问题，建议向被执行财产所在地的法院申请强制执行。

②不动产所在地的法院执行更为便捷。虽然不动产也可以通过网络拍卖跨越地域限制，但从利于房屋评估、拍卖及交付的角度出发，尤其是处置的房产涉及共有财产、教育设施等特殊问题时，不动产所在地法院对当地房产交易过户政策会更加了解，更易推动执行程序进行。

③考虑执行法院所在地域的行政管理水平。当存在多处法院可供选择时，建

议优先选择行政管理水平高、经济发达地域的法院申请执行。行政管理水平高的城市往往对公权力机关设置有更为严格的考核及监督机制，司法资源充足、配套设施完善，司法机关与其他部门之间的衔接更加顺畅、沟通更加及时，有助于推动执行工作开展。

2. 执行顺序的确定

执行案件中，经常存在多个被执行人，而且多个被执行人均有财产可供执行的情形。此时，便会产生执行人、执行财产之间的执行顺序抉择问题。执行财产选择不当会引发被执行人、案外人、利害关系人提起执行异议，甚至面临已执行分配的财产被追回的风险。申请执行人确定执行顺序应按照被执行人承担的责任类型，并结合执行的经济性、便利性，考虑对被执行人生产生活的影响程度。

（1）按照被执行人承担的责任类型确定执行顺序

执行程序中往往存在多个被执行人，各被执行人对债权人承担共同责任的形式多样。根据承担责任形式的不同，生效裁判确定的共同民事责任主要分为按份责任、连带责任、补充责任。在生效裁判的执行过程中，按份责任和连带责任不区分责任承担的先后顺序。在连带责任情形下，申请执行人既可申请执行主债务人的财产，亦可执行连带责任人的财产，未申请执行主债务人不代表免除案件主债务人的债务，亦不属于免除次债务人责任的情形。

相比而言，补充赔偿责任则处于劣后顺位。补充赔偿责任在履行责任或者强制执行中享有顺位利益，执行法院应当先执行主债务人或连带责任人的财产，不能清偿部分由承担补充责任的债务人就其履行余额/份额递补履行。作为第二顺序的被执行人，承担补充赔偿责任的被执行人享有顺位利益，一般情况下，法院在执行第一顺序的被执行人后仍不能清偿债务时才能执行承担补充责任的被执行人，如果法院越过第一顺序的被执行人直接执行承担补充责任的被执行人，承担补充责任的被执行人可以提出执行异议。典型的补充赔偿责任情形主要包括：①根据《公司法解释三》第13条第2款的规定，未实缴出资、抽逃出资的股东对公司债务不能清偿的部分承担补充赔偿责任；②根据《破产法解释二》第33条第1款的规定,破产管理人或者相关人员因故意或重大过失转让他人财产或者造成他人财产毁损、灭失,导致他人损害产生的债务作为共益债务,由债务人财产随时清偿不足弥补损失的责任;③根据《民法典》第1198条、第1201条的规定,未尽到安全保障义务、安全管理职责的经营场所、公共场所的经营者、管理者的侵权补充责任;④根据《民法典担保制度解释》第17条的规定,主合同有效而第三人提供的担保合同无效,债权人与担保人均有过错或担保人有过错而债权人无过错的情形下的赔偿责任等等。

但需注意的是,虽然法院在执行补充赔偿责任人时应先执行直接责任人,但仍可对补充责任人的财产采取查封、扣押、冻结的控制性措施,否则补充责任人转移财产、逃避赔偿责任的风险将极大增加。账户冻结只是预防性措施,目的在于防止被执行人转移财产。司法实践中,执行程序历时普遍较长,且不动产、股权等类别的财产还需经过评估、拍卖等程序,耗时难以估量。在此种情形下,若把执行顺位、执行穷尽原则扩大适用为在穷尽追偿途径前不可对补充责任人财产采取控制性措施,则可能造成补充责任人转移财产、逃避赔偿责任的问题,申请执行人的合法权利难以得到保障,而且补充责任人逃避赔偿责任也可能导致执行程序空转,增加执行成本。广东省高级人民法院在(2018)粤执复100号案中便认为,执行顺位原则系在执行补充赔偿责任裁判时,应先执行直接责任人,不得直接执行补充赔偿责任人,但对补充责任人的财产可以采取查封、扣押、冻结等执行措施;[16] 江苏省高级人民法院在(2019)苏执监631号案中亦认定案件执行过程中,对补充赔偿责任人的财产采取控制性执行措施,符合法律规定。[17]

(2)结合执行的经济性和便利性确定执行顺序

并非只要优先顺位的被执行人有可供执行的财产,法院就绝对不可以执行劣

---

[16] 招商银行股份有限公司、深圳市陶基实业有限公司借款合同纠纷执行案,广东省高级人民法院(2018)粤执复100号执行裁定书。

[17] 启东市银洲担保有限公司与启东市荣事达毛衫有限公司、顾某昌其他案由执行案,江苏省高级人民法院(2019)苏执监631号执行裁定书。

后顺位的被执行人。根据最高人民法院发布的第 120 号指导案例，（2017）最高法执复 38 号案件确认的裁判观点，即使主债务人有财产，但只要其财产严重不方便执行，即可执行一般保证人保证责任范围内的财产。由此可见，承担补充责任的被执行人的顺位利益也并非绝对，在第一顺序的被执行人虽然有财产可供执行，但严重不便执行的情况下，法院可以从执行经济性和便利性的角度出发，执行承担补充责任的被执行人的财产。

（3）考虑对被执行人生产生活的影响程度选择执行财产

根据《关于在执行工作中进一步强化善意文明执行理念的意见》的规定，"合理选择执行财产。被执行人有多项财产可供执行的，人民法院应选择对被执行人生产生活影响较小且方便执行的财产执行。在不影响执行效率和效果的前提下，被执行人请求人民法院先执行某项财产的，应当准许；未准许的，应当有合理正当理由。"本书认为，该意见不仅包括同一个被执行人名下有多项财产可供执行的情况，也包括同一顺位的多个被执行人均有财产可供执行的情况。根据上述规定，在被执行人承担的民事责任不存在先后顺序的情况下，执行财产的选择以对被执行人生产生活影响较小且方便执行为原则。

3. 及时查封与续封

在强制执行立案后，诉前、诉中的财产保全措施会自动转入执行程序。此外，执行法官也会根据申请执行人提供的财产线索及司法查控系统记录，为申请执行人补充查控财产。从笔者的实践经验来看，不同地区法院办理案件的习惯不同，一些法院不会主动向申请执行人送达查控结果告知书，告知已查封、冻结的财产情况，需要申请执行人注意与执行法官积极沟通，主动申请送达书面的查控结果告知书，以全面掌控执行财产查控情况。

不同性质的财产查封期限不同，根据《民诉法解释》第 485 条的规定，法院冻结银行存款的期限不得超过 1 年，冻结银行存款（账户）的期限最长可以为 1 年，查扣、扣押动产期限最长可以为 2 年，冻结其他财产（如房地产、公司股权等）的期限最长为 3 年，上述期限届满后，应及时申请续封，以保证查封措施的有效性。

财产查封到期后，当事人应及时申请续封，根据《财产保全规定》第 18 条的规定，当事人应在保全期限届满 7 日前申请续封。实践中，为确保续封的及时性，当事人可以提前 1 个月左右与执行法院沟通，及时配合执行法院完成续封手续。如果逾期申请续封或不申请续封，将丧失先查封权。一般情况下，除担保物权等优先债权外，其他普通债权内部按照先查封先受偿的原则，在先查封人具有优先受偿权。因此应务必注意查封的期限，尤其是首封债权人，应注意及时续封，保证自己作为首封人的有效性。

（二）执行财产处置的一般流程

1. 财产处置参考价的确定

执行财产的处置往往是执行款项回收的最重要环节，在执行案件中，能直接通过现金划款的方式回收款项的情况少之又少，往往需要通过拍卖、变卖的方式获取回款。拍卖、变卖财产的前提是确定财产处置参考价，定价方式的选择、定价过程的参与、定价结果的异议等程序都与执行回款息息相关。

根据《最高人民法院关于人民法院确定财产处置参考价若干问题的规定》的相关规定，确定财产处置参考价的方式原则上按照以下顺序：当事人议价、定向询价、网络询价、委托评估，也就是在顺位在先的定价方式无法确定参考价时才会采用后续顺位的定价方式。但有两个例外情况：一是如果当事人一致选择某一方式定价，则不受上述顺序影响。二是法律、行政法规规定必须委托评估的，人民法院应当委托评估机构进行评估，例如评估对象涉及国有资产或者公共利益，或企业国有资产法、公司法、合伙企业法、证券法、拍卖法、公路法等法律、行政法规规定必须委托评估。各定价方式具体如下。

（1）当事人议价

当事人议价，指的是人民法院以适当的方式通知或者组织当事人进行协商，当事人应当在指定期限内提交议价结果。其优点在于快速、高效、成本低，最大限度地尊重当事人意思自治，若能达成一致，既能提升执行效率，也能充分保障双方利益；缺点是当事人议价难度较大，既需要被执行人的配合，又需要调和双方对财产价格的预期差异。在执行过程中，申请执行人和被执行人各怀心思，就涉案财产能达成一致意见的概率较小。但在当事人双方已有执行和解意愿，对财产价值争议不大的情况下，该种方式可以达到执行目的。

需注意的是，即使当事人双方就议价结果已经达成一致，但执行法院在确定涉案财产的最终参考价时，仍会考虑议价结果的客观性、真实性以及是否会损害第三人利益。当事人仍需向法院提供议价依据，增强议价结果的可信度。

(2) 定向询价

根据《最高人民法院关于人民法院确定财产处置参考价若干问题的规定》第5条的规定，定向询价有两个前提条件：一是涉案财产有计税基准价、政府定价或者政府指导价；二是当事人议价不能或者不成或者双方当事人一致要求直接进行定向询价。以这种方式确定财产处置参考价，人民法院向财产所在地的税务部门、房管部门等机关发函询价，询价函应当载明询价要求、完成期限等内容。接受定向询价的机构在指定期限内出具的询价结果即为财产处置参考价。其优点在于当事人无须承担评估费用，而且效率高，既可以为当事人节省金钱和时间成本，还可以极大地提升执行效率；缺点在于适用范围较窄，且计税基准价、政府定价、政府指导价与实际市场价格可能存在背离，由此确定的部分价格欠缺合理性。

(3) 网络询价

根据《最高人民法院关于人民法院确定财产处置参考价若干问题的规定》第7条的规定，网络询价需以定向询价不能或者不成作为前提条件。网络询价需经过法院的"询价评估系统"，人民法院将财产的基本信息录入网络询价平台，同时向名单库中的全部司法网络询价平台（如京东、淘宝、工商银行等）发出网络询价委托书，由网络询价平台通过大数据计算出财产价格，并出具网络询价报告。网络询价平台会分别出具报告，所以一项财产可能会有若干份不同的报告。人民法院一般会以未被提出异议的网络询价报告的平均值为参考价；若当事人或利害关系人对所有报告都提出了异议，则一般以异议被驳回或者已作出补正的报告的平均值为财产处置参考价。

网络询价的优点在于快速、零费用,无须由专业人员现场勘验或者鉴定,法院启动网络询价程序后,一般在 2~3 天内即可出具询价结果,且不收取任何费用。传统的评估方式从委托评估到出具评估报告耗时较长,而网络询价一周内即可完成对财产价值的确定,财产处置过程更加透明;缺点在于网络询价项目受限,只能评估房产和车辆,且不会实地考察拍卖财产,未对房屋内部结构及设备进行调查,所以可能引发有关财产地理位置标记错误以及相邻不同性质房产的市场价格可能存在巨大差异,导致询价结果的合理性不足。

(4) 委托评估

法院委托评估是最传统、适用最广泛的财产价值确定方式。《最高人民法院关于人民法院确定财产处置参考价若干问题的规定》第 14 条规定:"法律、行政法规规定必须委托评估、双方当事人要求委托评估或者网络询价不能或不成的,人民法院应当委托评估机构进行评估。"在实务中,除被执行人可直接执行的金钱款项外,其余的动产、不动产、股权、部分特许经营许可权等财产均可进行价值评估,常见的为房屋、土地、车辆、机器设备、股权等价值难以直接确定的财产。

法院委托评估包括确定评估机构、现场勘查、评估报告写作等环节,具有耗时长、成本高的特点。委托评估是由具有专业资质的评估公司完成的,所以通过委托评估确定的财产价值也会更精确。根据《最高人民法院关于人民法院民事执行中拍卖、变卖财产的规定》第 4 条第 1 款"对拟拍卖的财产,人民法院可以委托具有相应资质的评估机构进行价格评估"的规定,申请执行人拟申请拍卖财产且该财产需要进行价格评估以确定拍卖参考价的,皆可向申请法院摇号,委托符合资质要求的评估机构进行评估。同时,委托人需缴纳评估费,待评估机构出具评估报告后,以评估报告记载的数据作为财产处置参考价。

2. 定价结果的救济

当事人、利害关系人对议价或者定向询价提出异议的,人民法院不予受理。除此之外,执行案件中,如评估问题导致执行标的物的评估价格过低,不但会影响被执行人的权益，在资产变现过程中也会因为成交价过低，回收执行款不足，从而对申请执行人的权益造成影响，因此《最高人民法院关于人民法院确定财产处置参考价若干问题的规定》为当事人、利害关系人设置了对询价报告或评估报告的异议程序。当事人、利害关系人认为网络询价报告或者评估报告具有明显错误、严重违法的情形，可以在收到报告后5日内提出书面异议。采取司法委托评估、拍卖方式的，评估报告的异议期为10日。明显错误、严重违法的情形包括：（1）评估机构或者评估人员不具备相应评估资质；（2）评估程序严重违法；（3）财产基本信息错误；（4）超出财产范围或者遗漏财产。

可申请异议的情形主要是程序层面的严重错误，法院主要根据形式审查作出判断，并不涉及财产评估的专业问题。若当事人、利害关系人认为评估报告的参照标准、计算方法或者评估结果存在问题，则不能通过异议和复议程序进行救济，而应当按照《最高人民法院关于人民法院确定财产处置参考价若干问题的规定》第23条之规定，申请法院要求评估机构作出书面说明。评估机构在5日内未作说明或者当事人、利害关系人对作出的说明仍有异议的，人民法院应当交由相关行业协会在指定期限内组织专业技术评审，并根据专业技术评审出具的结论认定评估结果或者责令原评估机构予以补正。

3. 执行财产的拍卖与变卖

（1）网络司法拍卖

为了节约司法资源、提高财产处置效率，《网络司法拍卖规定》第2条规定，人民法院以拍卖方式处置财产的，应当采取网络司法拍卖方式。故而在实践中，司法拍卖主要为通过网络拍卖进行。在网络司法拍卖过程中，有以下注意事项。

①申请执行人可以选择网络服务提供者。由申请执行人从网络司法拍卖服务提供者名单库（淘宝、京东、人民法院诉讼资产网、公拍网、中国拍卖协会网、工行融e购、北京产权交易所等）中选择，未选择或多个申请执行人的选择不一致的，由执行法院指定。委托司法拍卖的拍卖机构，一般都是由执行法院采用随机方式确定。②一人竞拍有效。网络司法拍卖不限制竞买人数量；一人参与竞拍，

出价不低于起拍价的，拍卖成交。③起拍价的确定。网络司法拍卖保留价即为起拍价，起拍价由执行法院确定，不得低于财产处置参考价或者市价的70%，再次拍卖的起拍价降价幅度不得超过前次起拍价的20%。④拍卖的次数及时间间隔。网络司法拍卖，拍卖动产和不动产或者其他财产权，都是拍卖两次；拍卖动产的，第一次拍卖15日前公告；拍卖不动产或者其他财产权的，第一次拍卖30日前公告。第一次流拍后，应当在30日内在同一网络司法拍卖平台再次拍卖。拍卖竞价期间无人出价的，即为拍卖流拍。⑤保障优先购买权人的权利。优先购买权人经人民法院确认后，取得优先竞买资格以及优先竞买代码、参拍密码，并以优先竞买代码参与竞买；顺序不同的优先购买权人申请参与竞买的，人民法院应当确认其顺序。

(2) 网络司法变卖

执行标的拍卖流拍的，法院可以依法进行网络司法变卖。在网络司法变卖的过程中，有以下注意事项：①可以直接变卖的情形。当事人协商，可以直接变卖；金银及其制品、当地市场有公开交易价格的动产、易腐烂变质的物品、季节性商品、保管困难或者保管费用过高的物品，执行法院可以决定变卖。②变卖价格的确定。当事人有约定的，按约定价格变卖；无约定价格但有市价的，变卖价格不得低于市价；无市价但价值较大、价格不易确定的，应当采取定向询价、网络询价、委托评估等方式确定财产处置参考价，并按照参考价进行变卖；变卖不成的，可以降低价格变卖，但最低不得低于参考价的1/2。实践中一般为拍卖流拍价格。③网络司法变卖平台的选择。采取网络司法变卖方式处置财产的，原则上沿用网络司法拍卖程序适用的平台，但申请执行人书面要求更换到名单库中的其他平台上变卖的，执行法院应当准许。

4. 财产无人应买的处理

(1) 申请执行人可以申请以物抵债。经过法院拍卖、变卖均未成交的，申请执行人（也包括其他债权人）可以申请以处置财产的流拍价抵充债务。司法实践中，申请执行人可以在第一次拍卖流拍、第二次拍卖流拍或第三次拍卖流拍（采取除网络司法拍卖以外的方式拍卖不动产或其他财产权的,则可能存在三拍流拍)、变卖程序无人竞买时的任何一个阶段申请以物抵债。申请执行人申请以物抵债的,执行法院应当出具以物抵债的裁定书,裁定以相关财产进行抵债并解除相关财产之上的查封。

(2) 对于拍卖流拍、变卖程序无人竞买的资产,申请执行人或者其他执行债权人又拒绝接受或者依法不能交付其抵债的,人民法院应当解除对相关资产的查封、扣押、冻结措施,并将该资产退还被执行人。在执行法院解除查封、扣押前,申请执行人可以申请将该被执行人的财产交付申请执行人管理,以所得收益清偿债务,也可以根据市场价格变化,向执行法院申请重新启动(评估)拍卖程序。

(三) 执行财产分配环节要点分析

同一被执行人存在多个债权人申请执行,被执行人的财产被依法处置后,处置收益的分配处理方式决定申请执行人的执行回款情况。尤其当被执行人的财产不足以清偿所有债务时,首封债权人、轮候查封债权人和优先权债权人之间的分配顺序将直接决定各债权人能否获取财产处置收益。

1. 核心规则:优先债权分配顺序先于普通债权

在执行程序中,优先债权分配顺序先于普通债权。优先受偿的债权具有法定性特征,现行法律、司法解释规定的优先受偿债权类型包括:有财产担保的债权、建设工程价款债权等,以及在执行回转案件被执行人破产的情况下,执行回转案件申请执行人的权利予以优先保护。

优先受偿债权在参与分配过程中优先于普通债权获得清偿是执行顺序确定的基本原则。不过,执行中还存在某些特殊费用先于优先受偿债权,而各种优先受偿权之间也存在分配先后顺序的问题:(1) 执行费用优先于优先受偿债权予以扣除。根据《民诉法解释》第508条的规定,不论被执行人系公民或者其他组织,还是企业法人,执行所得价款均应先扣除执行费用后再清偿优先受偿债权;(2) 存在多个担保物权的,按担保物权成立的先后顺序清偿;(3) 建筑工程的承包人的优先受偿权优于抵押权和其他债权,但如果消费者交付购买商品房的全部或者大部分款项后,承包人的工程价款优先受偿权不得对抗买受人;(4)拍卖划拨的国有土地使用权所得价款,应当先用于依法缴纳相当于应缴纳的土地使用权出让金后,抵押权人才有权要求优先受偿。

2. 被执行财产足以清偿所有债务时的分配规则

当被执行人的执行财产足以清偿全部债务时,债权人的债权均能够实现,故在执行财产分配的过程中,仅需厘清各主体的清偿顺序即可。《执行工作规定(试行)》第55条、《关于"对〈民事诉讼法〉司法解释疑问"的回复》确定了执行财产足以清偿全部债务时的一般分配规则,具体包括:多份生效法律文书确定金钱给付内容的多个债权人分别对同一被执行人申请执行,优先债权先于普通债权受偿,在无优先债权的情况下,普通债权之间的清偿分配适用"先到先得"原则,即按照执行法院采取执行措施的先后顺序受偿。

3. 被执行财产不足以清偿所有债务时的分配规则

被执行的财产不足以清偿债权人的全部债务的,需要区分多个债权人系基于一份还是不同的生效法律文书确定的金钱给付内容而对同一被执行人申请执行的不同情况。若执行依据系同一份生效法律文书,根据《执行工作规定(试行)》第55条第3款的规定,在各债权人对执行标的物均无担保物权的情况下,按照债权比例受偿;若执行依据系基于不同的生效法律文书,则需要根据被执行人的主体性质分情况讨论,具体如下。

(1) 被执行人为企业法人

①若进入执行转破产程序,则按照破产程序中法定的清偿顺位清偿。结合《民诉法解释》第511条及《最高人民法院关于执行案件移送破产审查若干问题的指导意见》(以下简称《移送破产意见》)第2条的规定可知,作为被执行人的营利法人符合《企业破产法》第2条第1款规定情形,执行法院经申请执行人之一或者被执行人书面同意,应当裁定中止执行,将执行案件的相关材料移送被执行人住所地人民法院,即当被执行人是企业法人且其财产不能清偿到期债务并且资产不足以清偿全部债务或者明显缺乏清偿能力的,不适用关于参与分配的相关规

则，原则上执行程序应当终止，被执行人需进入"执转破"程序。在进入破产程序后，根据《企业破产法》第19条及《全国法院破产审判工作会议纪要》第42条的相关规定，被执行人财产的查封、扣押、冻结措施将相应解除。结合破产法的相关规则，原首封及轮候查封的债权均会作为普通债权进行申报，并按照破产程序中法律规定的顺序清偿。

②若未进入破产程序，普通债权应按照查封冻结的先后顺序清偿。根据《移送破产意见》第4条的规定，申请执行人、被执行人均不同意移送破产且无人申请破产的，执行法院应当按照《民诉法解释》第516条（现为第514条）的规定，就执行变价所得财产，在扣除执行费用及清偿优先受偿的债权后，对于普通债权，按照查封冻结的先后顺序清偿，即在此种情形下，首封债权人分配优先。

(2) 被执行人为公民或其他非法人组织

根据《民诉法解释》第506条的规定，当被执行人为公民或其他非法人组织，且其财产不足以清偿全部债务时，对被执行人适用"参与分配"制度。结合《民诉法解释》第508条的规定可知，参与分配的规则为：执行款在扣除执行费用并清偿优先受偿的债权后，剩余财产由普通债权人按债权比例受偿。在此种情形下，首封债权人不具有优先权，各债权人受偿比例根据其申报债权额占全部参与分配债权点额的比例确定。

需注意的是，在实践中亦有部分地区法院发布规定，主张按比例受偿时，对首封债权可以多分。如《江苏省高级人民法院关于正确理解和适用参与分配制度的指导意见（2020）》第3条第10款规定：执行财产在扣除上述费用后仍有剩余的，按照以下顺序依次予以分配：享有优先权、担保物权的债权依法定顺序予以受偿；普通债权人的债权原则上按照其纳入分配程序的债权金额占全部纳入分配范围的债权总额的比例受偿。对下列债权人可适当提高分配比例：分配财产系根据其提供线索查控所得；分配财产系其首先申请查控所得；分配财产系其行使撤销权诉讼、执行异议之诉或者通过司法审计、悬赏执行等方式查控所得。上述债权人的分配比例，应考虑所涉债权及分配财产数额大小等因素，原则上不超过其按债权比例分配时应分得款项的 20%。此外，浙江省发布的《浙江省高级人民法院执行局关于印发〈关于多个债权人对同一被执行人申请执行和执行异议处理中若干疑难问题的解答〉的通知》第 1 条第 13 项、重庆市发布的《重庆市高级人民法院关于执行工作适用法律若干问题的解答（一）》第 5 条第 7 款也有类似规定。

综上可知，债权人应尽可能争取在先的查封顺序，尤其是财产首封，并加快推进民事诉讼实体程序和执行程序的进度。权利人不能认为取得首封地位后就高枕无忧了，除尽快推进执行处置外，还需重点关注首封的期限是否临近届满。权利人未在法律规定的时限内申请续封的，按照相关规则，原轮候查封将顺位候补成为首封，此时原首封法院如再次查封的，其顺位将排到所有查封的最后。一时疏忽，对债权人却影响重大。与此同时，债权人也应随时关注被执行人的其他案件执行情况，即使在自身案件中未能如愿得到清偿，但还有机会就被执行人的其他执行案件申请参与分配。

（四）不同类型财产的特殊执行规则

不同类型的财产在处置过程中会面临不同的财产处置问题，从而衍生出特殊执行规则。在涉房地产企业的执行案件中，最常见的执行财产为银行账户、不动产及公司股权。下文将重点分析该类财产各自常见的处置障碍及其相应的执行规则，具体如下。

1. 执行银行账户的特殊规则

执行立案后，法院会通过网络查控系统主动对被执行人的银行账户等进行查封冻结。对于银行存款等金融资产，法院一般可以直接使用冻结、扣划的变现方法，将相关财产直接由被执行人账户划入法院账户内，实现申请执行人债权兑现的目的。但实践中存在一些特殊类型的账户，法院只有在满足法定条件后方可在相应金额内对其进行冻结/扣划。具体说明如下。

（1）预售资金监管账户的执行

由于商品房预售资金监管涉及众多商品房消费者的合法权益，最高人民法院于 2022 年发布的《关于充分发挥司法职能作用助力中小微企业发展的指导意见》

提出,若法院冻结商品房预售资金监管账户,应当及时通知当地住房和城乡建设主管部门。除当事人申请执行因建设该商品房项目而产生的工程建设进度款、材料款、设备款等债权案件外,在商品房项目完成房屋所有权首次登记前,对于监管账户中监管额度内的款项,法院不得采取扣划措施。

据此,商品房预售资金监管账户虽可被依法冻结,但在达成法定条件前不可被执行扣划。同时,商品房预售资金监管账户被法院冻结后,房地产开发企业、商品房建设工程款债权人、材料款债权人、租赁设备款债权人等主体请求以预售资金监管账户资金支付工程建设进度款、材料款、设备款等项目建设所需资金,或者商品房消费者因购房合同解除申请退还购房款,可向项目所在地住房和城乡建设主管部门申请扣划。在相关部门审核同意后,监管银行应当及时支付,并将付款情况及时向人民法院报告。

本书在第四章第二节第二部分论述了商品房预售资金监管范围及额度的相关内容,即当预售资金额度超过重点监管资金额度时,超出部分通常可以自主支取,而各地政策对于预售资金重点监管额度标准的规定各不相同。申请执行人应了解涉案项目所在地对于预售资金监管账户的监管政策,即使暂时无法扣划预售资金监管账户内的资金,也需要在执行过程中及时申请续封、跟踪账户余额、关注涉案房地产项目建设进程,在满足法定条件后申请法院扣划账户内资金额度外的款项。

(2) 农民工工资专户的执行

为了保障广大农民工的合法权益、确保农民工工资支付到位,《关于做好防止农民工工资专用账户资金和工资保证金被查封、冻结或者划拨有关工作的通知》规定,除法律另有专门规定外,不得由于支付为本项目提供劳动的农民工工资之外的原因,查封、冻结或者划拨农民工工资专用账户和工资保证金账户中存储的专项用于支付为本项目提供劳动的农民工工资的资金。但同时,上述文件中亦规定了法院可以依法对农民工工资专用账户和工资保证金账户采取预冻结措施,在工程完工且未拖欠农民工工资,监管部门按规定解除对该两类账户的监管后,预冻结措施自动转为冻结措施，并可依法划拨剩余资金。

同时，为避免当事人及有关单位、个人利用两类账户规避、逃避执行，两类账户存在溢出资金时，法院可以采取执行措施。根据上述通知的规定，对农民工工资专用账户中明显超出工程施工合同约定并且明显超出足额支付该项目农民工工资所需全部人工费的资金，以及工资保证金账户中超出工资保证金主管部门公布的资金存储规定部分的资金，法院在查明后可依法采取冻结或者划拨措施。因此，申请执行人应查明农民工工资专用账户、工资保证金账户的余额情况，在账户余额明显超出合理范围时及时向法院举证说明，申请冻结、划拨账户内的溢出资金。

（3）保证金账户的执行

保证金账户是金钱质押的载体，金钱质押是特殊的动产质押，即债务人或者第三人将其金钱以特户、封金、保证金等形式特定化后，移交债权人占有作为债权的担保。根据《民法典担保制度解释》第70条的规定，债务人不履行债务时，债权人可以以该金钱质押账户内的资金优先受偿。最高人民法院在（2019）最高法民再198号案件中亦认为，当质押的金钱符合金钱特定化和移交债权人占有两个要件时，银行作为质权人的质权优先于普通债权和其他担保物权，足以排除强制执行。

虽然保证金账户登记在被执行人名下，即账户内资金归被执行人所有，可依法采取冻结措施，但是由于保证金账户内的资金区别于被执行人的其他财产，由质权人享有担保物权，在保证金账户不丧失担保功能的情况下，执行法院不得采取扣划措施，如果质权实现条件被触发，保证金质权人有权请求执行法院解除冻结措施、排除执行；但如果质权人已实现债权或者放弃质权，则保证金账户不再具备担保功能，执行法院可以随时采取扣划措施。

2. 执行不动产的特殊规则

（1）房产存在租约的处理

①若租赁合法有效，则进行带租拍卖。房产执行实务中经常发生拍卖标的物

上设置房屋租赁的问题，此种情形下是带租拍卖还是无租拍卖，往往成为执行的争议焦点。房产有租赁不影响房屋所有权，该房产依然是被执行人的责任财产，执行法院可以查封并评估拍卖。是否带租拍卖的关键在于，审查租赁发生在抵押前还是抵押后。查封或抵押前的租赁属于合法有效租赁，按照规定可以带租拍卖。查封或抵押之后的租赁可涤除，承租人不享有"不破租赁"和优先购买权。在带租拍卖过程中，法院需在拍卖公告、须知、标的物调查表中的明显位置，使用明显字体公示租赁事实及租赁情况，并应采取合理的方式提示竞买人注意。关于公示租赁的内容范围，需通过文字表述公示租赁期限、租赁费用、优先购买权人这三个主要因素，无论是口头约定、租金缴纳记录提供情况，还是承租人所享有的优先购买权等内容均需完整披露，并在拍卖公告中预留异议期。因租赁合同是否合法、是否存在执行标的案外人等因素可能影响执行进展或对执行标的物的参考处置价有较大影响，法院一般在异议期后确定财产处置参考价。如果涉案房屋占用人既不提出异议又不在限定期限内腾退房屋，申请执行人可以向执行法院申请腾退房屋。具体腾退方式包括强制腾退、清空租赁房屋，也可由实际占用人出具配合法院处置租赁房屋的承诺，并在法院拍卖成功或抵债后自行腾退房屋或与买受人另行达成租赁协议等。

②申请执行人可以通过执行异议之诉程序要求审查租赁行为的真实性。申请执行人若认为涉案房屋对应的租赁关系为虚假租赁，亦可通过执行异议之诉程序对租赁行为的真实性进行审查。具体而言，虚假租赁的认定一般会考虑以下几个方面的因素。

第一，租赁协议签订的时间。应主要审查协议签订时间与抵押权等优先受偿权的设定时间、法院查封时间等关键时间点的先后顺序。按照《最高人民法院关于人民法院民事执行中查封、扣押、冻结财产的规定》第24条的规定，法院查封涉案房产后被执行人在其上设置权利负担的不能对抗申请执行人。因此，法院应重点审查在法院查封以及抵押权等优先受偿权设立之前签订的租赁协议，结合其他证据审查其是否有"倒签"等虚构事实行为。

第二，涉案房产的占有情况。占有是租赁权公示的一般表现形态，因此是否占有涉案房产是认定虚假租赁的重要依据。若案外人能够提供其缴纳物业、水电煤等费用，以及装修协议等证据证明其实际占有涉案房产，则租赁协议的真实性较高。需要特别注意的是，案外人实际占有应在抵押权等优先受偿权设立或者法院查封之前，防止其在抵押或查封后占有涉案房产再"倒签"租赁协议。

第三，租金支付情况。实际支付租金是租赁关系真实存在的重要判断依据。一是案外人主张租金已经一次性支付的应当提供支付证明，支付金额超过5万元的应当提供银行转账等第三方凭证。二是案外人主张租金抵债的，不仅需证明基础债务关系真实存在，还需证明该基础债务关系发生在法院向其送达冻结租金裁定和协助执行通知书之前。抵销金额超过5万元的应当提供银行转账等第三方凭证。

第四，其他相关情况。需审查的其他相关情况主要包括：一是租赁期限，虚假租赁一般租赁期限较长，多为《民法典》规定的最长期限20年或者接近20年；二是租金金额，虚假租赁的租金金额大多长期固定不变或者显著低于市场价。

(2) 不动产涉及共同共有的处理

针对不动产共有人的不同地位及不同关系，法院可能采取下列不同的执行措施。

①若共同人均为案件被执行人，则应当以财产的全部价值清偿本案债务而不会提前对共有额度进行分配。法院在处置完毕后以不动产价值清偿案件执行债务，至于各共有人之间分别清偿了各自具体多少的额度，由各共有人另行协商或者启动析产诉讼确定。

②若有任意一方共有人不是本案的被执行人，但共有人之间有协议确定各自对共有财产所占份额，则法院可以依据财产共有人提供的分割协议确定各共有人占有共同财产的份额。若申请执行人对份额持有不同意见，可以基于分割协议提出执行异议及执行异议之诉，在执行异议之诉中对被执行人占有的公有财产份额进行确定。

③若有任意一方共有人不是本案的被执行人，且也未有协议确定各共有人所

占份额，则为避免损害案外共有人权益的情况，法院会要求各财产共有人先行至法院确认对共有物的具体占比。在各共有人确定具体份额后，法院启动共有财产的处置程序。若各共有人无法就份额达成一致意见，则申请执行人应负责明确拟处置的共同共有人之间的份额。依据《最高人民法院关于人民法院民事执行中查封、扣押、冻结财产的规定》第12条第3款"共有人提起析产诉讼或者申请执行人代位提起析产诉讼的，人民法院应当准许……"的规定，申请执行人可另行提起代位析产诉讼，以确定案件被执行人具体占有共有财产的份额。

（3）在建工程的处理

①执行尚未竣工验收的国有出让土地上的在建工程。《最高人民法院关于人民法院民事执行中查封、扣押、冻结财产的规定》第3条并未规定尚未竣工验收的被执行人在建工程不能执行。如果在建工程占用范围内的土地使用权属于国有出让性质，仅因资金短缺无法续建，那么根据"房随地走"的原则，该工程及占用范围内的土地使用权均可依法纳入强制执行范围，但受让人须遵守原土地用途和建设规划要求，不得擅自变更。

②执行尚未竣工验收的国有划拨土地上的在建工程。《国家土地管理局关于人民法院裁定转移土地使用权问题对最高人民法院经〔1997〕18号函的复函》第4条第1款规定："对通过划拨方式取得的土地使用权，由于不属于当事人的自有财产，不能作为当事人财产进行裁定。但在裁定转移地上建筑物、附着物涉及有关土地使用权时，在与当地土地管理部门取得一致意见后，可裁定随地上物同时转移。"在申请执行未竣工验收的国有划拨土地上的在建工程时，需注意及时申请执行法院与当地政府、自然资源主管部门、规划部门沟通并形成一致意见，包括但不限于政府及相关部门同意土地出让、认可法院执行等并及时办理划拨土地使用权转为出让土地使用权的相关手续，同时，划拨土地使用权的变现款应该优先交纳土地出让金及相关的必要款项、税费。

（4）存量未使用土地使用权的处理

根据我国地籍管理规定，土地登记以宗地为基本单元，建设用地使用权人所持有的《国有土地使用权证》以宗地为单元进行核发，宗地可以进行分割、合并，《不动产登记操作规范（试行）》中亦规定了分割国有建设用地情况下的变更登记方法。出于促进存量土地盘活利用的需要，对于同一宗建设用地的使用权，如使用权人开发建设后尚有剩余部分，或由于其他原因仅使用部分土地使用权，相关法规政策亦允许土地使用权分割转让。地方高院亦有案例支持土地使用权分割拍卖：在（2020）冀执复302号裁定中，法院便支持法院基于便于执行的需要，在执行程序中协调自然资源管理部门明确已建地块和未建地块面积、四至范围，对土地进行分割而后推动土地使用权拍卖。

但需注意的是，土地使用权分割拍卖过户需满足土地规划条件，并经自然资源管理部门、不动产登记部门批准，其中涉及土地使用年限、规划条件调整需要补缴土地价款的应当依法补缴，具体办理程序以当地地方管理规定为准。

3. 执行股票、股权的特殊规则

（1）上市公司流通股票的处置

执行法院在处置被执行人所持上市公司流通股（股票）时，根据具体情形可以采取以下方式：一是被执行人自行卖出，即限期由被执行人通过二级市场交易方式自行变卖，执行法院通过冻结被执行人的资金账户控制相应价款；二是集中竞价强制卖出，即指令证券公司限期抛售，并将变价款划付到法院账户；三是大宗交易方式强制卖出，即股票数量较大或价值较大，抛售可能导致股价大幅度波动的，可以指令证券公司在合理期限内以大宗交易的方式卖出；四是以股抵债，即经双方当事人同意，在不损害其他债权人利益和公共利益的情况下，执行法院按照不低于过户前一日收盘价的价格，将冻结的无限售流通股以非交易过户的方式直接划转到申请执行人名下；五是对申请执行人的股票账户先行冻结后，将被执行人名下的股票划至该账户，指令证券公司在执行法院的监督下限期抛售，并由法院控制相应价款。如股票数量大、价值高、上市公司股权关系复杂，通过二级市场处置风险大，或者受其他因素影响无法通过二级市场处置的，申请执行人可以向法院申请通过网络司法拍卖平台进行拍卖。

（2）评估价值为负值股权的处置

若被执行股权所在公司除负债外已无其他可变现资产且严重负债经营，其股权价值大概率会被评估为负值。对于此类情形，法院原则上对评估价值为负值的股权不予处置，但申请执行人可在垫付相关费用后申请推动处置。在确定股权处置后，为避免无益拍卖，处置参考价将高于包括委托评估费、拍卖辅助费、执行费等在内的执行成本。

（3）其他股东优先购买权的处理

《公司法》第85条规定，法院依法强制执行股权时，应当尽到通知义务以保障其他股东的优先购买权。具体而言，根据《网络司法拍卖规定》第12条、第16条的规定，股权拍卖应当在拍卖30日前公告，拍卖公告发布3日前应以书面或者其他能够确认收悉的合理方式，通知已知优先购买权人。因此，法院应在拍卖公告发布3日前向目标公司发函，告知其股权将被强制拍卖的具体情况，要求目标公司通知全体股东及时向法院书面表明优先购买权的行使，并至拍卖辅助机构进行登记，否则即视为放弃。目标公司应及时通过召开股东会等方式向全体股东传达法院的通知，并做好会议记录或送达证据予以固定。

其他意欲参与竞拍的股东应根据法院拍卖公告信息，在参加拍卖前实名交纳保证金，经法院确认后取得优先竞买资格及优先竞买代码、参拍密码，并以优先竞买代码参与竞买。

二、债务人视角下，执行财产的应对措施分析

债务人作为被执行人在收到人民法院的强制执行通知后，如果对该执行内容没有异议，则需尽快履行；若有异议，则可依法自行或协助案外人、利害关系人采取应对措施。在执行过程中，当事人、利害关系人可以对人民法院的执行行为提出异议，要求法院变更或停止执行的行为，以纠正法院错误的执行行为；案外人认为其对执行标的可主张实体性权利排除强制执行的，可提出执行标的异议，以维护自身权益。在被执行人对外享有债权的情况下，执行法院可能要求该次债

务人配合法院履行协助执行义务，冻结被执行人的该等债权，次债务人亦应当正视执行法院的要求并积极应对。

（一）执行异议途径

1. 执行异议的申请条件及法律效果

根据现有规定，申请执行异议须符合的条件包括：（1）主体适格。对执行行为提出异议的人必须是当事人、利害关系人，对执行标的提出异议的人必须是案外人。（2）必须在执行过程中，即执行程序结束之前向执行法院提出，但对终止执行措施提出异议的除外。（3）以书面形式提出。申请人应当向人民法院提交书面申请书，申请书应当载明具体的异议请求、事实、理由等内容。

执行法院审查处理执行异议，应当自收到书面异议之日起15日内作出裁定。对于执行行为异议，理由成立的，法院应当裁定撤销或者改正；理由不成立的，裁定驳回。对于案外人提出的执行标的异议，按照下列情形分别处理：（1）案外人对执行标的不享有足以排除强制执行的权益的，裁定驳回其异议；（2）案外人对执行标的享有足以排除强制执行的权益的，裁定中止执行；（3）驳回案外人执行异议裁定送达案外人之日起15日内，人民法院不得对执行标的进行处分；（4）案外人异议审查期间，人民法院不得对执行标的进行处分。申请执行人请求人民法院继续执行并提供相应担保的，人民法院可以准许。

需说明的是，尽管《最高人民法院关于适用〈中华人民共和国民事诉讼法〉执行程序若干问题的解释》第9条规定，除非存在充分、有效的担保措施，执行异议审查和复议期间，不停止执行。但司法实践中，由于执行问题复杂，法院并不能保证15日的审查期限，为避免财产执行造成不可逆转的损失，所以执行实务中大部分法官会在执行异议提出后就中止执行。

2. 执行行为异议与执行标的异议之分

执行异议可以分为执行行为异议和标的异议。执行行为异议，是指在执行过程中当事人、利害关系人对人民法院的执行行为提出异议，而要求法院变更或停止执行的行为，异议的对象是执行行为，属于程序上的执行救济。执行行为异议以纠正人民法院具体实施的错误执行行为为目标，目的在于确保人民法院执行工作按照法定的执行程序展开。执行标的异议，是指在执行过程中案外人对执行标的主张权利，提出书面的用于排除人民法院执行的异议，异议的对象是执行标的，属于实体上的执行救济。执行标的异议以确认案外人对于执行标的是否享有排除强制执行的实体性权利为目标。

判断异议属于执行行为异议还是执行标的异议的根本标准在于，异议人的异议内容究竟是其对执行标的享有实体权益，该标的因此而不应被强制执行，还是对于实体权益没有异议，而仅仅主张法院的执行程序侵犯了合法权利。具体而言，如果异议人对被执行人系执行标的的权利人、该执行标的属于其责任财产并无异议，只是对法院的查封、扣押、冻结等执行程序存在异议，该异议即为执行行为异议；如果异议人主张被执行人并非执行标的的权利人，其享有相应的权利足以排除强制执行，该异议应为执行标的异议。

对执行行为的异议，提起主体包括当事人和利害关系人，由此衍生出执行异议和复议制度，即对法院执行行为异议结果不服的，当事人、利害关系人可自裁定送达之日起10日内向上一级人民法院申请复议；对执行标的的异议，提起主体只能是案外人，由此衍生出的是执行异议和执行异议之诉制度，即对法院执行标的的异议结果不服的，案外人、当事人可以自裁定送达之日起15日内向人民法院提起执行异议之诉。但如果案外人异议内容与执行依据相关，则可能触发案外人再审程序。因此，被执行人针对不同执行文书、执行措施应有区别地采取应对措施，从而选择自行或协助利害关系人、案外人提起执行异议。

3. 执行行为异议的申请理由

（1）当事人或利害关系人皆可作为申请主体的情形

《关于人民法院办理执行异议和复议案件若干问题的规定》（以下简称《执行异议和复议规定》）第7条以列举方式明确了当事人、利害关系人在执行或者执行保全、先予执行裁定过程中可以提出执行异议的执行行为范畴，具体行为类型如下。

①查封、扣押、冻结、拍卖、变卖、以物抵债、暂缓执行、中止执行、终结

执行等执行措施。该规定是针对执行人员在实施强制执行时所采取的具体方法和手段，其采取和实施的具体方法和手段必须符合法定的条件和程序。在执行过程中，采取的执行方法会直接影响执行效果，如财产控制以及变价手段，对当事人及利害关系人影响重大。因此，如果因为执行机构查封等控制措施或者财产变价措施违法，导致当事人或利害关系人权益受损，当事人或利害关系人可以向执行法院提起执行行为异议。常见异议申请理由如下。

第一，超标的查封。《最高人民法院关于人民法院民事执行中查封、扣押、冻结财产的规定》第19条规定："查封、扣押、冻结被执行人的财产，以其价额足以清偿法律文书确定的债权额及执行费用为限，不得明显超标的额查封、扣押、冻结。发现超标的额查封、扣押、冻结的，人民法院应当根据被执行人的申请或者依职权，及时解除对超标的额部分财产的查封、扣押、冻结，但该财产为不可分物且被执行人无其他可供执行的财产或者其他财产不足以清偿债务的除外。"如果人民法院在查封扣押财产时超出范围查封、扣押，即为不当执行行为，当事人、利害关系人可以提出异议。

第二，网络询价报告或者评估报告存在问题。《最高人民法院关于人民法院确定财产处置参考价若干问题的规定》第22条规定："当事人、利害关系人认为网络询价报告或者评估报告具有下列情形之一的，可以在收到报告后五日内提出书面异议：（一）财产基本信息错误；（二）超出财产范围或者遗漏财产；（三）评估机构或者评估人员不具备相应评估资质；（四）评估程序严重违法。对当事人、利害关系人依据前款规定提出的书面异议，人民法院应当参照民事诉讼法第二百二十五条的规定处理。"故，若网络询价报告或者评估报告的记载内容或制作过程存在问题，在符合法律规定情形的情况下，当事人、利害关系人可以提起执行行为异议。但需注意的是，实践中当事人、利害关系人通常会因不满评估价格而提出异议，但对评估价格的异议不属于法律规定的执行行为异议范畴。

第三，拍卖行为违反规定。法院在对执行标的进行拍卖的过程中，典型违反规定的执行行为包括：拍卖公告的范围违反法律规定，拍卖流拍后长期拖延不及时进行下一次拍卖，对依法应当拍卖的财产直接予以变卖等。此时，相关的当事人、利害关系人即可向执行法院提出异议。

②执行的期间、顺序等应当遵守的法定程序。人民法院在实施强制执行措施时，应当按照《民事诉讼法》及相关司法解释规定的程序进行。如果人民法院在实施强制执行措施时违反法定程序，则会影响当事人或者利害关系人的合法权益。比如，若人民法院不经查封、扣押、冻结就直接处分被执行的财产，便违反了《民诉法解释》第484条"对被执行的财产，人民法院非经查封、扣押、冻结不得处分。对银行存款等各类可以直接扣划的财产，人民法院的扣划裁定同时具有冻结的法律效力"的规定，当事人、利害关系人即可以提出异议。

③人民法院作出的侵害当事人、利害关系人合法权益的其他行为。本条系采用概括加列举的方式对前两条无法囊括的情形进行兜底。如果人民法院的执行措施违法，具有侵害他人利益的情形，或实施强制执行的方法不当，或违背强制执行时应遵守的程序之外，任何违法的强制执行行为，被执行人及其他利害关系人有权提出异议，要求停止或纠正违法的执行行为。

（2）仅案外人可作为申请主体的情形

除上述情形外，当事人以外的案外人，也可以根据《执行异议和复议规定》第5条依法提出执行行为异议，具体如下。

①认为人民法院的执行行为违法，妨碍其轮候查封、扣押、冻结的债权受偿的；②认为人民法院的拍卖措施违法，妨碍其参与公平竞价的；③认为人民法院的拍卖、变卖或者以物抵债措施违法，侵害其对执行标的的优先购买权的；④认为人民法院要求协助执行的事项超出其协助范围或者违反法律规定的；⑤认为其他合法权益受到人民法院违法执行行为侵害的。

（3）不可提出异议的执行行为

并非人民法院在执行中的所有行为均可提出异议。上级法院依职权对下级法院间产生的执行争议作出协调处理决定、裁定指定执行、提级执行和针对异议裁定作出的复议裁定等监督行为，以及人民法院作出的更换承办人员、延长执行期限等内部管理行为均非执行法院在执行过程中作出的具体执行行为，不属于法律规定的执行异议或者复议案件的受理范围。

4. 执行标的异议的申请理由

与执行行为异议不同的是，执行标的异议要解决的问题是对特定标的物是否应当执行、案外人权利是否可以排除执行，并非为了推翻原判决、裁定。根据现有规定，案外人可以提出执行标的异议的理由如下。

（1）案外人保留执行标的所有权。根据《最高人民法院关于人民法院民事执行中查封、扣押、冻结财产的规定》第16条之规定，被执行人购买案外第三人的财产，已经支付部分价款并实际占有该财产，但案外人依合同约定保留所有权的，人民法院可以查封、扣押、冻结。但案外人主张取回该财产的，可以依法提出书面异议。

（2）案外人持有符合法定情形的另案生效法律文书。根据《执行异议和复议规定》第26条的规定，在金钱债权执行中，若在执行标的被查封、扣押、冻结之前，案外人已有符合法定情形的另案生效法律文书，且该法律文书对应的案外人权利可以排除执行的，法院应予支持。该条规定列举了两类可支持排除执行异议申请的法律文书，一是该法律文书系就案外人与被执行人之间的权属纠纷以及租赁、借用、保管等不以转移财产权属为目的的合同纠纷，判决、裁决执行标的归属于案外人或者向其返还执行标的且其权利能够排除执行的；二是该法律文书系案外人受让执行标的的拍卖、变卖成交裁定或者以物抵债裁定且其权利能够排除执行的。

（3）案外人作为一般买受人对登记在被执行人名下的不动产提出异议。根据《执行异议和复议规定》第28条的规定，在金钱债权执行中，案外买受人在人民法院查封之前已签订合法有效的书面买卖合同且已合法占有被执行人名下的不动产，同时已支付全部价款或者已按照合同约定支付部分价款且将剩余价款按照人民法院的要求交付执行，且未办理过户登记并非由于案外买受人自身原因的，可以提出异议。

（4）案外人作为消费者对登记在被执行的开发商名下的商品房提出异议。根据《执行异议和复议规定》第 29 条的规定，在金钱债权执行中，案外买受人在人民法院查封之前已与被执行的开发商签订合法有效的书面买卖合同，且其所购商品房系用于居住而名下无其他用于居住的房屋，同时已支付的价款超过合同约定总价款的 50% 的，可以对登记在被执行的房地产开发企业名下的商品房提出异议。

（5）案外人已对被执行的不动产办理了预告登记。根据《执行异议和复议规定》第 30 条的规定，在金钱债权执行中，对被查封的办理了受让物权预告登记的不动产，受让人提出停止处分异议的，人民法院应予支持；符合物权登记条件，受让人提出排除执行异议的，应予支持。

（6）案外人在法院查封之前已实际承租执行标的不动产。根据《执行异议和复议规定》第 31 条的规定，在人民法院查封之前，案外人已就被执行的不动产签订合法有效的书面租赁合同并占有使用的，可以向法院请求在租赁期内阻止向受让人移交占有被执行的不动产。但案外人系以明显不合理的低价承租或者伪造交付租金证据的除外。

（二）协助案外人提起执行异议之诉

案外人不服执行法院驳回其执行异议裁定的，其救济途径可分为两种情形处理：一种情形是认为执行所依据的原裁判有错误的，依照审判监督程序办理，对原判决、裁定的再次审查；另一种情形是认为与执行所依据的原裁判无关的，可向人民法院提起执行异议之诉。案外人执行异议之诉的诉讼请求应与原裁判无关，仅涉及对执行标的物本身的实体权利争议。因本章节的主要内容为执行程序的说明，本书以下部分仅对执行异议之诉途径进行分析。

1. 案外人执行异议之诉的申请条件及法律效果

根据《民诉法解释》和《民事诉讼法》的规定，案外人提起执行异议之诉，除应符合《民事诉讼法》第 122 条规定外，还应当具备下列条件：（1）案外人的执行异议申请已经被人民法院裁定驳回；（2）有明确的排除对执行标的继续执行的诉讼请求，且诉讼请求与原判决、裁定无关；（3）自执行异议裁定送达之日起15日内提起。案外人提起执行异议之诉，需要经过前置程序，即向执行法院提出执行异议申请，执行法院经审查后认为异议不成立，裁定驳回了案外人的执行异议申请。这里所说的审查，是指执行法院受理案外人的执行异议申请后，认为符合执行异议受理条件的，予以立案并对其异议理由进行审查。执行法院在前置程序中因为异议人不符合异议申请条件而裁定驳回其异议申请，并未对其异议理由成立与否进行审查，此种情形仍属于未经前置程序，不符合执行异议之诉的受理条件。

在案外人执行异议之诉中，人民法院经过审查，如果判决不得执行特定执行标的，则应该终结执行程序、解除执行措施。同理，在申请执行人执行异议之诉中，人民法院经过审查，如果判决准许执行该执行标的，则执行异议裁定失效，执行法院可以根据申请执行人的申请或者依职权恢复执行。

2. 涉不动产类执行异议的权利优先顺位

执行异议之诉的关键实体问题在于比较执行标的物上存在的不同类型权利的效力顺位。原则上，物权优先于债权，法律规定的特殊债权优先于普通债权。由于民事权利体系和类型较为复杂，且可能以不同形态出现，故需要根据具体案情确定民事权利种类，并进行效力优先性比较。被拆迁人优先取得权、消费者物权期待权、建设工程价款优先权、抵押权及一般不动产买受人物权期待权在金钱债权对房屋所有权申请执行时，均具有排除执行的权利，但在上述权利产生竞合时，需要比较执行标的物上存在的不同类型权利的效力顺位。

（1）商品房消费者物权期待权优先于建设工程价款优先受偿权。

商品房消费者物权期待权属于特殊的物权期待权，基于保护消费者生存利益的特殊价值，其效力优先于工程价款优先权、担保物权、不动产买受人的普通物权期待权等权利。《执行异议和复议规定》第29条规定体现了对商品房消费者物权期待权的优先保护。房屋消费者物权期待权强调不动产买受人原则上是自然人，所购房屋系买受人自房地产开发商处购得用于居住，且买受人名下无其他用于居住的房屋，已支付的购房款超过合同约定总价款的50%，房屋消费者物权期待权优先于承包人就房屋享有的工程价款优先受偿权和抵押权人就房屋享有的优先受偿权，其立法目的主要在于保护消费者的生存权。

（2021）最高法民终601号指出，《执行异议和复议规定》第27条规定："申请执行人对执行标的依法享有对抗案外人的担保物权等优先受偿权，人民法院对案外人提出的排除执行异议不予支持，但法律、司法解释另有规定的除外。"因此，《执行异议和复议规定》第29条本身也属于第27条规定的除外规定。根据上述规定，在已经支付全部或者大部分购房款的商品房消费者的生存权与建设工程价款优先受偿权发生冲突时，应优先保护商品房消费者的生存权。商品房消费者对购买的标的物虽然并不拥有所有权，仅享有物的登记请求权或者交付请求权，但与一般债权仅是向相对人的请求权不同，法律基于特殊的价值取向赋予其具有排除抵押权、一般债权、建设工程优先权执行时的优先效力。

（2）建设工程价款优先受偿权优先于抵押权、一般买受人物权期待权及一般债权。

建筑工程权利产生于原始取得方式，而抵押权依赖于承包人的建造行为，如没有承包人的建造行为，抵押物便不会存在，抵押权将失去行使的物质基础。如果不赋予其可以排除抵押权的强制执行效力，不足以保障施工人的利益。《最高人民法院关于审理建设工程施工合同纠纷案件适用法律问题的解释（一）》第36条规定，承包人根据《民法典》第807条规定享有的建设工程价款优先受偿权优于抵押权和其他债权。

不动产买受人的普通物权期待权虽被赋予"物权"名义，但毕竟不是既得物权，其本质上仍属于债权请求权，故虽优先于普通债权，但应劣后于工程价款优先权。（2021）最高法民终606号民事判决书便指出，《执行异议和复议规定》第28条、第29条分别是针对商品房消费者以及商品房消费者之外的一般不动产买受人提起执行异议的规定，应当依照执行异议人购买的是否系登记在房地产开发企业名下的商品房及商品房性质、是否为唯一居住性用房等事实情况区分适用。《执行异议和复议规定》第 27 条规定的"除外"条款仅适用于为保护消费者生存权而作出的例外规定，需严格把握适用条件，防止动摇建设工程价款优先受偿权具有优先性的基本原则。该条"除外"内容包括第 29 条，但不包括第 28 条，普通物权期待权无法对抗工程价款优先权。

（3）一般不动产买受人的物权期待权优先于一般债权，但劣后于抵押权。

《执行异议和复议规定》第 27 条确立了享有担保物权的申请执行人的优先受偿地位，原则上优先保护享有担保物权的申请执行人的优先受偿地位。《执行异议和复议规定》第 28 条确立了一般房屋买受人的物权期待权，保护的是一般不动产买卖合同关系中无过错买受人的权利，该条规定适用于买受人对抗对被执行人享有普通债权的债权人，并不能对抗《执行异议和复议规定》第 27 条规定的申请执行人对执行标的依法享有的担保物权等优先受偿权。

3. 排除股权执行的相关问题

（1）隐名股东排除股权执行的相关问题。

在隐名股东与登记股东之间，股权以登记为主，实际投资人作为隐名股东不能排除登记股东的债权人的执行，即如果隐名股东与名义股东之间签订股权转让协议的时间晚于债权人对股权的执行查封时间，则隐名股东将被认定为非善意受让人，从而缺乏对抗强制执行的事实依据。根据《最高人民法院关于人民法院民事执行中查封、扣押、冻结财产的规定》第 24 条第 1 款、第 2 款的规定，被执行人就已经查封、扣押、冻结的财产所作的移转、设定权利负担或者其他有碍执行的行为，不得对抗申请执行人。第三人未经人民法院准许占有查封、扣押、冻结的财产或者实施其他有碍执行的行为的，人民法院可以依据申请执行人的申请或者依职权解除其占有或者排除其妨害。故案外人与被执行人签订《股权转让协议》受让案涉股权晚于被查封时间的行为不具有善意，不能排除案涉股权的强制执行。

在隐名股东之间，如均未登记可按照合同等证明财产权属，或者权利人的证据排除执行。股权善意取得制度的适用主体仅限于与名义股东存在股权交易的第三人。而商事外观主义原则的目的在于降低成本，维护交易安全。（2021）最高法民申 1236 号案件的判决指出，债权人针对名义股东的股权及相关权利申请人民法院强制执行时，实际出资人会以其享有实际权利为由提出执行异议，进而引发执行异议之诉。保护第三人善意信赖的制度主要适用于与名义股东存在直接股权交易的相对人，但也不应一律排除并非股权交易相对人的债权人所申请的强制执行，否则可能不当损害债权人的利益，危害市场交易安全。实务中要在严格审查股权交易及股权代持真实性的基础上，综合实际出资人的过错程度，在适用商事外观主义原则的框架下，平衡保护债权人及实际出资人的权益。对于实际出资人已经履行出资义务且对办理过户登记没有过错的，可以排除债权人的强制执行；对于实际出资人不符合上述条件的，不能排除债权人的强制执行。

（2）股份有限公司登记发起人的姓名、名称、其他股权数额及股东姓名（名称）不属于法定登记事项。股金证与内部股金管理系统及《股份转让股东代表确认花名册》注明股东代表信息的股东可以排除执行。

（2020）最高法民申 7015 号民事裁定书指出，根据《公司登记管理条例》（已失效）第 9 条的规定，股份有限公司登记发起人的姓名或者名称，其他股权数额及股东不属于法定登记事项。因此，工商登记不能显示出涉案被执行人的实际股权状况。涉案被执行人的股金证记载的持股数额与其内部股金管理系统及《股份转让股东代表确认花名册》一致，且存在相应分红记录。据此，可以确认案外人实际享有股东权利，为案涉股权的实际所有人，其对案涉股份享有足以排除强制执行的民事权益。

（三）次债务人对执行程序的应对措施

1. 次债务人到期债权的执行依据

根据《民诉法解释》第 499 条以及《执行工作规定（试行）》第 45 条的规定，被执行人不能清偿债务，但对本案以外的第三人享有到期债权的，人民法院可以依申请向第三人发出履行到期债务的通知。执行到期债权的基本做法是：依据申请执行人或被执行人的申请，执行法院可以向次债务人发送履行通知。履行通知一般会载明 15 日的期限，次债务人在该指定期限内提出异议的，中止执行；

次债务人在履行通知指定的 15 日期限内既未提出异议又不履行的，执行法院有权裁定对其强制执行。在此过程中，执行法院还可以依据申请作出冻结债权的裁定，对债务人对次债务人的债权进行保全。

债权人基于其与债务人之间的生效给付判决，向人民法院申请执行，该生效的给付判决就是执行依据。该裁判的既判力仅及于双方当事人，不及于次债务人。到期债权执行本质上是没有执行依据的执行，只有在次债务人同意履行或未提出异议时才具有正当性。但是，执行法院向次债务人发送履行通知明确告知次债务人履行或异议期限，次债务人既不提异议又不履行的，从推进执行工作、确保司法权威的角度，执行法院的裁定对次债务人具有强制性就具有了其合理性和必要性。

根据《民事诉讼法》第 117 条、《执行工作规定（试行）》第 51 条等的规定，被执行人的债务人收到法院要求其履行到期债务的通知后，擅自向被执行人履行，造成已向被执行人履行的财产不能追回的，除在已履行的财产范围内与被执行人承担连带清偿责任外，还可以追究其妨害执行的责任（如罚款、拘留），构成犯罪的，追究刑事责任。

2. 次债务人收到法院协助执行通知后的异议途径

次债务人在收到法院协助执行通知后，对到期债权有异议的，可以通过向执行法院提出异议的方式中止法院对到期债权的执行程序。需要注意的是，被执行人的债务人应当在收到履行通知后的 15 日内向执行法院提出，该异议原则上须以书面方式提出，且应当是对到期债权是否真实存在、数额与实际不符、履行期间未满、已过诉讼时效期间或者已经清偿等实体问题提出异议。次债务人对到期债权本身不持异议，仅以无履行能力或者与申请执行人无直接法律关系等为由提出异议的，不属于合法有效的异议。

根据《关于认真贯彻实施民事诉讼法及相关司法解释有关规定的通知》第 3 条第 2 款的规定，在对到期债权的执行中，应当依法保护次债务人的利益，对于次债务人在法定期限内提出异议的，除到期债权系经生效法律文书确定的外，人民法院对提出的异议不予审查,即应停止对次债务人的执行,债权人可以另行提起代位权诉讼主张权利。对于其他利害关系人提出的异议符合《民事诉讼法》第227条(现为第238条)规定的,人民法院应当按照相应程序予以处理,即一旦被执行人的债务人在收到履行通知后的15日内提出有效异议的,法院不得对该被执行人的债务人就履行通知所涉到期债权强制执行,且法院无须对该异议进行实质性审查,即应中止对该到期债权的执行程序。申请执行人可以通过提起代位权诉讼的方式进行救济,在取得针对次债务人的明确执行依据后再次申请执行。

法院不审查的原因或在于对被执行人的债务人这一案外第三人实体权利的保护,在履行通知所涉债权债务未经生效法律文书确定且债务人对该债权持有异议的情形下,被执行人对其债务人是否享有债权、债权数额具体是多少、是否已届履行期限等,该类问题涉及当事人的实体权利,应当通过诉讼等程序审判确认,而不是在强制执行程序中直接审查确认并进行强制执行。次债务人收到法院协助执行通知后的异议途径见表4-10。

表4-10 次债务人收到法院协助执行通知后的异议途径

案件名称	案号	裁判要点
俞某琴、池某露执行申诉案	(2019)最高法执监124号	本案中,济南中院向甸柳居委会发出(2014)济中法执字第996号之一执行裁定书和协助执行通知书,要求甸柳居委会协助提取广泰公司在甸柳居委会存放的保证金1000万元(以实际清算为准)。甸柳居委会认为其已无任何应付广泰公司的款项,济南中院要求其协助执行没有事实依据,即济南中级人民法院要求协助执行的事项超出其协助范畴,甸柳居委会可以作为利害关系人提出执行行为异议。
浙江优优农业股份有限公司、青海西矿能源开发有限责任公司执行异议之诉案	(2017)最高法民申349号	人民法院依据《民诉法解释》第501条的规定,对"他人"执行到期债权时,如"他人"对到期债权有异议,人民法院不作实质性审查,即应中止执行。

续表

案件名称	案号	裁判要点
朝阳宏达企业集团房地产开发有限公司、赵某等案外人执行异议之诉案	（2021）最高法民再257号	2018年《民诉法解释》第501条规定中"他人"是指次债务人，而"利害关系人"是指主张到期债权存在但其为权利人的人。两种不同身份的主体对于到期债权的异议之救济途径不同，利害关系人因其主张对于到期债权享有民事权益，故应通过执行异议之诉解决，但"他人"的救济途径，一般为异议、复议等程序。

3. 次债务人未在指定期限内提出异议的救济途径

在执行到期债权时，执行法院往往会向次债务人发送履行通知，依据《执行工作规定（试行）》的相关规定，履行通知往往会指定15日的履行或异议期限，次债务人在履行通知指定的期限内没有提出异议又不履行的，执行法院有权裁定对其强制执行。但实践中，次债务人或由于客观原因或合理理由未能及时提出异议；同时，次债务人未及时提出异议并不意味着就认可了对债务人负有债务。最高人民法院在《关于到期债权执行中第三人超过法定期限提出异议等问题如何处理的请示的答复》中明确指出，第三人在收到履行到期债务通知书后，未在法定期限内提出异议，并不发生承认债务存在的实体法效力，第三人在法院开始强制执行后仍有异议的，应当得到司法救济，即次债务人在法院作出执行裁定后仍然可以提出执行异议，执行法院应依据异议理由决定驳回异议还是中止执行。

在法院对履行通知所涉到期债权执行的过程中，申请执行人、被执行人或次债务人认为执行行为违反法律规定的，可以依照《民事诉讼法》第236条的规定对执行行为提出书面异议，对法院经审查书面异议而作出的裁定不服的，可以自裁定送达之日起10日内向上一级人民法院申请复议。

第四节

涉外房地产融资类纠纷处理的特殊程序

随着我国"走出去、引进来"对外开放战略的深入实施,以及扩大高水平对外开放战略部署的持续推进,不少房地产企业选择通过赴境外上市、设立境外SPV公司等途径发行债券、设立信托等进行投融资活动。在此情况下,含有涉外因素的房地产融资类纠纷数量逐渐增多。与不含涉外因素的诉讼及仲裁程序相比,涉外房地产融资类纠纷在处理时存在不少程序上的差异。具体分析如下。

一、公证认证程序

当房地产企业的境外主体需要在境内进行诉讼或者仲裁时,第一步要做的便是对域外主体证明文件及授权委托材料等进行公证、认证;除此之外,在后续的诉讼或仲裁程序中,形成于域外的证据也需视情况进行公证、认证。

(一)域外寄交的授权委托需经公证

《民事诉讼法》第275条规定:"在中华人民共和国领域内没有住所的外国人、无国籍人、外国企业和组织委托中华人民共和国律师或者其他人代理诉讼,从中华人民共和国领域外寄交或者托交的授权委托书,应当经所在国公证机关证明,并经中华人民共和国驻该国使领馆认证,或者履行中华人民共和国与该所在国订立的有关条约中规定的证明手续后,才具有效力。"

2023年11月7日，《取消外国公文书认证要求的公约》（以下简称《海牙公约》）对中国正式生效，此后，自缔约国寄交的公文书只需由指定的签发机构签发附加证明书（Apostille）即可，无须再办理领事认证程序。截至目前，《海牙公约》共有91个缔约成员，其中包括90个国家和地区、1个区域经济一体化组织。[18] 中国加入《海牙公约》，为域外主体在境内参加诉讼和仲裁程序提供了极大的便利。但需要说明的是，印度对中国加入《海牙公约》持反对态度。[19] 因此，《海牙公约》不在印度与中国适用。

（二）域外产生的证据应经公证

根据最高人民法院出台的相关司法解释，域外证据分为公文书证和涉及身份关系的证据，不同类别的域外证据有着不同的公证认证要求。《民事证据规定》第16条第1款、第2款规定："当事人提供的公文书证系在中华人民共和国域外形成的，该证据应当经所在国公证机关证明，或者履行中华人民共和国与该所在国订立的有关条约中规定的证明手续。中华人民共和国领域外形成的涉及身份关系的证据，应当经所在国公证机关证明并经中华人民共和国驻该国使领馆认证，或者履行中华人民共和国与该所在国订立的有关条约中规定的证明手续。"由此可知，域外产生的公文书证只需经过所在国公证程序，无须认证；而涉及身份关系的证据仍需经过公证、认证两个程序。

2019年修正的《民事证据规定》在一定程度上简化了域外公文书证的认可程序。在此之前，当事人提交的域外证据需要公证、认证程序，二者缺一不可。[20] 对于这一变化，最高人民法院在《最高人民法院新民事证据规定理解与适用

---

[18] 参见海牙公约官网，https：//www.hcch.net/en/states/hcch-members，2024年4月15日最后访问。

[19] 参见海牙公约官网，https：//www.hcch.net/en/instruments/conventions/status-table/notifications/?csid=914&disp=resdn，2024年4月15日最后访问。

[20]《民事证据规定》（2001，已被修改）第11条第1款规定："当事人向人民法院提供的证据系在中华人民共和国领域外形成的，该证据应当经所在国公证机关予以证明，并经中华人民共和国驻该国使领馆予以认证，或者履行中华人民共和国与该所在国订立的有关条约中规定的证明手续。"

（上）》中作出了解释："其一，普通的民事法律关系的证据，一般仅涉及当事人之间的权利义务，其真实性通过质证检验即可，一概要求经所在国公证机关证明或者经我国驻该国使领馆认证，没有必要，也增加当事人的诉讼成本和我国驻外使领馆的工作负担；其二，由于公文书证适用推定真实的规则，而对于域外形成的公文书证是否真实，人民法院无法采取依职权查询等针对一般公文书证的方法检验，因此，由所在国公证机关证明是必要的；其三，由于身份关系的事实涉及社会基本伦理价值和秩序，对域外形成的证据应当有更为严格的要求，涉及身份关系的证据按照民事诉讼法第 264 条[21]涉外授权委托书的要求，由所在国公证机关证明并经我国驻该国使领馆认证的有其必要性与合理性。"[22]

二、使用语言和翻译的要求

当房地产企业与境外主体发生法律纠纷，或者房地产企业控制的境外主体与其他企业、自然人发生法律纠纷，根据当事人约定或者冲突规则确定由中国法院或仲裁机构处理时，时常需要将相关外文资料翻译成中文。是否翻译、何时提供翻译件、翻译的水平等因素可能会对案件程序甚至审理结果产生一定影响。

对于案件审理过程中使用的语言和文件翻译，法院和仲裁的要求存在一定差异。由于仲裁具有民间自治的属性，其规定较法院而言相对灵活，给予了案件当事人更高的意思自治的权利。

（一）关于处理涉外纠纷过程中使用的语言

以《上海国际经济贸易仲裁委员会仲裁规则（2024）》（以下简称《仲裁规则》）为例。《仲裁规则》第 84 条规定："（一）当事人对仲裁语言有约定的，从其约定。（二）当事人对仲裁语言没有约定的，在仲裁庭组成前，秘书处可以考虑案件所涉合同的语言等因素，决定在仲裁庭组成前仲裁程序初步适用的仲裁语言；

---

[21] 即《民事诉讼法》（2023 修正）第 275 条。
[22] 最高人民法院民事审判第一庭编著：《最高人民法院新民事诉讼证据规定理解与适用（上）》，人民法院出版社 2020 年版，第 200 页。

在仲裁庭组成后，由仲裁庭决定仲裁程序最终适用的仲裁语言。（三）当事人约定两种或者两种以上仲裁语言的，仲裁庭在听取当事人意见后可以确定适用多种语言或者适用其中一种语言进行仲裁程序。……"除此之外，上海仲裁委员会、北京仲裁委员会、中国国际经济贸易仲裁委员会等主流仲裁机构的仲裁规则中均有类似规定。

《民事诉讼法》第273条规定："人民法院审理涉外民事案件，应当使用中华人民共和国通用的语言、文字。当事人要求提供翻译的，可以提供，费用由当事人承担。"

由此可知，在涉外仲裁程序中，当事人有选择仲裁语言的权利，如果当事人对仲裁语言有约定则从其约定，没有约定或者约定不明时，仲裁庭也会充分考虑当事人的意见及各种因素后确定仲裁使用的语言。在涉外诉讼程序中，使用本国通用的语言文字进行诉讼是国家司法主权的重要体现，即便使用某一外国语言更为便利，法院在审理涉外案件时也必须使用中文。

（二）关于处理涉外纠纷过程中翻译的要求

《仲裁规则》第84条第5款规定："当事人提交的各种文书和证明材料，仲裁庭或者仲裁委员会认为必要时，可以要求当事人提供仲裁程序适用的仲裁语言的译本或者节译本。"

《民诉法解释》第525条规定："当事人向人民法院提交的书面材料是外文的，应当同时向人民法院提交中文翻译件。当事人对中文翻译件有异议的，应当共同委托翻译机构提供翻译文本；当事人对翻译机构的选择不能达成一致的，由人民法院确定。"

由此可知，在涉外仲裁程序中，当事人提交的外文资料只有在仲裁庭或者仲裁委认为必要时才需要提供相应翻译件，而在涉外诉讼程序中，提交外文资料的中文翻译件则是强制性规定。

三、确定应当适用的法律

在处理涉外纠纷时，适用哪个国家的法律是房地产企业应首先慎重考虑的问题，这是解释合同、解决争议的依据，将直接影响合同主体权利义务的认定。广义的法律适用包括确定涉外仲裁条款效力的法律适用、争议解决应当适用的程序法、争议解决应当适用的实体法。《法律适用法》第3条规定："当事人依照法律规定可以明示选择涉外民事关系适用的法律。"第4条规定："中华人民共和国法律对涉外民事关系有强制性规定的，直接适用该强制性规定。"除部分强制排除外国法适用的情况下，多数时候房地产企业可以在签订涉外商事合同时即与合同相对方协商选择涉外合同适用的法律；但是，若房地产企业未在涉外合同中约定适用的法律，则在解决纠纷时需要首先解决准据法的问题。

（一）确定涉外仲裁条款效力的法律适用

在签订合同时，各方当事人有可能会约定合同项下争议的仲裁条款。当该合同的履行发生争议时，首先应判断仲裁条款的效力，若仲裁条款有效，则争议应提交约定的仲裁机构管辖；若仲裁条款无效，则应当根据冲突规则确定管辖法院。由于仲裁协议独立于主合同存在，人民法院/仲裁委员会在认定涉外仲裁协议效力的适用法律时，应当将仲裁协议的法律适用与主合同的法律适用加以区分认定。

《承认及执行外国仲裁裁决公约》（以下简称《纽约公约》）第2条第3款规定："当事人就诉讼事项订有本条所称之协议者，缔约国法院受理诉讼时应依当事人一造之请求，命当事人提交仲裁，但前述协定经法院认定无效、失效或不能实行者不在此限。"[23] 有学者对此指出，《纽约公约》并未就仲裁协议"无效、失效

---

[23] Convention on the Recognition and Enforcement of Foreign Arbitral Awards (New York, 1958) Article II 3 The court of a Contracting State, when seized of an action in a matter in respect of which the parties have made an agreement within the meaning of this article, shall, at the request of one of the parties, refer the parties to arbitration, unless it finds that the said agreement is null and void, inoperative or incapable of being performed.

或不能实行"的情形进行具体罗列,因此,法院仍需通过法律适用确定准据法,作为仲裁协议效力的审查标准;有观点认为,法院应当选择适用法院地法。实践中,亦有法院参考公约第5条第1款(甲)项所载的法律适用规则确定准据法,另有法院倾向于选择更有利于承认仲裁协议效力的法律。[24]

《法律适用法》第18条规定:"当事人可以协议选择仲裁协议适用的法律。当事人没有选择的,适用仲裁机构所在地法律或者仲裁地法律。"《最高人民法院关于适用〈中华人民共和国涉外民事关系法律适用法〉若干问题的解释(一)》(2020修正)第12条规定:"当事人没有选择涉外仲裁协议适用的法律,也没有约定仲裁机构或者仲裁地,或者约定不明的,人民法院可以适用中华人民共和国法律认定该仲裁协议的效力。"若房地产企业在签订合同时对仲裁条款适用法律作出了约定,从其约定;无约定时,实践中法院则会依据前述条文的规定判断仲裁条款的适用法律及效力,相关判例见表4-11。

表4-11 涉外仲裁协议的法律适用及效力举例

序号	案件名称	案号	法院观点
1	天津市中色国际贸易有限公司与宏达国际贸易有限公司等买卖合同纠纷再审案	最高人民法院(2018)最高法民申6088号	本案中,当事人没有约定仲裁条款适用的法律,但约定争议"交由被诉人所在地的仲裁机构(中国国际经济贸易仲裁委员会任何分会或香港国际仲裁庭)仲裁"。本案被诉人系在香港特别行政区注册的宏达公司,本案中的"被诉人所在地的仲裁机构"指向香港特别行政区的仲裁机构,本案即应当适用"仲裁机构所在地法律"——香港特别行政区的法律认定所涉仲裁协议的效力。二审裁定适用香港仲裁法的相关规定认定所涉仲裁协议的效力并无不当。

---

[24] 参见傅伟芬、包鸿举:《制度型开放背景下涉外仲裁协议效力认定规则研究》,载微信公众号"至正研究"2023年6月1日,https://mp.weixin.qq.com/s/STS9dpxvbZ3t0GObm2aO_Q。

续表

序号	案件名称	案号	法院观点
2	上海欧达国际货运代理有限公司与苏州艾维尔纺织品有限公司海上、通海水域货物运输合同纠纷案	上海市高级人民法院（2020）沪民辖终79号	因案涉提单未明确约定仲裁协议适用的法律，根据《涉外民事关系法律适用法》第18条、《最高人民法院关于适用〈中华人民共和国仲裁法〉若干问题的解释》第16条的规定，案涉仲裁协议应适用仲裁机构所在地法律或者仲裁地法律，即适用美国法律认定仲裁协议的效力。经本院释明，艾维尔公司未能举证证明涉案仲裁协议依据美国法律因此无效的事实。本院根据《美国联邦仲裁法》第2条的规定，认定涉案仲裁条款有效。
3	上海汇势通投资管理有限公司与无锡五洲国际装饰城有限公司、五洲国际控股有限公司债券交易纠纷案	江苏省高级人民法院（2019）苏民终1281号	五洲控股公司系在开曼群岛注册，本案应确定涉外仲裁条款适用的法律。《法律适用法》第18条规定，当事人可以协议选择仲裁协议适用的法律。当事人没有选择的，适用仲裁机构所在地法律或者仲裁地法律。本案中，当事人没有协议选择适用的法律，本案应适用仲裁机构所在地法律即中华人民共和国法律作为审理本案的准据法。

（二）确定解决争议应适用的实体法

在确定争议解决应当适用的实体法时，通常遵循最密切联系原则，而最密切联系的判断的具体方法是特征性履行。

最密切联系原则具体体现在《法律适用法》第2条中。该条第2款规定："本法和其他法律对涉外民事关系法律适用没有规定的，适用与该涉外民事关系有最密切联系的法律。"此外，《关于审理涉外民事或商事合同纠纷案件法律适用若干问题的规定》（已失效）第5条第1款规定："当事人未选择合同争议应适用的法律的，适用与合同有最密切联系的国家或者地区的法律。"

特征性履行原则具体体现在《法律适用法》第41条中。本条规定："当事人可以协议选择合同适用的法律。当事人没有选择的，适用履行义务最能体现该合同特征的一方当事人经常居所地法律或者其他与该合同有最密切联系的法律。"

例如，在重庆申基实业（集团）有限公司、恒丰银行股份有限公司重庆解放碑支行等金融借款合同纠纷案中,最高人民法院认为:"因案涉主合同《综合授信额度合同》没有约定争议解决所适用的法律,虽然《流动资金借款合同》约定了合同适用中国内地法律,但《流动资金借款合同》是《综合授信额度合同》的子合同,故本案仍应按最密切联系原则确定准据法。由于本案合同签订地、合同履行地、除申某之外的当事人住所地均在中国内地,故中国内地法律是与本案最密切联系的法律,依法适用中国内地法律作为审理本案的准据法。"[25]

通过检索相关案例,我们发现,在绝大多数涉外合同纠纷中,法院最终会根据案件中某一个或某几个与中国有关的连结点,确定中国法律为准据法。但是,不少案件对于最密切联系原则的理解与适用都缺乏详尽的说理,至于这些连结点的选择是否合理、是否充分体现了案涉合同的履行特征,本书暂不作深入讨论。

(三)域外法律的查明

根据前述规定,若确定案涉法律关系应当适用域外法律时,则需要对域外法律进行查明。《全国法院涉外商事海事审判工作座谈会会议纪要》第21条第1款规定了8种查明域外法的途径:"人民法院审理案件应当适用域外法律时,可以通过下列途径查明:(1)由当事人提供;(2)由中外法律专家提供;(3)由法律查明服务机构提供;(4)由最高人民法院国际商事专家委员提供;(5)由与我国订立司法协助协定的缔约相对方的中央机关提供;(6)由我国驻该国使领馆提供;(7)由该国驻我国使领馆提供;(8)其他合理途径。"

《法律适用法》第10条第2款规定:"不能查明外国法律或者该国法律没有规定的,适用中华人民共和国法律。"但是既有法律及司法解释并未对"不能查明"和"没有规定"的判断标准作出具体规定。

---

[25] 参见重庆申基实业(集团)有限公司、恒丰银行股份有限公司重庆解放碑支行等金融借款合同纠纷案,最高人民法院(2021)最高法民终595号民事判决书。

四、中国法背景下涉外诉讼程序期限的特殊性

《民事诉讼法》第152条、第164条、第183条[26]对我国人民法院审理普通民商事案件的审限作了明确规定：一审适用简易程序审理案件的审限通常为3个月，有特殊情况需要延长且经院长批准，可以延长1个月；一审适用普通程序审理案件的审限通常为6个月，有特殊情况需要延长且经院长批准，可以延长6个月。对判决上诉案件的审限通常为3个月，对裁定上诉案件的审限通常为30日。

但是由于涉外诉讼案件具有一定的特殊性，其审理期限不受上述规定的限制。《民事诉讼法》第287条规定："人民法院审理涉外民事案件的期间，不受本法第一百五十二条、第一百八十三条规定的限制。"《最高人民法院关于严格执行案件审理期限制度的若干规定》（2008修订）第2条第8款、第9款明确规定："审理涉外民事案件，根据民事诉讼法第二百四十八条的规定，不受上述案件审理期限的限制。审理涉港、澳、台的民事案件的期限，参照涉外审理民事案件的规定办理。"具体见表4-12。

表4-12 涉外程序的审理期限

类别	涉外程序	第一审普通程序
公告期	《民事诉讼法》第283条 人民法院对在中华人民共和国领域内没有住所的当事人送达诉讼文书，可以采用下列方式……不能用上述方式送达的，公告送达，自发出公告之日起，经过六十日，即视为送达。	《民事诉讼法》第95条 受送达人下落不明，或者用本节规定的其他方式无法送达的，公告送达。自发出公告之日起，经过三十日，即视为送达。

---

[26] 《民事诉讼法》第152条规定："人民法院适用普通程序审理的案件，应当在立案之日起六个月内审结。有特殊情况需要延长的，经本院院长批准，可以延长六个月；还需要延长的，报请上级人民法院批准。"第164条规定："人民法院适用简易程序审理案件，应当在立案之日起三个月内审结。有特殊情况需要延长的，经本院院长批准，可以延长一个月。"第183条规定："人民法院审理对判决的上诉案件，应当在第二审立案之日起三个月内审结。有特殊情况需要延长的，由本院院长批准。人民法院审理对裁定的上诉案件，应当在第二审立案之日起三十日内作出终审裁定。"

续表

类别	涉外程序	第一审普通程序
答辩期	《民事诉讼法》第285条 被告在中华人民共和国领域内没有住所的，人民法院应当将起诉状副本送达被告，并通知被告在收到起诉状副本后三十日内提出答辩状。被告申请延期的，是否准许，由人民法院决定。	《民事诉讼法》第128条 人民法院应当在立案之日起五日内将起诉状副本发送被告，被告应当在收到之日起十五日内提出答辩状。……
上诉期	《民事诉讼法》第286条 在中华人民共和国领域内没有住所的当事人，不服第一审人民法院判决、裁定的，有权在判决书、裁定书送达之日起三十日内提起上诉。被上诉人在收到上诉状副本后，应当在三十日内提出答辩状。当事人不能在法定期间提起上诉或者提出答辩状，申请延期的，是否准许，由人民法院决定。	《民事诉讼法》第171条 当事人不服地方人民法院第一审判决的，有权在判决书送达之日起十五日内向上一级人民法院提起上诉。当事人不服地方人民法院第一审裁定的，有权在裁定书送达之日起十日内向上一级人民法院提起上诉。

因此，房地产企业在处理涉外融资纠纷时，应特别注意诉讼程序中的相关期限要求，避免因超过法律规定的程序期限而发生失权的不利后果。

五、涉外案件执行的特殊要求

（一）中外法院民商事判决的相互承认与执行

《民事诉讼法》第298条规定："外国法院作出的发生法律效力的判决、裁定，需要人民法院承认和执行的，可以由当事人直接向有管辖权的中级人民法院申请承认和执行，也可以由外国法院依照该国与中华人民共和国缔结或者参加的国际条约的规定，或者按照互惠原则，请求人民法院承认和执行。"第299条规定："人民法院对申请或者请求承认和执行的外国法院作出的发生法律效力的判决、裁定，依照中华人民共和国缔结或者参加的国际条约，或者按照互惠原则进行审查后，认为不违反中华人民共和国法律的基本原则且不损害国家主权、安全、社会公共利益的，裁定承认其效力；需要执行的，发出执行令，依照本法的有关规定执行。"我国法院承认与执行域外法院判决、裁定的依据为国际公约、双边条约及互惠原则。

目前，关于承认和执行其他国家和地区法院判决的国际公约是生效于1979年8月20日的《承认与执行外国民商事判决公约》（以下简称《海牙判决公约》）。《海牙判决公约》第4条规定："缔约国之一应承认和执行另一个缔约国依照本公约规定的下列条件作出的判决：（一）判决是由依照公约认为有管辖权的法院作出的；以及（二）判决在请求国不能再作为普通程序的上诉标的的，为了使在被请求国可以执行，判决应该在请求国是可以执行的。"[27] 目前，中国还未签署和批准《海牙判决公约》，因此，中国法院判决目前尚无法依靠国际公约在其他国家得到承认和执行，而只能依靠其他途径实现，主要包括：两国双边司法协助条约、两国互惠关系或被申请国国内法律中的相关规定。[28]

截至2024年4月8日，中国已与以下38个国家和地区缔结了司法协助双边条约，[29] 互相承认与执行法院判决文书以及仲裁裁决，见表4-13。

表4-13 中国缔结的司法协助双边条约

条约名称	缔结国家和地区
关于民事和商事司法协助的条约	伊朗伊斯兰共和国、埃塞俄比亚联邦民主共和国、巴西联邦共和国、阿尔及利亚民主人民共和国、科威特国、波斯尼亚和黑塞哥维那、秘鲁共和国、阿拉伯联合酋长国、大韩民国、阿根廷共和国、突尼斯共和国、新加坡共和国、摩洛哥王国、匈牙利共和国、西班牙王国、法兰西共和国

---

〔27〕 Article 4 A decision rendered in one of the Contracting States shall be entitled to recognition and enforcement in another Contracting State under the terms of this Convention—（1）if the decision was given by a court considered to have jurisdiction within the meaning of this Convention, and（2）if it is no longer subject to ordinary forms of review in the State of origin. In addition, to be enforceable in the State addressed, a decision must be enforceable in the State of origin.

〔28〕 吴明：《中外法院民商事判决相互承认和执行司法实践白皮书（2023年）》，载大成新闻2023年12月11日，https://shanghai.dachenglaw.com/dcdt/info_itemid_4375_lcid_218.html。

〔29〕 中华人民共和国-条约数据库，载外交部网。

续表

条约名称	缔结国家和地区
关于民事和刑事司法协助的条约	朝鲜民主主义人民共和国、立陶宛共和国、老挝人民民主共和国、越南社会主义共和国、乌兹别克斯坦共和国、塔吉克斯坦共和国、吉尔吉斯共和国、希腊共和国、白俄罗斯共和国、哈萨克斯坦共和国、古巴共和国、俄罗斯联邦、乌克兰、罗马尼亚共和国、蒙古国、波兰共和国
关于民事、商事和刑事司法协助的条约	塞浦路斯共和国、阿拉伯埃及共和国、土耳其共和国
关于民商事司法协助和仲裁合作的协定	泰王国
关于民事司法协助的协定	保加利亚共和国、意大利共和国

若境外国家或地区没有与我国缔结或者共同参加国际条约，那么我国法院还可以依据互惠关系决定是否承认与执行该国家或地区法院的生效判决。《全国法院涉外商事海事审判工作座谈会会议纪要》第44条对互惠关系的认定标准作出了明确规定："人民法院在审理申请承认和执行外国法院判决、裁定案件时，有下列情形之一的，可以认定存在互惠关系：（1）根据该法院所在国的法律，人民法院作出的民商事判决可以得到该国法院的承认和执行；（2）我国与该法院所在国达成了互惠的谅解或者共识；（3）该法院所在国通过外交途径对我国作出互惠承诺或者我国通过外交途径对该法院所在国作出互惠承诺，且没有证据证明该法院所在国曾以不存在互惠关系为由拒绝承认和执行人民法院作出的判决、裁定。人民法院对于是否存在互惠关系应当逐案审查确定。"

例如，在SPAR航运有限公司与大新华物流控股（集团）有限公司申请承认和执行外国法院民事判决、裁定纠纷案中，上海海事法院认为："我国《民事诉讼法》在规定互惠原则时并没有将之限定为必须是相关外国法院对我国法院民商事判决先行承认和执行，故本院认为，如果根据作出判决的外国法院所在国的法律，我国法院作出的民商事判决可以得到该国法院的承认和执行，即可认定我国与该国存在承认和执行民商事判决的互惠关系。当然，若已有该外国法院对我国法院民商事判决予以承认和执行的先例，自是可以成为我国法院作出的民商事判决可以得到该国法院承认和执行的有力证明。……在对互惠关系进行审查时，本院还考虑了英国法院有没有曾以不存在互惠关系为由拒绝承认和执行我国法院民商事判决的情形。"最终上海海事法院承认案涉大不列颠及北爱尔兰联合王国高等法院作出的判决，这也是中国法院在没有与英国缔结和共同参加国际条约的情况下依据互惠关系首次承认英国法院商事判决。[30]

（二）中外商事仲裁裁决的相互承认与执行

《纽约公约》是中外商事仲裁裁决相互承认与执行的重要依据，目前全世界范围内已有 172 个国家成为《纽约公约》的缔约国。[31]《纽约公约》第 5 条第 1 款规定："裁决唯有于受裁决援用之一造向声请承认及执行地之主管机关提具证据证明有下列情形之一时，始得依该造之请求，拒予承认及执行：（甲）第二条所称协议之当事人依对其适用之法律有某种无行为能力情形者，或该项协议依当事人作为协议准据之法律系属无效，或未指明以何法律为准时，依裁决地所在国法律系属无效者；（乙）受裁决援用之一造未接获关于指派公断员或公断程序之适当通知，或因他故，致未能申辩者；（丙）裁决所处理之争议非为交付公断之目标或不在其条款之列，或裁决载有关于交付公断范围以外事项之决定者，但交付公断事项之决定可与未交付公断之事项划分时，裁决中关于交付公断事项之决定部分得予承认及执行；（丁）公断机关之组成或公断程序与各造间之协议不符，或无协议而与公断地所在国法律不符者；（戊）裁决对各造尚无拘束力，或业经裁决地所在

---

[30] 参见 SPAR 航运有限公司与大新华物流控股（集团）有限公司申请承认和执行外国法院民事判决、裁定纠纷案，上海海事法院（2018）沪72协外认1号民事裁定书。

[31] 资料来源：https：//www.newyorkconvention.org/list+of+contracting+states，2024 年 4 月 8 日最后访问。

国或裁决所依据法律之国家之主管机关撤销或停止执行者。"[32]

（三）涉港澳台地区法院民商事审判及商事仲裁裁决的互认与执行

《民诉法解释》第549条规定："人民法院审理涉及香港、澳门特别行政区和台湾地区的民事诉讼案件，可以参照适用涉外民事诉讼程序的特别规定。"内地（大陆）与香港特区、澳门特区、台湾地区民商事裁判互认与执行的主要法律依据为《最高人民法院关于内地与香港特别行政区法院相互认可和执行民商事案件判决的安排》《最高人民法院关于内地与香港特别行政区相互执行仲裁裁决的安排》《最高人民法院关于内地与澳门特别行政区相互认可和执行民商事判决的安排》《最高人民法院关于内地与澳门特别行政区相互认可和执行仲裁裁决的安排》《最高人民法院关于认可和执行台湾地区法院民事判决的规定》《最高人民法院关于认可和执行台湾地区仲裁裁决的规定》，现阶段内地（大陆）与香港特区、澳门特区、台湾地区的区际司法协助已有了充分的法律依据。在此类司法协助案件中，首要关注的问题包括相互认可与执行案件的类型及管辖。具体分析如下：

在相互认可与执行案件的类型方面，《最高人民法院关于内地与香港特别行政区法院相互认可和执行民商事案件判决的安排》第3条列举了8类无法互认与执行的案件，包括：（1）内地法院审理的赡养、兄弟姐妹之间扶养、解除收养关系、

---

[32] Article V 1 Recognition and enforcement of the award may be refused, at the request of the party against whom it is invoked, only if that party furnishes to the competent authority where the recognition and enforcement is sought, proof that: (a) The parties to the agreement referred to in article II were, under the law applicable to them, under some incapacity, or the said agreement is not valid under the law to which the parties have subjected it or, failing any indication thereon, under the law of the country where the award was made; or (b) The party against whom the award is invoked was not given proper notice of the appointment of the arbitrator or of the arbitration proceedings or was otherwise unable to present his case; or (c) The award deals with a difference not contemplated by or not falling within the terms of the submission to arbitration, or it contains decisions on matters beyond the scope of the submission to arbitration, provided that, if the decisions on matters submitted to arbitration can be separated from those not so submitted, that part of the award which contains decisions on matters submitted to arbitration may be recognized and enforced; or (d) The composition of the arbitral authority or the arbitral procedure was not in accordance with the agreement of the parties, or, failing such agreement, was not in accordance with the law of the country where the arbitration took place; or (e) The award has not yet become binding on the parties, or has been set aside or suspended by a competent authority of the country in which, or under the law of which, that award was made.

成年人监护权、离婚后损害责任、同居关系析产案件，香港特区法院审理的应否裁判分居的案件；（2）继承案件、遗产管理或者分配的案件；（3）内地法院审理的有关发明专利、实用新型专利侵权的案件，香港特区法院审理的有关标准专利（包括原授专利）、短期专利侵权的案件，内地与香港法院审理的有关确认标准必要专利许可费率的案件，以及其他《内地与香港相互认可和执行民商事案件判决安排》第5条未规定的知识产权案件；（4）海洋环境污染、海事索赔责任限制、共同海损、紧急拖航和救助、船舶优先权、海上旅客运输案件；（5）破产（清盘）案件；（6）确定选民资格、宣告自然人失踪或者死亡、认定自然人限制或者无民事行为能力的案件；（7）确认仲裁协议效力、撤销仲裁裁决案件；（8）认可和执行其他国家和地区判决、仲裁裁决的案件。除以上8类无法互认与执行的案件，其他类型案件的判决在内地与香港特区之间均可互认和执行，但目前法律法规及双方协议安排对于内地与香港特区之间仲裁裁决的互认没有明确限制案件类型。

在内地与香港特区之间、内地与澳门特区之间、大陆与台湾地区之间的仲裁裁决的相互认可与执行案件的管辖方面，规则较为复杂，汇总整理见表4-14。

表4-14　内地（大陆）与香港特区、澳门特区、台湾地区之间的仲裁裁决互认与执行的管辖规则

序号	情形	管辖法院
\multicolumn{3}{l}{内地与香港特区民商事裁判互认与执行的管辖规则}
1	向内地法院申请认可和执行香港特区法院判决	申请人住所地或者被申请人住所地、财产所在地的中级人民法院
2	向香港特区法院申请认可和执行内地法院判决	香港特区高等法院
3	向内地法院申请认可和执行香港特区仲裁裁决	被申请人住所地或者财产所在地的中级人民法院
4	向香港特区法院申请认可和执行内地仲裁裁决	香港特区高等法院

续表

序号	情形	管辖法院
内地与澳门特区民商事裁判互认与执行的管辖规则		
5	向内地法院申请认可和执行澳门特区法院判决及仲裁裁决	被申请人住所地、经常居住地或者财产所在地的中级人民法院
6	向澳门特区法院申请认可内地法院判决及仲裁裁决	澳门特区中级法院
7	向澳门特区法院申请执行内地法院判决及仲裁裁决	澳门特区初级法院
大陆与台湾地区民商事裁判互认与执行的管辖规则		
8	向大陆法院申请认可台湾地区法院判决及仲裁裁决	申请人住所地、经常居住地或者被申请人住所地、经常居住地、财产所在地中级人民法院或者专门人民法院

在司法实践层面，笔者分别以"申请认可和执行香港特别行政区法院民事判决""申请认可和执行香港特别行政区仲裁裁决""申请认可和执行澳门特别行政区法院民事判决""申请认可和执行澳门特别行政区仲裁裁决""申请认可和执行台湾地区法院民事判决""申请认可和执行台湾地区仲裁裁决"为案由，通过"法信"平台对公开案例进行检索，检索到相关案例数量见表4-15。

表4-15 相关案例数量

单位：件

序号	案由	案件数量
1	申请认可和执行香港特别行政区法院民事判决	79
2	申请认可和执行香港特别行政区仲裁裁决	35
3	申请认可和执行澳门特别行政区法院民事判决	43
4	申请认可和执行澳门特别行政区仲裁裁决	0
5	申请认可和执行台湾地区法院民事判决	356
6	申请认可和执行台湾地区仲裁裁决	1

由此可见，在全球经济一体化及跨境贸易、跨境投资不断发展的当下，内地（大陆）与香港特区、澳门特区、台湾地区经济、贸易合作迅猛发展，同时伴随着

民商事纠纷数量与日俱增，因此，内地（大陆）与香港特区、澳门特区、台湾地区裁判互认与执行具有重要意义。我国内地（大陆）与港澳台地区判决及仲裁裁决的互认机制，是中国特色区际司法协助体系的重要组成部分。这一机制不仅体现了"一国两制"框架下的制度创新，也为区域经济一体化、法律协调及社会融合提供了重要保障。一方面，加强区际司法协助有利于促进经济一体化与区域合作。判决及仲裁裁决的互认，减少了当事人因规定差异导致的履约风险，提升了跨境投资纠纷解决效率，使投资者可更高效地通过执行获得清偿，避免司法壁垒导致的资产冻结或转移问题，从而提升跨境贸易和投资的信心。另一方面，不断完善区际司法协助有助于减少重复诉讼，降低跨境投资纠纷解决的时间和经济成本，避免司法资源浪费。

综上所述，内地（大陆）与香港特区、澳门特区、台湾地区的判决及仲裁裁决的互认机制，是区域法治协同的必然选择，有助于通过制度性安排化解法域冲突，促进经济、社会与法律的深度融合。

六、对境外当事人送达文书的特殊规定

现行《民事诉讼法》（2023 修正）第 283 条规定了对在我国领域内没有住所的当事人送达诉讼文书的途径。与《民事诉讼法》（2021 修正）第 274 条相比，《民事诉讼法》（2023 修正）第 283 条在一定程度上缓解了我国法院向境外送达周期长、效率低、境外主体消极应诉等问题，更加有利于诉讼程序的顺利推进。[33]《民事诉讼法》（2023 修正）第 283 条与《民事诉讼法》（2021 修正）第 274 条的对比见表 4-16。

---

〔33〕 参见刘相文、王涛、王梓尧：《〈民事诉讼法〉修改对涉外商事案件的影响解读》，载中伦视界 2023 年 9 月 4 日，https：//mp.weixin.qq.com/s/pY1txcFpo7QsrRfLZ3Hf9Q。

表4-16 《民事诉讼法》(2023修正)第283条与《民事诉讼法》(2021修正)第274条的对比

《民事诉讼法》(2023修正)第283条	《民事诉讼法》(2021修正)第274条
人民法院对在中华人民共和国领域内没有住所的当事人送达诉讼文书，可以采用下列方式：	人民法院对在中华人民共和国领域内没有住所的当事人送达诉讼文书，可以采用下列方式：
(一)依照受送达人所在国与中华人民共和国缔结或者共同参加的国际条约中规定的方式送达；	(一)依照受送达人所在国与中华人民共和国缔结或者共同参加的国际条约中规定的方式送达；
(二)通过外交途径送达；	(二)通过外交途径送达；
(三)对具有中华人民共和国国籍的受送达人，可以委托中华人民共和国驻受送达人所在国的使领馆代为送达；	(三)对具有中华人民共和国国籍的受送达人，可以委托中华人民共和国驻受送达人所在国的使领馆代为送达；
(四)向受送达人在本案中委托的诉讼代理人送达；	(四)向受送达人委托的有权代其接受送达的诉讼代理人送达；
(五)向受送达人在中华人民共和国领域内设立的独资企业、代表机构、分支机构或者有权接受送达的业务代办人送达；	(五)向受送达人在中华人民共和国领域内设立的代表机构或者有权接受送达的分支机构、业务代办人送达；
(六)受送达人为外国人、无国籍人，其在中华人民共和国领域内设立的法人或者其他组织担任法定代表人或者主要负责人，且与该法人或者其他组织为共同被告的，向该法人或者其他组织送达；	—
(七)受送达人为外国法人或者其他组织，其法定代表人或者主要负责人在中华人民共和国领域内的，向其法定代表人或者主要负责人送达；	—
(八)受送达人所在国的法律允许邮寄送达的，可以邮寄送达，自邮寄之日起满三个月，送达回证没有退回，但根据各种情况足以认定已经送达的，期间届满之日视为送达；	(六)受送达人所在国的法律允许邮寄送达的，可以邮寄送达，自邮寄之日起满三个月，送达回证没有退回，但根据各种情况足以认定已经送达的，期间届满之日视为送达；
(九)采用能够确认受送达人收悉的电子方式送达，但是受送达人所在国法律禁止的除外；	(七)采用传真、电子邮件等能够确认受送达人收悉的方式送达；

续表

《民事诉讼法》(2023修正)第283条	《民事诉讼法》(2021修正)第274条
(十) 以受送达人同意的其他方式送达,但是受送达人所在国法律禁止的除外。	—
不能用上述方式送达的,公告送达,自发出公告之日起,经过六十日,即视为送达。	(八) 不能用上述方式送达的,公告送达,自公告之日起满三个月,即视为送达。

综上所述,涉外房地产融资纠纷与非涉外纠纷的处理程序存在一定差异,房地产企业在处理涉外纠纷时应当重点关注涉外程序的特殊规定,并针对这些特殊程序要求防患于未然,在开展涉外业务各个方面进行全方位风险管控。例如,在签订合同时谨慎选择争议解决机构,合理确定解释合同及解决纠纷适用的法律,关注纠纷处理程序中的各项期限避免逾期失权等等。

后　记

在撰写《房地产融资纠纷争议解决之道》一书的后记之际，回望这段漫长且充实的写作旅程，心中不禁涌起万千感慨。本书历经编写团队 2 年多的打磨最终成稿，恰如"十年磨一剑"，既是字斟句酌、反复推敲的成果，也是编写团队无数个日夜心血与汗水的结晶；更是我们长期以来深耕房地产融资领域，致力于探索房地产融资纠纷争议解决之道的执着与坚持的见证。

上海坤澜律师事务所始终专注于金融、房地产、商事领域的实务开展和学术研究，致力于成为靠谱、专业、优质、高效的精品律师事务所，为客户提供专家级法律服务。本书从最初的选题构思，到资料收集、案例分析，再到理论探讨与实践经验的融合，每一步都充分揭示了我们对这一领域的执着钻研与不懈探索。这本书不仅是我们对房地产融资领域复杂性问题深入剖析的成果，更是我们一直以来研究方向和实践成果的集中展现。它记录了我们对该领域执业经历及最新动态的关注、对法律法规变迁的捕捉，以及对争议解决策略的系统思考。

《房地产融资纠纷争议解决之道》一书的完成，既是对我们过去几年执业经历与心得的一次全面总结，也是我们在这一领域深化探索的全新起点。在此，我们要特别感谢所有为这本书付出努力的外部专家、顾问和编写团队成员，合伙人李欣律师、高级顾问李爽律师、樊子琪律师、商事争议解决研究院执行院长李重托先生、实习生魏子涵在忙碌工作之余经常挑灯夜战"一字一句共同斟酌讨论、反复修改"为本书的写作付出了诸多心血，施业祥律师、冷慧颖律师、王丹曦律师、冉洁月律师、实习生王君君、刘艺对于本书的部分章节的写作也有不少贡献，在此一并表示感谢。感谢你们的辛勤耕耘，是你们的智慧碰撞与不懈努力，让这本书的内容更加丰富完善、观点更加鲜明、逻辑更加严谨。如果没有你们的付出和

后　记

努力，本书不可能得以成稿。同时，也要感谢那些长期奋战在房地产融资纠纷争议解决工作一线的仲裁员、法官、专业人士及合作伙伴，是你们的宝贵经验和真实案例，为本书提供了丰富的参考案例和坚实的实务基础。

展望未来，上海坤澜律师事务所将继续秉承产学研一体化专家级法律服务提供者的愿景，不断深化对房地产融资领域及其他商事争议解决领域的实务理论研究。我们相信，随着市场环境的不断变化和法律法规的持续完善，房地产融资纠纷领域的疑难问题也将日益清晰，房地产融资的支持政策和监管手段亦将不断成熟和完善。这本书，将作为我们不断前行路上的一个重要里程碑，激励着我们不断追求卓越、勇攀高峰。

上海坤澜律师事务所主任

2025 年 1 月于上海